江苏省社会科学基金后期资助一般项目
“公共企事业单位信息公开法律制度研究”（21HQ034）

公共企事业单位信息公开法律制度研究

陆海波◎著

法律出版社
LAW PRESS·CHINA
北京

图书在版编目（CIP）数据

公共企事业单位信息公开法律制度研究 / 陆海波著.
北京 : 法律出版社, 2024. -- ISBN 978-7-5197-9836-9

Ⅰ. D922.104

中国国家版本馆 CIP 数据核字第 2024U9U755 号

公共企事业单位信息公开法律制度研究
GONGGONG QI-SHIYE DANWEI XINXI GONGKAI FALÜ ZHIDU YANJIU

陆海波 著

责任编辑 郑怡萍
装帧设计 苏　慰

出版发行	法律出版社	**开本**	A5
编辑统筹	法律教育出版分社	**印张**	7.5　　**字数** 202 千
责任校对	张翼羽	**版本**	2024 年 12 月第 1 版
责任印制	刘晓伟	**印次**	2024 年 12 月第 1 次印刷
经　　销	新华书店	**印刷**	河北虎彩印刷有限公司

地址:北京市丰台区莲花池西里 7 号(100073)
网址:www.lawpress.com.cn　　销售电话:010-83938349
投稿邮箱:info@lawpress.com.cn　　客服电话:010-83938350
举报盗版邮箱:jbwq@lawpress.com.cn　　咨询电话:010-63939796

书号:ISBN 978-7-5197-9836-9　　**定价**:38.00 元

凡购买本社图书,如有印装错误,我社负责退换。电话:010-83938349

序

毅然决然弃医学法，孜孜以求学术志业

欣闻海波博士论文《公共企事业单位信息公开法律制度研究》即将在法律出版社出版。我作为他的博士生导师，应邀欣然为之作序。

根据我国《政府信息公开条例》的规定，政府信息公开制度规范的主要是行政机关或者法律、法规授权的具有管理公共事务职能的组织公开政府信息的活动。学术界的研究旨趣也长期聚焦于此，但客观来说，这只是描绘了“半个”政府信息公开制度，作为政府信息公开制度另一半内容的公共企事业单位信息公开条款，由于偏于《政府信息公开条例》附则之一隅，长期为学术界所忽视。2019 年修订通过的《政府信息公开条例》第 55 条也只是将原来的“参照”执行改为“依照”执行，并增加了一款申诉救济的规定。“依照”取代“参照”究竟是何种含义并不清楚，公开的主体、范围、程序、救济如何展开亦未明朗。在此背景下，陆海波博士对公共企事业单位信息公开制度的讨论就具有极为重要的理论意义，其代表的是寻找另一半政府信息公开研究的努力，通过在理论上补上这一块制度构图，勾勒出我国政府信息公开制度的完整图谱。

2021 年，海波以此为题完成博士论文并通过答辩，毕业后入职南京审计大学法学院。2022 年，他以这篇博士论文为基础成功申请到了江苏省后期资助课题，本书正是在其博士论文的基础上修改而来。与之前的博士论文相比，作为课题结项成果，本书对概念的使用更加准确，在有关问题的研究上更加深入，体现了作者精益求精的学术态度，相信本书的出版能够为我国政府信息公开的理论拓展起到良好推动

作用。

本书从理论分析和制度建构的双重视角,对公共企事业单位信息公开的性质、必要性和基本原则等问题进行了深入的分析,进而从主体、范围、程序和救济等四个方面构建了公共企事业单位信息公开的完整制度框架,展现了一种从理论到制度、从一般到具体的论证思路。难能可贵的是,本书从第一章到第六章,始终贯穿着一种区分“权力信息”和“服务信息”的二元论类型思维,为这篇博士论文的“皮囊”注入了“骨髓”。比如,关于公共企事业单位信息公开的性质,第一章即指出其并非政府信息公开的附属,也非一般的行政管理措施,而是兼具两者特征的一种公开制度,据此提出了公共企事业单位信息公开制度构建的双重路径。应当说,海波博士的这一学术主张在理论上并不常见,传统理论对此多持一元论的主张,即要么主张“入条例化”,将公共企事业单位信息公开彻底融入政府信息公开体系之中,要么主张“脱条例化”,从而将公共企事业单位信息公开从现行《政府信息公开条例》中完全剥离,但作者显然超越了既有的讨论,通过对公共企事业单位信息进行二元化处理,创造性地实现了“入条例化”和“脱条例化”某种程度的结合。一方面他将部分“权力性信息”纳入了传统政府信息公开的框架,另一方面又主张“服务性信息”脱离《政府信息公开条例》进行规范化的观点。正是基于上述学术立场,本书得以摒弃传统非此即彼的一元化立场,最终基于二元并立的观点推进公共企事业单位信息公开的制度化和规范化,实现了逻辑自洽。

当然,本书尚有一些需要继续反思的问题,例如,对公共企事业单位信息公开的整全性研究没有关照到公共事业单位信息公开和公共企业信息公开存在的内在差异;又如,“权力性信息”和“服务性信息”的概念区分是否准确并足以概括实践的复杂情况?能否以其他更具包容性的概念替代?这些问题均有待作者未来做更深入的研究;但是,瑕不掩瑜,本书提供的研究思路和搭建的制度框架,对于推动我国公共企事业单位信息公开制度的研究无疑具有重要理论意义,为行政法学界树立了一个可供批判的学术靶标。

不得不说的是，海波博士之所以能够顺利出版这样一本高质量的学术佳作，与其特殊的学术背景和禀赋有关。海波本科和硕士均毕业于华中科技大学同济医学院，曾是一名专业的牙科正畸医生，硕士毕业后毅然效法鲁迅先生弃医从文。面对从医学生到法学生的转变，他以饱满的学术热情和节奏分明的学术规划打消了我的顾虑。欣喜的是，精细的医学背景不仅未成阻碍，反成其学术生涯的助力。博士期间，他分别以转基因食品标识的使用标准、互联网医疗平台风险规制和同情用药制度为题在《法学评论》《行政法学研究》等刊物发表多篇高水平论文。

“往者不可谏兮，来者犹可追！”海波博士如今已进入南京审计大学法学院工作，作为一名“青椒”，势必将面临新的困难和挑战。我常常以“四个快乐”（快乐学习、快乐生活、快乐科研、快乐工作）勉励自己指导的学生，相信以他聪敏好学的学术灵气和坚韧不拔的学术态度，一定能够顺利走完这段学术摸索时期，最终实现学术生涯的长远发展。

是为序！

孟鸿志

2024 年 10 月 12 日

前　　言

《政府信息公开条例》在施行了11年后，于2019年进行了首次修订，其中关于公共企事业单位信息公开的规定虽然进行了一定的调整，但仍置于附则之中，也依然只有一个条文，只是将原来的“参照”执行改为“依照”执行，并增加了一款申诉救济的规定。“依照”取代“参照”究竟是何种含义并不清楚，公开的主体、范围、程序、救济如何展开亦未明朗，导致之前在实践中出现的各种问题仍未解决，甚至出现了新的问题。原因在于公共企事业单位信息公开的性质定位不清，也未能明确公共企事业单位为何需要公开信息，导致学界对制度构建的路径未能形成统一的观点。

公共企事业单位信息公开并非政府信息公开的附属，也非一般的行政管理措施，而是兼具两者特征的一种公开制度。因为公共服务与公共事务管理并不排斥，可共存于同一事项中。因公共事务管理职能所产生或搜集的信息，与法律、法规授权组织履行公共事务管理职能所生信息并无本质性区别，可界定为“权力信息”；因纯粹的服务行为而无公共事务管理权行使所生信息的公开，自然与政府信息公开不同，而与一般的企事业单位信息披露更具有相似性，可将这类信息称为“服务信息”。知情权的保障是催生信息公开制度的重要原因。尤其是在现代社会，信息已成为社会主体生存、发展的重要资源。公共企事业单位提供的公共服务更是基本生活的必需品，对相关信息知情的需求十分必要。为了实现对公共事务管理权的监督，“权力信息”公开成为必然，它与政府信息公开一样，知情权作为主观权利已客观化，但公共服务毕竟与行政行为不同，具有更多的私法属性，公民、法人或其他组织对服务中的权利诉求更为强烈。为了实现对这种主观权利的保障,加强对公共服务的行政监管,“服务信息”公开亦成为必要。正因为两种类型的信息公开存在如此大的差异,其制度构建无法遵循单一的路径,这便是为何学界所提出的“入条例化”或“脱条例化”路径下问题层出不穷的原因。应当遵循“入条例化”和“脱条例化”相结合的双重路径进行制度构建,“权力信息”公开作为政府信息公开之延伸,应沿着“入条例化”的方向进行制度构建;而“服务信息”具有一定的专业性,尤其在科技发展如此迅速的现代风险社会,不同行业领域的风险不同,需公开的信息也有所差异,需各专业的行政机关或规制机构单独规定,故又应沿着“脱条例化”的方向进行制度构建。

基本原则对制度的构建起到指引的作用,公共企事业单位信息公开制度的构建也无法脱离基本原则的“束缚”。基本原则显然要符合基本性的要求,即基本原则必须是公共企事业单位信息公开制度基本特征或共性特征的凝练,只有如此才能在该项制度中具有普遍的适用性。仅表现出制度的共性特征显然是不够的,还必须能够体现出该项制度与其他法律制度的区别,否则直接冠以法的基本原则即可,这便是基本原则确定的特殊性要求。此外,法的基本原则还需满足规范性的要求,即基本原则必须能够在必要时成为适用的依据。因此,行政法规中对政府信息公开规定的基本原则无法直接适用于公共企事业单位信息公开,部分学者所提出的法的普遍性原则以及立法趋势亦不能构成该项制度的基本原则。其基本原则的确定需从公共企事业单位信息公开的性质及其对知情权保障的目的出发。基于此,公共企事业单位信息公开的基本原则应当包含及时公开、准确公开、全面公开、利益平衡及区分公开五项基本原则。

由谁公开是公开制度必须回答的首要问题,而确定公开主体首先应当识别出何种企事业单位属于公共企事业单位。公共性的识别标准有国家所有权说、市场支配地位说、公共产品说以及所有权与公共产品相结合的综合说。结合条文的规定以及信息公开制度的本质来看,识别公共企事业单位应以公共产品标准为宜,包括准公共产品。故在个案中分析企事业单位所提供的产品或服务是否具有非排他性或非竞争性特征之一即可。按“入条例化”方式公开信息需确定公开主体是否具有权力性。基于我国公共企事业单位权力产生的特殊原因,需以形式标准与实质标准进行认定,前者是指从规范层面寻找权力来源的依据,后者需从主体是否处于政府控制之下、是否具有公益性与弱竞争性认定。当行政机关与公共企事业单位共有信息时,就主动公开而言,权力信息由制作或最初收集者公开;服务信息则按各自规定执行。就申请公开而言,若行政机关基于正常的监管而获得信息,公民行使申请权具有选择的自由,由被申请者公开;若行政机关基于对信息公开的申诉处理而获得信息,基于第三人居中裁判的公正性要求,其不应成为此类信息公开的主体。

权利的行使都具有一定的边界,在公共企事业单位信息公开中以公开范围的形式呈现。权力信息是以否定式列举框定其公开的范围边界,肯定式列举是对其中重要信息公开义务的特别强调。服务信息则以肯定式列举划定其强制公开的范围,超出此范围的信息可以基于自愿原则公开,但不能损害公共利益,而此种公共利益以否定式列举的形式呈现。鉴于否定式列举的范围属于公共利益范畴,故两种类型的信息公开大致相同。绝对豁免公开的范围包括国家安全、公共安全、经济安全与社会稳定的信息,而商业秘密、个人信息、过程性信息以及内部事务信息属于相对豁免公开。对于纯服务性的行为,过程性与内部事务信息并不涉及对行政效率的考量,公开主体可以自愿放弃权利而公开。否定式列举范围内的信息多数属于不确定的法律概念,为防止信息被随意界定至豁免范围内,豁免公开的信息须满足目的相关性、实质损害性以及利益平衡性标准。权力信息的肯定式列举参照政府信息公开的规定,此外还需公开主体的性质、权力来源或公共事务管理职能来源以及职能范围的信息。服务信息的肯定式列举由各部委自行规定,但可以对其中共性的内容予以明确,如公共企事业单位的基本情况、办事程序与收费标准以及财政补贴与使用情况的信息。

公开按照流程大致可以分为申请与补正、处理以及送达三大程序。

申请所提交或补正的信息包括个人基本信息、申请公开信息的基本描述、公开方式的选择。对于何时提出申请并无限制,但做出补正的决定及补正完成的时间一般不得超过7日。处理申请或主动公开的信息时,对同一信息中公开与不公开的部分应严格区分,但需遵循一定的限度,即保密处理只限于不属于公开范围的信息、不影响申请人对剩余信息的理解、不以公开主体对公民是否有信息需求的主观判断为准。商业秘密或个人信息公开需征求信息所有人的意见,若同意公开可直接公开,若不同意,则需对公开与保密所保障的利益进行衡量之后再确定公开与否。当商业秘密属于被申请的公共企事业单位所有时,为避免拒绝公开的决定的公正性受到质疑,应在公开主体衡量之后,再征求行政机关的意见,才能作出最终的决定。主动与申请公开的处理期限都限于20日,但应将补正、征求意见等程序所耗时间排除。收费只针对未列为主动公开范围内的权力信息,且根据有无财政资金的支持进行调整。若全由财政负担,则与政府信息公开一致;若缺乏财政的补贴,则不能免费,但只限于成本范围。若申请权被滥用,可进行"惩罚性"的累进式收费。最终,无论作出何种决定都需以一定的方式送达。主动公开的途径首选覆盖范围广、速度快、成本低廉的互联网平台、移动客户端。为实现对无法上网的弱势群体的保护,营业或办公场所公告栏或显示屏公开亦不可少。申请公开若属于收费项目,在不影响信息载体安全情形下,可按照申请人要求的方式公开。

有权利必有救济。申诉作为行政救济方式,要提出申诉,必须满足申请人已向公共企事业单位提出过信息公开的申请、知情权(可能)受到侵害,且必须在纠纷发生后一定时间内进行申诉。受理申诉的主体包括信息公开主管部门和行业主管部门。就权力信息公开而言,申诉处理的结果对公开主体具有最终效力,而申请人可以行政机关为对象继续进行复议或诉讼;服务信息的双方主体为民事主体,都可基于对申诉结果的不满而继续寻求救济。此外,申诉与复议、诉讼并不冲突。法律、法规授权组织被授权的是行政管理职能,而非信息公开的义务,却可以实现行政诉讼对信息公开纠纷的直接介入,究其缘由在于信息依附于产生信息的权力行为,随着权力的授权而一同转移,且信息公开的最佳主体是最初制作与收集者,其能保证信息及时公开,且不出现偏误。作为对权力监督的信息公开,必然蕴含在权力事项范围内,所以权力的授权或委托会对其产生“附随转移”的效果,由此实现行政复议与行政诉讼直接介入的正当性,而无须以申诉的提出为前提。对于服务信息公开,由于其涉及的是平等主体之间的纠纷,呈现出社会权属性的知情权处于人格权的射程范围内,可由民事诉讼介入。

目　　录

导　论　1

第一章　公共企事业单位信息公开的必要性及制度构建路径　25
　第一节　公共企事业单位信息公开的性质　26
　第二节　公共企事业单位信息公开的必要性　31
　第三节　公共企事业单位信息公开制度构建的路径选择　37
　本章小结　55

第二章　公共企事业单位信息公开的基本原则　57
　第一节　基本原则的要求　58
　第二节　基本原则的内容　60
　本章小结　69

第三章　公共企事业单位信息公开的主体　70
　第一节　公共企事业单位的识别　71
　第二节　权力性公共企事业单位的识别　89
　第三节　与行政机关共有信息时公开主体的确定　97
　本章小结　102

第四章　公共企事业单位信息公开的范围　104
　第一节　信息公开范围规定模式的选择　105

第二节　否定式列举的范围 110
第三节　肯定式列举的范围 122
本章小结 129

第五章　公共企事业单位信息公开的程序 131
第一节　申请与补正程序 132
第二节　处理程序 140
第三节　公开途径的选择 154
本章小结 160

第六章　公共企事业单位信息公开的权利救济 163
第一节　申诉条款的适用 164
第二节　行政复议的适用 178
第三节　司法程序的适用 187
本章小结 201

结　语 204

参考文献 206

后　记 224

导　论

一、研究背景与意义

（一）研究背景

为加强对行政权的监督，提升行政透明度，实现政府信息的有效利用，政府信息公开制度由 2008 年施行的《政府信息公开条例》正式确立，同时确立的还有公共企事业单位信息公开制度。此后，中央层面多次出台相关文件要求加强公共企事业单位信息公开的推进，如中共中央办公厅、国务院办公厅印发的《关于深化政务公开加强政务服务的意见》，第 8 点提出要“健全公共企事业单位办事公开制度，所有面向基层服务的医院、学校、公交等公共企事业单位，都要全面推行办事公开，主动接受群众监督……主管部门要切实承担起对公共企事业单位办事公开的组织协调、监督指导职责”。《关于全面推进政务公开工作的意见》（中发办〔2016〕8 号）第 7 点提出“大力推进公共企事业单位办事公开”等；《法治政府建设实施纲要（2021—2025 年）》第 27 点更是提出要“加快构建具有中国特色的公共企事业单位信息公开制度”。可见，公共企事业单位信息公开在我国信息公开制度中具有重要地位。

首先，基于我国的国情，政府办社会、办事业的传统尚未彻底改变，导致公共企事业单位多为国有企业与事业单位，它们与行政机关的联系仍然紧密，部分公共企事业单位仍保留着科层制的色彩，以准行政机关的身份行使公权力。为实现对公共利益的保障,防止权力滥用,实现对权力的监督与控制,信息公开实属必要。其次,公共企事业单位提供的公共服务是与公民基本生活密切相关的。在民事领域,消费者知情权已成为一项重要的权利,是社会生活所必不可少的权利。公共企事业单位在向社会提供公共服务时,消费者有权对其购买的物品或服务知情。与普通企业不同的是,公共企事业单位的公共性较强,且提供的一般是原来由政府提供的公共服务,其重要性不言而喻,有必要于《政府信息公开条例》中单独强调,而非混同于其他消费品。最后,为监督国家财政资金的正常使用,信息公开同样必不可少。信息公开不仅可以实现对行政机关中公职人员腐败的有效预防与治理,[1]对公共企事业单位也具有一定的效果,如 2014 年英国监狱安保公司就被爆出骗取司法部资金近 10 年之久。[2] 正因为公共企事业单位多受国家财政支持或补贴,为实现按需拨款,规范财政资金的使用,防止其被挪作他用,信息公开成为监督资金拨付与使用的重要工具。

虽然公共企事业单位信息公开具有如此重要的作用,但理论与实践均尚未明确它的性质是什么,在信息公开制度中的处于何种地位,如何公开,发生争议该如何救济。2008 年施行的《政府信息公开条例》似乎将公共企事业单位信息公开定位为政府信息公开的延伸,但公共企事业单位与行政机关两者之间存在天然而又巨大的差别,所以将其规定为“参照本条例执行”。正因为当时只有一条简单、原则化的规定,导致公共企事业单位该如何参照政府信息公开不甚明朗,以至于司法判决中同案不同判的现象时有发生。学界对公共企事业单位信息公开存在两种观点:其一,认为它是政府信息公开制度的延伸;其二,认为它

---

[1] See Daniel Berliner, *Transnational Advocacy and Domestic Law: International NGOs and the Design of Freedom of Information Laws*, Review of International Organizations, Vol. 11, No. 1, p. 121-144 (2016).

[2] See Mark Wallace, *Serco and G4S Ripped Us off - the Public Sector Must Start to Play Hardball*, https://www.theguardian.com/commentisfree/2014/mar/13/serco-g4s-public-sector-hardball-government-taxpayers.

是行政机关的一种监管措施，与政府信息公开完全不同。这种争论一直以前者占据优势。直到 2019 年，《政府信息公开条例》首次修订后摒弃了之前的“参照”规定，转变为公共企事业单位信息公开“依照相关法律、法规和国务院有关主管部门或者机构的规定执行”，还增加了申诉救济的规定。这一修订使后一种观点开始慢慢占据上风。如此修订的原因是什么？从增加的申诉条款来看，是基于对原有的公开争议无法适用行政诉讼进行救济的补漏，那么“参照”变为“依照”，是否也是基于对 11 年来制度运行不畅所进行的调试呢？还是立法者对公共企事业单位信息公开的认识发生了转变？

国务院办公厅印发的《公共企事业单位信息公开规定制定办法》（以下简称《制定办法》）似乎为公共企事业单位信息公开指明了方向，然此方向却与之前学界占据优势的观点背道而驰，而是将其彻底定性为行政管理措施。国务院办公厅作为协助国务院领导处理日常工作的机构以及信息公开的主管部门，针对公共企事业单位信息公开所发布的《制定办法》虽然不是行政法规与规章，但仍具有一定的权威性。此外，国务院办公厅历年政务公开工作要点的通知，也都对公共企事业单位信息公开作出强调。在《制定办法》将其定性为行政管理措施之后，国务院办公厅印发的《2021 年政务公开工作要点的通知》（国办发〔2021〕12 号）要求国务院各主管部门在年底前出台相关的信息公开规定。该规定并无不妥，但将公共企事业单位信息公开作为政务公开的内容之一，这一举措显然与《制定办法》对其的定性相互矛盾。

“依照”的含义是否真的将之前的公共企事业单位信息公开理论与性质扭转了一百八十度？修订后的公共企事业单位信息公开将何去何从？该如何公开？如何救济？正是基于对公共企事业单位信息公开制度运行现状的省思以及《政府信息公开条例》修订原因的考量，结合制度的历史发展及相关域外经验，兼顾公共企事业单位在信息公开中的公法与私法性质，撰写本书，以期实现对该项制度的正确定性、定位，为我国信息公开理论的完善贡献微末之力，同时指引实务部门对相关信息公开的处理。

(二)研究意义

修订之后的《政府信息公开条例》施行至今,学理上仍未厘清公共企事业单位信息公开具体的性质与定位,究竟该如何进行信息公开、如何处理公益与私益的冲突、新增的申诉条款如何展开亦未可知,而现有的司法案例更是突破了我国传统的行政主体理论。因此,对公共企事业单位信息公开的深入研究具有重要的理论意义和实践意义,是推进法治政府建设的重要一环。

1. 理论意义

公共企事业单位信息公开与域外的私人主体或政府公司信息公开不完全相同,可以说是我国特有的一项信息公开制度,然其理论观点尚未统一。将其作为政府信息公开的补充与将其视为行政管理措施的观点并非略有分歧,实质上是"入条例化"与"脱条例化"之间的南辕北辙的关系。本书不再将视线只集中于公共企事业单位所表现出来的单一公法性质或私法性质,毕竟《政府信息公开条例》并未明确排除其中某一性质的信息公开,而是将两者统一纳入研究范围。由此,实现对目前公共企事业单位信息公开理论的突破,尤其是对其性质定位、制度构建的路径、公开主体、范围、程序以及权利救济理论的完善,以此实现公共企事业单位信息公开的理论供给。

2. 实践意义

理论研究不能只停留于理论层面,还需落地,因为理论存在的意义在于为可能无所适从的实践提供一个可行的秩序安排,从而指引实践中制度该如何运行。本书在进行理论分析时,选取了大量的案例作为研究对象,力求在突破现有理论束缚的同时,能够立足于我国的话语体系,适应我国公共企事业单位与信息公开的国情,有效地回应实践需求。本书将对目前关于何种公共企事业单位需公开,公开的范围与程度如何,公开程序的确定,发生争议后的权利如何救济等一系列问题进行了明确回答,避免应公开而不公开,公开争议发生后司法机关介入两难局面的出现,从而有效保障该制度的实践运行,助推法治政府建设。

二、实践问题之梳理

公共企事业单位信息公开在施行的10余年过程中进展并不顺畅，在公开主体认定、公开范围确定、公开程序明确以及权利如何救济等方面均遇到了各种各样的问题。

（一）公开主体难以认定

信息公开与否，首先需确认某一企事业单位是否可以归为公开的主体，即是否为公共企事业单位。实践中对公开主体认定缺乏具体的标准，导致部分公共企事业单位对是否需要公开信息处于不明确的状态。部分法院直接依据《政府信息公开条例》中有无列举，或者有无单行的部门规章及规范性文件的规定进行判断，无列举或无规定便认定其不属于公开的主体。如"罗某诉中国移动通信集团有限公司内江分公司信息公开案"[1]中，法院认为被告是国有企业法人，而作为移动通信主管部门的工业和信息化部制定的《政府信息公开工作办法》中只规定了部直属事业单位信息公开，未规定企业的信息公开。由此，法院依据《政府信息公开条例》与上述规范性文件认为，"工业和信息化部系移动通信的主管部门，其对参照政府信息公开执行的情形仅规定为部直属事业单位，对公共企业信息公开未作规定。本案中，被告系国有企业法人，根据上述法规、规章的规定，其信息公开不参照适用政府信息公开条例"。这种结论完全忽略了《政府信息公开条例》对公共企业信息公开的规定，并未分析该国有企业是否能够构成公共企业，反而依据下位法直接将国有企业、其他公共企业，甚至不是工业和信息化部直属的事业单位排除在信息公开制度之外。也许并非所有的国有企业都符合公共企业的概念，但是该法院仅依据下位法只规定了事业单位而未将企业纳入调整范围，直接否定企业作为信息公开主体的思路显然与《政府信息公开条例》的宗旨不相符。

---

〔1〕 内江市东兴区人民法院行政裁定书，(2020)川1011行初5号。

也有部分法院虽不会如此机械地对照法条，但随意甚至滥用司法自由裁量权的情形时有发生。在“戴某诉济南市槐荫区房屋征收服务中心信息公开案”[1]（以下简称“戴某案”）中，被告（被上诉人）济南市槐荫区房屋征收服务中心作为受槐荫区城乡建设委员会委托的事业单位，承担国有土地上房屋征收与补偿的具体工作，但法院仍依据济南市槐荫区机构编制委员会办公室发布的《关于调整槐荫区城乡建设委员会及房屋征收服务中心机构编制事项的通知》（济槐编发〔2013〕74号）和槐荫区房屋征收服务中心的事业单位法人证书而直接认定被告不是《政府信息公开条例》所规定的公共企事业单位，并对此认定结论未给出任何解释。诚然，法院依据条文认定需进行信息公开的公共企事业单位时，会行使一定的司法裁量权来判断这一规范文本中企事业单位应具备的条件，但对作出这一判定的条件或标准，法院需在判决书中予以阐明。

在“崔某章诉济南市槐荫区人民政府行政复议案”[2]（以下简称“崔某章案”）中，面对同一被诉主体，法院得出了与“戴某案”相反的结论。该案虽然起诉的是“槐荫区人民政府”，却因为原告向槐荫区房屋征收服务中心申请信息公开未果，遂向该区人民政府申请复议进而引起争议。因此，该案与“戴某案”中申请信息公开的对象是同一事业单位，更具有可比性。该案二审法院认为“房屋征收中心作为受区城乡建设委员会委托，承担国有土地上房屋征收与补偿具体工作的事业单位，其社会公共服务行为无疑与人民群众的利益密切相关”，因而认定了房屋征收服务中心是信息公开的义务主体。“崔某章案”中的二审法院既不机械适用《政府信息公开条例》的条文，也不简单以房屋征收服务中心是事业单位而直接承认其公开主体的地位，是从其所承担的工作内容，并结合该事业单位的性质得出最终的结论。“崔某章案”的结论为应公开信息的事业单位认定标准给出了良好的裁判指引，即事

---

〔1〕 济南市中级人民法院行政裁定书，(2017)鲁01行终522号。

〔2〕 山东省高级人民法院行政判决书，(2017)鲁行终1424号。

业单位的社会公共服务必须与人民群众利益密切相关。虽然有个别法院与“崔某章案”作出了相似的判决，但对《政府信息公开条例》第55条(2007年版第37条)提到的信息公开主体有哪些，判断的标准如何等问题，没有更深入的解释，缺乏更充分的回应。

“与人民群众利益密切相关”的标准在“江某云诉武汉市皮肤病防治院政府信息公开案”[1]中也得以体现。该案的一审和二审刚好跨越了修订前后两个版本《政府信息公开条例》的适用。在一审中，法院认为“武汉市皮肤病防治院”并非《政府信息公开条例》所规定的信息公开主体，因为它不是“与人民群众利益密切相关的公共企事业单位”。这一认定直接引用了法条的原文，但未从其提供服务的特征、资金来源、服务对象等进行分析认定，似乎仅是法官自由心证得出的结论。有趣的是，二审法院虽然仍驳回了上诉人江某云的诉讼请求，但是基于涉案信息并非在提供公共服务过程中产生，因而不符合应公开的信息特征而得出判决结论，并没有否认其信息公开的主体地位。二审法院虽然认可了该皮肤病防治院具有信息公开的主体资格，却并未给出任何理由与说明来支持皮肤病防治院是适格的信息公开主体，仅基于信息并非在提供公共服务过程中产生而判决不需要公开。

主体概念的缺失，导致了案件纠纷审理不畅，机械适用政府信息公开的相关规定，甚至可能因错误地理解主体概念，而将纠纷拒绝在司法救济大门之外。虽然法官在适用法律时都会对其做出一定的解释，但就我国的司法现状而言，仍存在部分法官不愿甚至缺乏能力作出包含自身价值判断的解释。尽管少部分法院以“与人民群众利益密切相关”的标准来判断公共企事业单位是否应当公开信息，但这毕竟未得到最高人民法院的承认，也未能入选为指导案例。即使最高人民法院对此予以确认，但何为“与人民群众利益密切相关”也仍是一个不确定的概念，无法直接作出判断，需辅以其他因素才能确认。而且，“与人民群众利益密切相关”的不仅有公共企事业单位，还有可能是社会团

[1] 武汉市中级人民法院行政裁定书，(2019)鄂01行终548号。

体、各种基金会、科研团体等，甚至私人主体基于公益原因也会成立相应的组织，专门提供与人民群众利益密切相关的服务。因而，判断某一组织是否属于公共企事业单位才是首要问题。即使是公共企事业单位，还面临有关信息是否属于其公开范围的问题，尤其是行政机关与公共企事业单位共有信息时，由谁公开的问题。

（二）公开范围不清

公共企事业单位信息公开的范围同样较为混乱，就同一信息是否属于公开范围的问题在不同的法院面临不同判断结果的风险。如“刘某军诉郑州市第二人民医院信息公开案”[1]与“刘某军诉北京市第六医院信息公开案”[2]，两案的原告相同，且都是因申请公开医院财务报表信息引发的纠纷。由于法院对信息公开的范围认识不同，所得出的审判结论也大不相同。前案的法院认为该信息“并非被告在医疗卫生服务过程中产生的信息，不属于医疗卫生服务单位信息公开的范围”。后案的法院则认为“信息是否应当公开，系第六医院依法行使信息公开职权的权限范畴”，法院不应直接作出判断。显然，法院在判断信息是否属于公开范围时，自主性较大。

在“林某鹏诉同济大学信息公开案”[3]中，法院以《教育部关于进一步推进高校招生信息公开工作的通知》、《高等学校信息公开事项清单》以及同济大学制定的自主规定《同济大学 2015 年招收插班生方案》作为对信息公开范围认定的依据，从而将“招生排名信息”排除在可以公开的范围之外。在“包某庆诉广州市第一巴士有限公司信息公开案”[4]中，包某庆申请公开的是“广州市第一巴士有限公司”制作“门前禁区”的法律依据、制作的法律程序以及附有事实依据证明的制作动机、效果等信息。二审法院以包某庆所申请公开的信息不属于

---

〔1〕 郑州市中原区人民法院行政判决书，(2016)豫 0102 行初 237 号。
〔2〕 北京市第二中级人民法院行政判决书，(2016)京 02 行终 27 号。
〔3〕 上海市第二中级人民法院行政判决书，(2016)沪 02 行终 327 号。
〔4〕 广州市中级人民法院行政判决书，(2015)穗中法行终字第 363 号。

《交通运输公共企事业单位信息公开指导意见》第2条[1]明确列举的内容,认定其不属于应当公开的范围,故而驳回了包某庆的诉讼请求。这种以规范性文件或事业单位的自主规定来确定信息公开范围的做法,显然忽略了对《政府信息公开条例》中条文的解释,存在下位法违反上位法的可能。在"缪某诉龙岩市卫生健康委员会行政管理案"[2]中,法院认为应公开的信息"是指可以向社会公众公开的信息",但这一理念并未得到多数法院的支持。此外,也有法院以被申请的信息属于或不属于公共企事业单位提供公共服务过程中所形成的信息,直接得出结论,却并不对此信息为何属于或不属于公共服务所形成的信息进行明确的阐释与论证,如"王某清诉义乌市人民政府行政复议案"[3]、"曾某华诉中国移动通信集团广东有限公司深圳分公司信息公开案"[4]、"江某云诉武汉市皮肤病防治院信息公开案"[5]、"贾某宝诉中国联合网络通信有限公司青岛市分公司信息公开案"[6]等。公开信息的范围若不能明确的话,公共企事业单位信息公开制度将始终流于形式。

(三)公开程序不明

公共企事业单位信息公开的程序是否与行政机关信息公开程序存在一定的差异?如果有差异,具体表现为哪些方面?《政府信息公开

---

[1] 《交通运输公共企事业单位信息公开指导意见》(交办发〔2008〕350号)规定:"与社会公众利益密切相关的公路水路运输、客货站场及港口经营、公路经营、驾驶员培训、汽车维修、船舶检验、交通运输科技教育和医疗卫生等单位,交通运输行业中介机构及学术团体,以及人民政府明确由交通运输部门实施行业管理的城市公共交通等公共企事业单位,在提供社会公共服务过程中制作或获取的公共信息应当公开。公开内容包括:(一)单位职能权限、服务范围、工作标准及工作人员服务规范。(二)收费项目、依据、标准。(三)向社会承诺的服务事项、标准、违诺责任及处理办法。(四)应急抢险预案及报险电话。(五)便民服务及投诉举报电话。(六)其他需要公开的事项。"

[2] 龙岩市中级人民法院行政裁定书,(2019)闽08行终182号。

[3] 金华市中级人民法院行政判决书,(2016)浙07行初251号。

[4] 深圳市中级人民法院行政判决书,(2017)粤03行终1124号。

[5] 武汉市中级人民法院行政裁定书,(2019)鄂01行终641号。

[6] 青岛市中级人民法院行政裁定书,(2017)鲁02行终806号。

条例》并未对此作出回应。在“潘某香等诉台州市第一人民医院信息公开案”[1]中，法院明确认定“被上诉人（台州市第一人民医院）针对上诉人（潘某香等）信息公开申请所作的答复，虽未就各项信息进行逐一说明而存有瑕疵，但并不影响上诉人的实体权益”。显然，该案法院认为公共企事业单位在信息公开的方式上相较于政府信息公开的要求更为宽松。

“徐某诉天津塘沽中法供水有限公司信息公开案”[2]中，法院明确了公开主体负有对信息是否构成商业秘密的审查义务，在涉及第三方商业秘密时需征求第三方的意见。这一要求与政府信息公开相同，但不同的是，在公共企事业单位信息公开中，有可能涉及公开主体自身的商业秘密，此种情况该如何处理并未引起关注。此外，在“龙某平诉国网湖南省电力公司沅江市供电分公司信息公开案”[3]中，法院对申请公开的答复期限所采用的仍是政府信息公开的期限规定，但对直接援引政府信息公开答复期限是否具有正当性并不知晓，法院也未对其作出解释。公共企事业单位信息公开的程序性事项似乎与政府信息公开并无区别。

（四）权利救济渠道不畅通

公共企事业单位在多数情况下并非行政主体，然而其信息公开却又与政府信息公开共同规定于《政府信息公开条例》中，导致其权利救济是否能够沿用行政诉讼的方式成为一道难题。在2019年《政府信息公开条例》修订之前，司法实践多数情况下对公共企事业单位是否属于行政主体的问题予以回避，直接以行政诉讼的方式受理了公共企事业单位信息公开的案件，如“乐清桃花岛旅游开发有限公司诉乐清市供电局信息公开案”[4]，法院虽然否认了被申请公开的信息属于公开

〔1〕 台州市中级人民法院行政判决书，(2013)浙台行终字第127号。

〔2〕 天津市滨海新区人民法院行政判决书，(2017)津0116行初20号。

〔3〕 益阳市中级人民法院行政判决书，(2017)湘09行终55号。

〔4〕 乐清市人民法院行政判决书，(2018)浙0382行初68号。

范围,但确认了公共企事业单位信息公开可以通过行政诉讼的方式实现权利救济与纠纷解决。

仍有部分法院对行政诉讼的介入提出了质疑,在“姜某明诉国网浙江省电力公司嘉兴供电公司信息公开案”[1]中,法院明确提出“《供电企业信息公开实施办法》未赋予公民、法人或其他组织对供电企业的信息公开行为提起行政诉讼的权利,而是根据供电企业的性质按照企业管理的模式赋予了相对方进行投诉的权利及途径”。类似案件还有“孙某林诉杭州市余杭区人民政府行政复议案”[2]等。在增加了申诉条款之后,“王某华诉肥东县店埠镇中心卫生院信息公开案”[3]、“尹某婷诉中国政法大学信息公开案”[4]等案件中,法院则将公共企事业单位信息公开的纠纷明确排除在行政诉讼受案范围之外,认为应将其交由行政机关进行处理。

综上,即使《政府信息公开条例》明确了申诉这一救济路径,但针对公共企事业单位信息公开的申诉具体如何展开尚未明确,也未对是否能提起行政诉讼作出回应,导致公共企事业单位信息公开发生纠纷时,相关权利救济仍均缺少明确的指引。

三、理论研究之现状

(一)国内研究现状

国内关于公共企事业单位信息公开的研究以《政府信息公开条例》的出台和修订作为分水岭。在《政府信息公开条例》出台之前,并无“公共企事业单位信息公开”的概念,与其相关的有校务公开和厂务公开,但此时尚未引起法学界的注意,多由学校和国有工厂工会等实务部门人员发声,此时的研究一般集中于对政策的强调或实施进行公开

[1] 嘉兴市南湖区人民法院行政裁定书,(2016)浙0402行初61号。

[2] 杭州市中级人民法院行政判决书,(2017)浙01行初509号。

[3] 合肥市中级人民法院行政裁定书,(2020)皖01行终272号。

[4] 北京市第一中级人民法院行政裁定书,(2020)京01行终382号。

之重要性的明确，[1]或虽有对校务公开机制的探讨，但止步于需要构建何种机制或何种机制对公开有促进作用，[2]未能探讨如何构建相应的机制以及不同机制之间如何衔接、配合。在2007年之前，从法学理论而非政策、规范层面进行校务公开研究的仅刘泽军教授的一篇文章，而厂务公开的法学研究尚未出现。刘泽军认为高校校务公开是行政公开的延续，知情权是其理论基础，并对制度设计提出了具有建设性的意见。[3]

在《政府信息公开条例》颁布之后，信息公开的研究虽迎来了法学界的关注，但研究的大量篇幅都集中于政府信息公开。多数研究政府信息公开的论文中会附带提及公共企事业单位信息公开，但涉入不深，仅流于表面的提及，对其进行专门研究者寥寥无几。虽然2019年《政府信息公开条例》修订前后亦有部分学者对其进行论述，但仍属于小范围的探讨，未能引起学界足够的关注。梳理现有的研究成果发现，研究内容主要集中于以下几个方面：

1. 公共企事业单位信息公开义务主体的范围及其认定

公共企事业单位是信息公开的义务主体，该主体是否只限于《政府信息公开条例》第55条所列举的8个[4]公共服务领域必须予以明确，即条文中的"等"作"等内等"还是"等外等"的解释。朱芒教授认为，在公共企事业单位承担信息公开的初级阶段，制度尚不成熟，应当将公开的主体只限于原条文所列举的9个领域内，在成熟之后再作"等外等"的解释。[5] 当前，"等外等"的解释已基本成为共识，此时便涉

---

[1] 参见王剑制：《校务公开——学校民主管理的重要举措》，载《教学与管理》1999年第9期；董玲：《浅议校务公开的重要性》，载《华北电力大学学报（社会科学版）》1999年第4期；张斌：《实施校务公开是高校思想政治工作的有效途径》，载《江苏高教》2003年第2期。

[2] 参见宋元林：《构建高校校务公开机制的思考》，载《高校理论战线》2002年第11期；陈蓓、张天亮：《高校校务公开机制初探》，载《学校党建与思想教育》2001年第10期。

[3] 参见刘泽军：《行政法学视野中的高等学校校务公开制度》，载《中共福建省委党校学报》2006年第6期。

[4] 《政府信息公开条例》（2008年版）为9个领域，在修订时为适应国家机构改革的调整而将"医疗卫生"和"计划生育"合并为"卫生健康"，而如今，计划生育委员会已被撤销。

[5] 参见朱芒：《公共企事业单位应如何信息公开》，载《中国法学》2013年第2期。

及何为公共企事业单位的问题。目前的研究除了使用“公共企事业单位”之外,还有使用“公用企业”[1]、“私人主体”[2]等概念,亦有学者对上述概念是否属于公共企事业单位的范畴提出了质疑。[3] 然而对于何为公共企事业单位的问题,现有的文献中并未予以明确,只认识到其与行政机关的主要区别,即公共企事业单位既有公法属性也有私法属性,并在此基础上受到“参照”规定的影响。有学者认为只要现有规范明确了某单位为公共企事业单位或公用企业即可直接作出认定,如没有规定则运用“职权类同”与否进行判断,[4]还有观点认为应放宽形式标准,并在企事业单位改革的基础上完善实质标准。[5] 也许是观察到公共企事业单位这一概念的混乱,有学者提出以“公共服务经营者”替换之。[6]

对公共企事业单位的认定是实务中判断信息是否应当公开的起点,以规范的有无作为判断基准过于强调形式正义,而忽略实质正义,以“职权类同”所作的补充实质上是在寻找与行政机关相似的主体,并非对公共企事业单位的判定,而且在“参照”改为“依照”之后,这种方法显然已无法成为对公共企事业单位进行认定的标准,需立足于对这一主体自身特征的分析才具有可行性。

2. 公共企事业单位信息公开的性质及制度构建路径

公共企事业单位信息公开的性质在学界一直存有争议,进而导致

---

[1] 高秦伟:《对公众获取公用企业信息的法律分析》,载《行政法学研究》2010年第4期。

[2] 高秦伟:《私人主体的信息公开义务美国法上的观察》,载《中外法学》2010年第1期;王军:《美国私主体承担信息公开义务的司法判定——行政作用范围的收缩及其对我国的启示》,载姜明安主编:《行政法论丛》第15卷,法律出版社2014年版。

[3] 参见张昊天:《论公共企业的信息公开主体资格》,载《交大法学》2016年第2期;彭錞:《公共企事业单位信息公开的立法定位与制度选择》,载《环球法律评论》2019年第4期。

[4] 参见王军:《公共企事业单位信息公开:依据、路径与标准》,载《中国行政管理》2018年第11期。

[5] 参见彭錞:《公共企事业单位信息公开的审查之道:基于108件司法裁判的分析》,载《法学家》2019年第4期。

[6] 参见梁艺:《公共企事业单位信息公开的适用检视与修正——对〈政府信息公开条例〉参照条款及其修订的评价》,载《河北法学》2020年第9期。

了制度构建路径选择走向不同的方向。高秦伟教授认为公用企业的信息公开实际上是政府的一种信息规制工具,即行政“主管机关要求企业强制披露有关信息”[1]。后向东博士也持相似的观点,认为它是一种“作为行政管理措施的信息公开”[2],在2019年《政府信息公开条例》修订之后,这一观点得到了更多学者的支持,[3]但两者对其与政府信息公开的关系却持相反的观点,高秦伟教授从修订前的规定出发,对其作为信息规制工具应当如何完善予以论述,并未否定其在《政府信息公开条例》中的地位。后者认为公共企事业单位的信息公开与政府信息公开存在着“全方位的区别”,而条例对其进行规定,使其与政府信息公开发生了混同。朱芒教授则认为,2019年修订前的第37条关于公共企事业单位信息公开的规定是政府信息公开的延伸,虽然公共企事业单位比行政机关多了一些私法的性质,但信息公开的主要性质与政府信息公开并无二致,[4]这一观点也得到目前学界多数学者的认可。[5] 制度构建的路径选择也是基于对公共企事业单位信息公开性质认定的基础而形成的,主张其作为政府信息公开延伸者认为其应当与政府信息公开一致,故采用“入条例化”的逻辑进行制度构建;主张其为行政管理措施的观点则认为它与政府信息公开不同,应采取“脱条例化”的路径进行制度构建。[6]

以上的观点可以说具有一定程度的合理性,但都不够全面。政府

---

[1] 高秦伟:《对公众获取公用企业信息的法律分析》,载《行政法学研究》2010年第4期。

[2] 后向东:《论“信息公开”的五种基本类型》,载《中国行政管理》2015年第1期。

[3] 参见黄泽萱:《监管逻辑视角下公共企事业单位信息公开的制度建构》,载《法学》2021年第1期。

[4] 参见朱芒:《公共企事业单位应如何信息公开》,载《中国法学》2013年第2期。

[5] 参见王军:《公共企事业单位信息公开:依据、路径与标准》,载《中国行政管理》2018年第11期;郭泰和:《立法扩展与实践局限:公共企事业单位信息公开诉讼的路径选择——以〈政府信息公开条例〉“参照”规定的实现为视角》,载《行政法学研究》2014年第3期;彭錞:《公共企事业单位信息公开的立法定位与制度选择》,载《环球法律评论》2019年第4期。

[6] 参见后向东:《构建新时代中国特色政府信息公开制度》,载《中国行政管理》2018年第5期。

信息公开延伸的观点是建立在“参照”规定以及公共企事业单位具备公法属性的基础上，但将其私法属性彻底忽略，尤其在《政府信息公开条例》将“参照”改为“依照”之后，私法属性的公开也需得到关注。行政管理措施的观点则相反，只关注到了公共企事业单位信息公开中的私法属性，由于其公共服务的重要性，成为行政机关重点监管对象。将公共企事业单位与行政机关完全区别开来，忽视了我国现实环境下公共企事业单位所具有的公法属性。

3. 公共企事业单位信息公开的范围

高秦伟教授认为信息公开范围是“公用企业运营过程中所产生或持有的、体现公用事业性质的信息”，除了相关规范明确规定应当公开的内容之外，对于行政机关基于规制的需求而收集的公用企业信息，公民也可以向行政机关申请公开。而且公用企业处于垄断地位，竞争性不强，所以不能适用“商业秘密”排除信息公开。[1] 郭泰和博士认为在尚未出台细化规定的公共服务领域内，信息公开的范围属于公共企事业单位的自由裁量权，但应受到法律优先和法律保留原则的限制。[2] 还有学者认为公共企事业单位不予公开的信息范围除与政府信息法定不予公开的范围相同外，还有自治事项的信息不予公开，除此之外的信息都应当予以公开，尤其应主动公开收费标准、福利行政给付标准、财政与公共采购等信息。另外公共企事业单位受到刑事处罚或行政处罚的信息也必须予以主动公开。[3] 彭錞认为，《政府信息公开条例》对政府信息公开豁免的事项同样应适用于公共企事业单位，同时信息公开主管部门还应当细化其特殊的不应公开的情形，除此之外的信息应当都予以公开。[4] 杨登峰教授则着眼于医疗服务领域，明确

---

〔1〕 参见高秦伟：《对公众获取公用企业信息的法律分析》，载《行政法学研究》2010 年第 4 期。

〔2〕 参见郭泰和：《立法扩展与实践局限：公共企事业单位信息公开诉讼的路径选择——以〈政府信息公开条例〉“参照”规定的实现为视角》，载《行政法学研究》2014 年第 3 期。

〔3〕 参见朱芒：《公共企事业单位应如何信息公开》，载《中国法学》2013 年第 2 期；王军：《公共企事业单位信息公开：依据、路径与标准》，载《中国行政管理》2018 年第 11 期。

〔4〕 参见彭錞：《公共企事业单位信息公开的立法定位与制度选择》，载《环球法律评论》2019 年第 4 期。

个人医疗信息在何种情况下属于公开范围。[1]

公共企事业单位信息公开的范围无论是直接沿用政府信息公开的规定,还是将其直接作为一项裁量权交由公共企事业单位自行行使都不具有正当性。《政府信息公开条例》对公共企事业单位信息公开范围的规定为"在提供社会公共服务过程中制作、获取的信息"。任何一项过程都并非独立的,因此其制作与获取的信息也是复杂的,必须在其公开目的基础上进行一定的利益衡量才能得出,而非单纯地以过程进行论断。

4. 公共企事业单位信息公开的权利救济

在知情权受到侵害的情况下,该如何予以救济,《政府信息公开条例》并没有给出很好的回应。而且,公共企事业单位并非行政主体,理论上无法成为行政复议的被申请者与行政诉讼的被告,因此对其如何救济是学界争论最多的问题。高秦伟教授认为,除了司法救济之外应当加强社会治理建设,通过建立"消费者监管委员会"完善信息公开的救济。[2] 而李广宇法官则认为,该条例在2019年修订之前条文中的"参照执行"属于行政法规的授权性规定,因而公共企事业单位可以成为行政主体及行政诉讼的适格被告。[3] 郭泰和博士认为其并非授权性规定,应是"义务的适用性规定",法院的审查权应当扩展至该领域。而且,对法院在受理起诉与审理阶段的说明程序及违反说明义务的法律责任进行了构建,以充分保障当事人的权利。[4] 朱芒教授认为从"主体类同"角度出发,公共企事业单位属于广义上的行政主体,完全是适格被告;从"职能类同"角度出发,公共企事业单位承担公共服务职能实际上发生了类似于"法律法规授权"的行为,因而也是适格被

---

[1] 参见杨登峰:《病患个人医疗信息的保护与公开——以〈政府信息公开条例〉"参照"条款和个人隐私条款为路径》,载《北方法学》2017年第4期。

[2] 参见高秦伟:《对公众获取公用企业信息的法律分析》,载《行政法学研究》2010年第4期。

[3] 参见李广宇:《政府信息公开诉讼:理念、方法与案例》,法律出版社2009年版,第44页。

[4] 参见郭泰和:《立法扩展与实践局限:公共企事业单位信息公开诉讼的路径选择——以〈政府信息公开条例〉"参照"规定的实现为视角》,载《行政法学研究》2014年第3期。

告。[1] 然而,《政府信息公开条例》修订之后有学者认为,在监管逻辑视角下,立法者最终选择了采用申诉手段而放弃了司法救济。[2] 也有学者提出申诉与诉讼可同时存在,这又可分为两种观点,其一,申诉与诉讼都可直接介入信息公开纠纷中,不存在先后;[3]其二,申诉条款成为行政复议和诉讼的前置程序,进而以处理申诉的行政机关为复议的被申请人或诉讼的被告。[4]

认为行政诉讼可直接介入公共企事业单位信息公开的观点要么直接对行政主体理论予以忽略,要么从授权性的角度出发,但信息公开显然并不是一项权力,是行政机关基于自律而施加于自身的一项义务,作为义务显然无法以条例的形式向公共企事业单位授权。而诉讼的前置程序作为一项司法制度,也必须由法律进行规定。所以,以上观点都无法为诉讼介入的正当性提供理论依据,也未能彻底阐明申诉与诉讼两者之间的关系。

(二)域外研究现状

事业单位是我国所特有的一种主体,因此国外并无专门针对公共企事业单位信息公开的规定与研究,且域外一般采用的是"信息自由"的表述,其中涉及的主体包括行政机关以及政府公司等,这些主体因其权力的存在受到同样的对待,与我国的政府信息公开较为类似,而单独对政府公司进行研究者较少。

随着政府交由私人主体承担的事项日益增多,《美国信息自由法》(Freedom of Information Act,FOIA)将承担信息公开义务的行政机构

---

〔1〕 参见朱芒:《公共企事业单位应如何信息公开》,载《中国法学》2013年第2期。

〔2〕 参见黄泽萱:《监管逻辑视角下公共企事业单位信息公开的制度建构》,载《法学》2021年第1期。

〔3〕 参见王巨:《公共企事业单位信息公开诉讼的主体资格认定》,载《浙江万里学院学报》2020年第5期。

〔4〕 参见耿宝建、周觅:《新条例制度环境下政府信息公开诉讼的变化探析》,载《中国行政管理》2020年第2期;彭錞:《公共企事业单位信息公开的立法定位与制度选择》,载《环球法律评论》2019年第4期;梁艺:《公共企事业单位信息公开的适用检视与修正——对〈政府信息公开条例〉参照条款及其修订的评价》,载《河北法学》2020年第9期。

扩张到了"政府公司"和"政府控制的公司",而且司法实践中也出现了要求相关私人主体公开信息的案例,学界由此产生了是否可以将 FOIA 适用于私人主体的争论。[1] Caponio 和 Geffner 认为只需在签订政府服务外包合同时作出特定的规定使私人主体遵守,并加强政府对重要信息的收集,便可实现相关信息的公开,[2]即加强行政机关的监管就可以防止涉及公共利益的信息被保密,但随着私有化的发展,越来越多的政府职能交由私人主体承担,人们担心与政府密切相关的信息存在于私人主体中,而 FOIA 并未将私人纳入信息公开义务的主体范围,使许多涉及公共利益的信息变成了秘密,这与宪法精神及开放政府的基本追求相背离。[3] 因而时至今日,将 FOIA 的适用范围向私人主体扩张已无争议,[4]争议的焦点转向了应当如何判断某私人主体符合 FOIA 的要求,进而要求其公开相应的信息。

Marie Veronica O'Connell 在研究何为"机关记录"时,认为《信息自由法》的目的在于"提供履行政府职能并控制公众感兴趣信息的主体的记录",因而只要是具有行政职能的主体都可以成为信息公开的义务主体,其范围比《行政程序法》更广。[5] Alexa Capeloto 通过分析认为公立大学基金会属于机构的范畴,[6]Daniel Berliner 则关注到国

---

[1] See Nicole B. Cásarez, *Furthering the Accountability Principle in Privatized Federal Corrections: The Need for Access to Private Prison Records*, University of Michigan Journal of Law Reform, Vol. 28, p. 249-303(1995).

[2] See Caponio J. F. & Geffner J., *Does Privatization Affect Access to Government Information?*, Government Information Quarterly, Vol. 5, p. 147-154(1998).

[3] See Feiser C. D., *Privatization and the Freedom of Information Act: An Analysis of Public Access to Private Entities Under Federal Law*, Federal Communications Law Journal, Vol. 52, p. 21-62(1999).

[4] See John M. Ackerman & Irma E. Sandoval-Ballesteros, *The Global Explosion of Freedom of Information Laws*, Administrative Law Review, Vol. 58, p. 85-130(2006).

[5] See Marie Veronica O'Connell, *A Control Test for Determining "Agency Record" Status under the Freedom of Information Act*, Columbia Law Review, 85(3), p. 611-631(1985).

[6] See Alexa Capeloto, *A Case For Placing Public-University Foundations Under the Existing Oversight Regime of Freedom of Information Laws*, Communication Law and Policy, 20(4), p. 311-342(2015).

际非政府组织对各国信息自由立法方面的作用。[1] Nicole B. Casarez 通过分析法院的判例总结出了适用《信息自由法》的私人主体的四项确定标准：(1)私人主体受到联邦政府广泛、详细及日常控制；(2)借鉴《联邦侵权赔偿法》(the Federal Tort Claims Act)关于"行政机关"的定义；(3)该私人主体具有行政机关的形式特征；(4)该私人主体具有行政机关的实质特征，即能够单独作出具有拘束力的决定。[2]

信息公开的义务主体在英国《信息自由法》附件一中作了详细的列举性规定，同时也在第 3 条第 1 款 b 项中将政府公司纳入公开主体范围。除此之外，该法第 5 条也授权内阁部长(The Secretary of State)可以将行使公共职能的私人主体纳入 FOIA 的规定之中，但直到 2011 年，内阁部长才第一次行使了该项权力。随着越来越多承担政府外包服务的公司被曝出各种财政资金运作的丑闻，越来越多的民众要求修改"一事一议"性质的私人主体信息公开制度。多个议员也在推动将 FOIA 适用于私人主体的修改而努力，信息公开专员办公室向国会提交报告中更是明确提出要将 FOIA 的适用范围扩展至提供公共服务的私人主体。此外，值得我们关注的还有英国的社会治理制度。英国《公用事业法》(Utilities Act)中赋予了消费者委员会从监管机构或公用企业中直接获取相关信息，并可以签发相关指令。虽然此项规定充分保障了公民的知情权，却使公用企业面对来自消费者委员会与监管机构的双重压力，如何才能平衡其自身利益值得深思。[3]

[1] See Daniel Berliner, *Transnational Advocacy and Domestic Law: International NGOs and the Design of Freedom of Information Laws*, Review of International Organizations, 11(1), p. 121-144(2016).

[2] See Nicole B. Cásarez, *Furthering the Accountability Principle in Privatized Federal Corrections: The Need for Access to Private Prison Records*, University of Michigan Journal of Law Reform, 28, p. 249, 272-273(1995).

[3] See Jack M. Beermann, *Administrative-Law-Like Obligations on Private[ized] Entities*, 49 UCLA Law Review, 49(6), p. 1717, 1723.

四、研究重点与难点

（一）研究的重点

1. 确定公共企事业单位信息公开的性质、必要性及其制度构建路径。制度构建路径的选择是该项制度的基础，只有明晰公共企事业单位的性质及为何需要公开，才能确定制度构建的基本路径。公共企事业单位信息公开发展至今一直未能形成统一的理论观点的原因就在于各种观点都先入为主地将其确定为政府信息公开的延伸或行政管理措施，然后再沿着此种认知进行展开，形成了单一的制度构建路径，导致这两种路径必然无法形成共鸣。因此，本书研究的第一个重点，便是厘清公共企事业单位信息公开性质定位，发现公开的原因，确立制度构建的路径，由此实现对整个公共企事业单位信息公开制度的指引。

2. 厘清公共企事业单位这一公开主体的概念与性质。公共企事业单位这一概念产生于信息公开制度，其本就是一项不确定的法律概念，其中包含了公共企业与事业单位。然而如何认定公共企事业，如何对可能存在行政权力行使、公益与非公益目的等功能性差异的事业单位进行区分，并凝练出其共同点，比较困难。因为法条所要求的就是将公共企事业单位的相关信息公开，而不是要求其中某一类型的公共企事业单位公开。我国企事业单位改革尚未完成，有必要对公共企事业单位在信息公开中的性质进行划分，如此才能确定适合于主体自身性质的信息公开制度。

3. 确定公共企事业单位信息公开纠纷中的权利如何救济。2019年修订后的《政府信息公开条例》增加了申诉条款的规定，为公共企事业单位信息公开的权利提供了救济渠道，但申诉具体如何展开需进一步深入研究，如此才能保障公开制度的顺利开展。此外，诉讼作为权利救济的保障底线，且是法律保留的事项，而当前的法律规定并未将信息公开排除在司法救济之外，仍具有适用的可能性。若司法救济并未被摒弃，对于它将呈现何种形态，如何介入的问题必须深入研究，从而为其介入的合法性提供理论支撑。

（二）研究的难点

本书研究的难点在于对公共企事业单位信息公开研究的文献资料较少，国内的研究焦点多集中于政府信息公开，公共企事业单位信息公开的研究一直以来都是小众的，法学类的文献更是寥若晨星。同时，公共服务本就是一个不确定的概念，公共企事业单位在我国更是一类较为特殊的主体，在企事业单位改革尚未彻底完成的情形下，存在基于多种目的而设立的多种类型的公共企事业单位，如何识别公共企事业单位，如何确定其相关行为是否属于公共服务，进而确定是否进行信息公开，均存在一定的难度。

此外，域外的信息公开制度也无法提供更进一步的参考价值。首先，从《政府信息公开条例》的制定主体来看，其是由我国最高行政机关制定的，以规范行政系统自身的权力运行，该文件的制定是一种自律性的行为，并将公共企事业单位也一并规定在内。而国外的信息自由法多数由国会或立法机关予以制定，是在随着政府权力扩张导致三权分立局面逐渐失衡的情形下，立法机关对行政机关作出的限制性手段，并承担了知情权保障的功能。因此，域内外制度产生的原因并非完全相同，两者必然存在天然的区别，而学界在研究公共企事业单位信息公开时却很少有人能够对此予以明晰。其次，对于公共企事业单位信息公开，我国学者更多的是关注如何处理其与政府信息公开的关系，以及如何对其进行权利救济；而域外更多的是关注私人主体能否被解释为行政机关，以及应当通过何种标准来解释。造成这两种研究现状差异的原因在于我国《政府信息公开条例》将公共企事业单位信息公开单列一条，以区分其与行政机关及法律法规授权组织之间的不同，而美国则是以行政机构统一规定，并在法律中明确了行政机构的定义，使其包括了政府（控制）公司，因此哪种私人主体可以解释为 FOIA 的适用对象便成了司法实践及学界的研究重点。

所以，无论是对基于本土语境下公共企事业单位信息公开研究的参考，还是对域外信息公开的参考都存在相当大的难度，需探寻信息公开的目的以及其中公共企事业单位扮演的角色性质，才能构建出适应我国实际环境的公共企事业单位信息公开制度。

五、研究思路与方法

（一）研究思路

本书的研究采取总分的结构安排，前两章属于总论，后四章属于分论。第一章的研究内容解决公共企事业单位信息公开是什么、为什么以及制度构建层面上沿着什么方向走的问题，第二章对该项制度的基本原则予以明确。前两章为后面的研究提供了方向上的指引。后四章分别从公开主体、范围、程序与权利救济的角度进行深入展开，更是对实践中所遇到难题的回应。

第一章主要明确公共企事业单位信息公开的性质定位，确认其自身的独立价值，并深入探究在已规定了政府信息公开的情况下，公共企事业单位的相关信息为何存在公开的必要，从而否定制度构建的单一路径，实现对制度构建双重路径的确立。这些内容的明确是制度进行构建的前提，也能从其公开主体与信息的特征发现公开目的，使公开主体、范围、程序与权利救济的研究都不偏离公开的目的及其构建路径。

第二章是对公共企事业单位信息公开制度基本原则的研究。基本原则作为一项制度构建的导航仪，必须予以明确。公共企事业单位信息公开制度的基本原则无法直接套用《政府信息公开条例》中关于政府信息公开的基本原则，必须基于该项制度的共性特征及其区别于其他法律制度的特殊性，还需兼顾规范性才能予以确定。只有如此确定的基本原则，对该项制度的具体构建方能起到指引作用。

第三章是对公开主体的识别与确定。主要是对公共企事业单位这一公开主体的概念及其认定标准予以明确，此外，还对其中权力性公共企事业单位的识别以及公共企事业单位与行政机关共有信息时公开主体的确定进行研究，防止相关主体逃避公开义务。

第四章是对公开范围的界定。首先确定公开范围的规定模式该如何选择，再从否定式列举以及肯定式列举两个方面进行公开范围的确定。当然,公共企事业单位的权力信息与服务信息存在一定的区别,两者的公开范围亦需作出一定的区分。

第五章则是对公开程序的明确。程序正义对信息公开实体正义的实现发挥着重要作用,它是确保公开有序进行的重要内容。本章按照公开的流程划分,将程序划分为三大部分进行研究,主要包括申请与补正程序、处理程序以及送达程序。在上述程序的研究中,也对主动公开与依申请公开进行了一定的区分。

第六章着重关注公共企事业单位信息公开中发生纠纷时,权利如何救济。分别从申诉、复议与诉讼的角度进行论述。申诉作为新增的条款,如何展开是其必须回应的问题,而申诉的规定,是否排斥了复议与诉讼的救济方式,亦是本书难以回避的问题。只有对三者进行深入研究,才能为权利提供全方位的保护。

(二)研究方法

本书拟采用规范分析方法、历史考察方法、比较研究方法以及案例分析方法,从综合性的角度发现公共企事业单位信息公开的主体、范围、程序及权利救济等问题的答案,厘清现有的理论争议。

1. 规范分析方法。《政府信息公开条例》的修订,对公共企事业单位信息公开做出了调整,也是该制度当前最高的法律规定,所有的研究都绕不开对条文的解释。此外,当前国务院办公厅和各部委也出台了相应的规定以及各行业领域内信息公开的细化办法,从中能够发现立法者对该项公开制度所寄予的期望,更能从中发现立法者对实务现状所作的回应,厘清目前法律规范体系的空白和盲点。因此,对这些规范的梳理与分析是本书研究的重要内容,尤其《政府信息公开条例》第55条更是本书研究的出发点与落脚点。

2. 历史考察方法。公共企事业单位信息公开在《政府信息公开条例》出台之前已有一定的雏形,当时的厂务公开、校务公开等公开制度可以说是信息公开制度的前身,公共企事业单位信息公开制度的发展与演变蕴含在时代与历史的变迁之中。“以史为镜,可以知兴替”,故而对公共企事业单位信息公开出现与发展进行历史考察,可以从中知晓该项制度发展的内在规律及其受到社会环境变化的影响,进而指引该制度在当前社会环境下应如何走,走向何处。

3. 比较研究方法。全球已有超过80个国家或地区对“私人主体”的信息公开义务进行了规定。虽然各国的私人主体信息公开都是在相应的制度、文化环境下形成的,不具有普遍的适用性,但通过对具有典型意义国家的法律规定以及制度运行现状的研究,可以从中发现其立法价值取向及其制度设置的目的,制度为何需要以及如何进行规定与设计,这些问题的答案能够为我国公共企事业单位信息公开的研究提供不同角度的参考。

4. 案例分析方法。案例分析对于法学来说是非常重要的一项研究手段,我国虽然不是判例法国家,但法作为调整社会关系的手段,法学具有较强的实践性,对案例的分析可以知晓公共企事业单位信息公开制度在实务中的运行现状,法官对其价值的判断等内容,从而反哺理论研究的不足与立法实践的缺失。虽然学界对公共企事业单位信息公开关注不够,但自2008年该项制度正式施行以来,相关案件不在少数,对其进行深入分析势在必行。

第一章

公共企事业单位信息公开的必要性及制度构建路径

坚定不移地走中国特色社会主义法治道路必然要立足于我国自身的话语体系,所以当前各种法律制度的构建越来越本土化,更加契合我国的国情,但不可否认的是,在 2007 年制定《政府信息公开条例》时,公共企事业单位信息公开规定还是受到了域外关于私人主体信息公开的影响,以致该制度一直以来运行并不顺畅,各种问题层出不穷。一国法律制度的形成不能“以外来的法文化标准为本国法制发展的导向”[1],我国的“法治之路必须注重利用中国本土的资源,注重中国法律文化的传统和实际”[2]。因此,公共企事业单位信息公开当然要立足于我国的国情,对其制度的性质予以厘清,明确公共企事业单位为何必须公开信息,进而确定制度构建的路径。唯有如此才能最终走向回应型立法,[3]契合我国公共企事业单位发展与信息公开的现状,实现对公开主体、范围、程序与权利救济等一系列问题的解决。

---

〔1〕 张晋藩:《综论中国法制的近代化》,载《政法论坛》2004 年第 1 期。

〔2〕 苏力:《法治及其本土资源》,中国政法大学出版社 1996 年版,第 6 页。

〔3〕 参见江国华:《立法模式及其类型化研究》,载刘茂林主编:《公法评论》第 4 卷,北京大学出版社 2007 年版,第 108-110 页。

第一节 公共企事业单位信息公开的性质

公共企事业单位信息公开的性质是指其本质属性,它决定了制度构建的方向。[1] 自公共企事业单位信息公开诞生之日,对其性质定位便一直存有争议,存在政府信息公开延伸说、行政管理措施说两种观点。前者认为它是政府信息公开的延伸,后者认为它是完全区别于政府信息公开的一项行政管理措施,即与一般企事业单位的信息披露完全相同。然而,公共企事业单位信息公开制度并不是上述两种制度的附属,具有自身存在的独立价值。

一、政府信息公开延伸说的缺陷

公共企事业单位信息公开正式成为一项法律制度,是随着《政府信息公开条例》的施行而确立的,在之前并未有此提法。虽然《政府信息公开条例》规定了该项制度,但仅有一个条文,且置于附则之中。暂时无法从条文中判断出公共企事业单位信息公开与政府信息公开的具体关系如何,公开的目的、范围、程序、救济等内容有什么样的区别,这些结论恰恰是本书需要研究的内容。所以,在开篇之处只对两种信息公开制度最主要的相似及差异之处予以明确,以判定该制度是否依附于政府信息公开。

《政府信息公开条例》整部法规中将信息公开的主体分为三种,分别是行政机关、法律、法规授权的具有管理公共事务职能的组织以及公共企事业单位。法律、法规授权组织与行政机关具有类似性,都具有一定的行政或公共事务管理职能,因而被纳入该行政法规的调整范围,但为何会将公共企事业单位规定于《政府信息公开条例》的附则之中?

---

[1] 参见梅扬:《行政裁决制度的性质定位与困局破解》,载《华中科技大学学报(社会科学版)》2021 年第 5 期。

从立法资料来看，最初的专家建议稿中并不包含公共企事业单位，而是规定为法律、法规授权提供公共服务的其他组织。[1] 直到2007年《政府信息公开条例》出台后才出现公共企事业单位信息公开的规定。如此安排，可能基于以下原因：其一，公共企事业单位提供的公共服务原本就属于政府应当提供的，但受限于行政效率、行政资源的有限性等因素而交由公共企事业单位提供，故而可以将其视为广义上的“政府”活动，属于“非权力型行政活动”。[2] 其二，早期公开实践的影响。虽然《政府信息公开条例》于2008年才施行，但其中关于公共企事业单位信息公开的实践早已有之。在党的十五大之后，为了扩大基层民主，各地开始陆续实施厂务公开、校务公开。2002年，中共中央办公厅、国务院办公厅出台了《关于在国有企业、集体企业及其控股企业深入实行厂务公开制度的通知》，同年，教育部、中华全国总工会出台了《关于全面推进校务公开工作的意见》。因此，在2007年制定《政府信息公开条例》时，无法忽略实践中已有的政务公开、厂务公开及校务公开。而且，在当时的历史背景下，国有企业、学校等企事业单位的改革尚未进入深水区，它们与行政机关存在诸多相似之处。也许正是这样的原因，导致在《政府信息公开条例》中出现了政府信息公开与公共企事业单位信息公开这两组概念，并使部分学者将其同等对待。

虽然公共企事业单位信息公开规定于《政府信息公开条例》中，但并未获得与政府信息公开一样的待遇，公共企事业单位与行政机关、法律法规授权组织被区分为两种类型的公开主体。如此做法，可能主要基于以下原因：其一，作为行政程序法的《政府信息公开条例》，无法直接适用于非科层制的公共企事业单位。我国有学者认为，信息公开法的定位是行政程序法。[3] 的确如此，程序正当原则包含了诸多方面，

---

〔1〕 参见周汉华主编：《政府信息公开条例专家建议稿——草案·说明·理由·立法例》，中国法制出版社2003年版，第2页。

〔2〕 参见朱芒：《公共企事业单位应如何信息公开》，载《中国法学》2013年第2期。

〔3〕 参见后向东：《信息公开法基础理论》，中国法制出版社2017年版，第245页。

信息公开是其重要内容之一。[1] 虽然我国的公共企事业单位与行政机关之间的关系密切,但本质上并不属于科层制的行政机关系统,因而无法与行政机关一样直接适用行政程序法。其二,公共企事业单位具有公法与私法两种属性,无法与行政机关等同。政府信息公开寄托着提高政府透明度的期望,是一种对行政权制约的手段,因而要求公开的是行政机关在"履行行政管理职能过程中制作或者获取的,以一定形式记录、保存的信息"[2]。公共企事业单位在提供公共服务之外尚具有自身利益的追求,具有较多的私法属性,因而无法完全适用政府信息公开的规定。所以,公共企事业单位信息公开并不能直接算作政府信息公开的附属产物,它基于自身特征具有一定的独立性,公开的是"在提供社会公共服务过程中制作、获取的信息",而非"履行行政管理职能过程中制作或者获取的信息"。

二、行政管理措施说的不足

后向东博士在梳理各种类型的信息公开特征时,明确将其分为两大类:第一大类是基于知情权的信息公开,第二大类是非基于知情权的信息公开。又将后者具体划分为四种类型,分别为行政程序环节的信息公开、行政处罚方式的信息公开、专门公共服务的信息公开以及行政管理措施的信息公开,并将公共企事业单位信息公开归为行政管理措施的信息公开。[3] 行政管理措施说的观点认为公共企事业单位信息公开并非"普适性、民主性的公开",而是"个别性、监管性的公开"[4];并非基于知情权的公开,而是行政机关对被监管主体进行管理的一种措施,类似于强制信息披露。[5] 这种观点存在难以填补的漏洞,因为

[1] 参见《行政法与行政诉讼法学》编写组:《行政法与行政诉讼法学》(第 2 版),高等教育出版社 2018 年版,第 33-34 页。

[2] 《政府信息公开条例》第 2 条。

[3] 参见后向东:《信息公开法基础理论》,中国法制出版社 2017 年版,第 67-80 页。

[4] 彭錞:《公共企事业单位信息公开的立法定位与制度选择》,载《环球法律评论》2019 年第 4 期。

[5] 参见后向东:《论"信息公开"的五种基本类型》,载《中国行政管理》2015 年第 1 期。

从本质来看,无论政府信息公开还是公共企事业单位的信息披露均是信息由掌控者向不知晓者告知的意思,两者在信息流动的功能实质上是相同的,都是将相关信息从保密状态转变为公开状态,都具有使信息弱势群体知晓信息的功能。因此,两者都具有满足知情权的功能。真正的区别在于政府信息公开是基于对行政权的监督而进行的一种行政机关自我规制措施,知情权是在实现行政权监督基础上而获得保护的一种反射利益,或者说知情权由主观权利客观化了;[1]行政管理措施类的强制信息披露在从行政机关的视角出发时,的确可以称为行政管理措施,但从社会公众视角出发时,无法否定其对知情权的保护,此时的知情权仅是一种主观权利,并未客观化。

虽然信息公开与强制信息披露两者在信息流通功能上具有共性,但是公共企事业单位的信息公开却不完全等同于作为行政管理措施的强制信息披露。私主体作为被监管的对象,加诸其上的信息披露义务的确是行政机关所采取的一项行政管理措施,以便对被监管对象进行更好的管理。上市公司信息披露制度、食品生产商履行食品标签制度都是此类行政管理措施的体现,当这些私主体不履行信息披露或公示制度时,行政机关便可对其进行处罚。作为公共企事业单位,其提供公共服务亦有可能属于市场性的行为,当然处于行政机关的监管之下,要求其对相关信息进行披露的规定被界定为行政管理措施自然没任何疑义,但是将公共企事业单位简单归结为被监管主体,未能从我国的现实环境出发。以我国公共企事业单位的现状来看,并非全都是只提供单纯的服务的主体,在公共服务中亦包含了许多公共事务管理职能,例如,"福建昊宇建筑工程有限公司诉泉州市泉港区建设工程质量监督站信息公开案"[2](以下简称"福建昊宇案")中,二审法院明确了建设工程质量监督站是接受了泉港区住房和城乡规划建设局的委托,是行

[1] 参见蒋红珍:《面向"知情权"的主观权利客观化体系建构:解读〈政府信息公开条例〉修改》,载《行政法学研究》2019年第4期。

[2] 泉州市中级人民法院行政裁定书,(2017)闽05行终105号。

使质量安全监督管理职权的事业单位。同样,在"王某海、张某香等诉杭州市土地储备中心信息公开案"[1](以下简称"王某海案")中,土地储备中心作为事业单位,受市政府委托,代表政府实施相关土地储备工作。此类职能与《政府信息公开条例》第54条所规定的法律法规授权组织所具有的公共事务管理职能并无本质性的差别,[2]由此产生的信息公开显然与政府信息公开具有同种性质,而非简单的行政管理措施。所以,公共企事业单位信息公开与企事业单位信息披露既有相似之处,又存在差别,并非完全等同,不能单纯地界定为行政管理措施。

三、兼具"权力信息"与"服务信息"的公开

经过梳理发现,公共企事业单位信息公开与政府信息公开、企事业单位信息披露既有相似之处,又存在区别,并不属于其中任何一种。这种情况出现的原因在于其具有自身的制度定位。

公共企事业单位所需公开的是"提供社会公共服务过程中制作、获取的信息"。公共服务最初是由政府提供的,这也是为何有学者将公共企事业单位提供公共服务的行为界定为"公共服务行政"。[3] 随着民营化兴起,越来越多的私主体参与公共服务供给;但是,公共服务由私主体的大规模供给,并不排斥行政权力的存在,更不等于免除政府的公共服务供给义务,政府在公共服务供给领域的监管及保证责任必不可少。而且,公共服务职能一直都是政府的一项重要职能,甚至是当今社会政府职能的重心,[4]它与其他政府职能的界限并不十分明确,[5]与行政管理或公共事务管理权并非相互排斥的关系。而且在

---

[1] 杭州市西湖区人民法院行政裁定书,(2015)杭西行初字第225号。

[2] 《政府信息公开条例》第54条:"法律、法规授权的具有管理公共事务职能的组织公开政府信息的活动,适用本条例。"

[3] 参见朱芒:《公共企事业单位应如何信息公开》,载《中国法学》2013年第2期。

[4] 参见王峰、陶学荣:《政府公共服务职能的界定、问题分析及对策》,载《甘肃社会科学》2005年第4期。

[5] 参见马英娟:《公共服务:概念溯源与标准厘定》,载《河北大学学报(哲学社会科学版)》2012年第2期。

“服务型”政府理念下，政府面向社会公众的各项行为都可称为公共服务，如行政许可、行政确认等行为。所以，公共服务行为与行政权力两者之间存在一定的交集。这也是为何公共企事业单位信息公开与政府信息公开存在相似之处，因为两者都包含了行政权或公共事务管理权行使所涉信息的公开。当然，公共服务与行政权的存在互不排斥并不意味着等同，还有诸多公共服务并无行政权或公共事务管理权的存在，此时的服务行为与提供一般服务的企事业单位一样处于被行政机关监管的地位，其信息公开便又具有了行政管理措施的性质。故而，可将因公共事务管理权所涉及的信息称为“权力信息”，而非因公共事务管理权行使，仅由纯粹的服务行为所涉及的信息可界定为“服务信息”。

所以，《政府信息公开条例》将公共企事业单位公开的信息定位为公共服务相关的信息，并非希望其成为政府信息公开的延伸，也非成为单纯的行政管理措施，而是要同时发挥这两者的功能，是兼具“权力信息”与“服务信息”公开的一种制度。因此，公共企事业单位信息公开是针对公共企事业单位这一类型主体所建立的、向公众公开提供公共服务过程中形成的信息的制度，与其他的公开制度不完全相同，也不附属于任何公开制度，其有自身的特殊价值。信息公开的方式、范围、程序等一系列规定也无法完全套用其他公开制度的规定。

第二节　公共企事业单位信息公开的必要性

政府信息公开的重要性无须多言，但为何需要在政府信息公开之外再单独规定公共企事业单位信息公开，是否有此必要？虽然从国家在政策层面不断出台新的文件推进公共企事业单位信息公开建设能够看出该项制度的重要性，但仍需在理论层面回答该制度构建的必要性。

一、知情权保障的需求

保障知情权是催生公共企事业单位信息公开的重要原因。从结构功能主义角度出发，任何制度的存在都有赖于其本身具有的功能，相关目的又因制度功能的存在而得以实现。信息公开的制度功能应当是让公众知晓相关信息，变信息垄断为信息共用，从强势方的单方信息掌控转变为多方信息分享。这种功能直接保障了公民知情权的实现，维护了公民因获取信息而带来的利益。所以，正是知情权催生了信息公开的概念与立法，或者说“为保障知情权而设计的制度就称为‘信息（情报）公开制度’”〔1〕。在信息公开制度中，知情权始终占据重要地位，无论是实现对相关主体的监督，还是促进服务水平的提升，都离不开对知情权的保障，它更是实现后续目的的前提。

“信息之所以必须公开，是基于主体掌握并行使权力，而任何权力（不论是国家权力还是社会权力）都是以有受其强制性权力的影响或支配的相对人为条件的，是关系相关人的利益的，因而，相关人就应享有知情权（权利）。”〔2〕行政机关具有权力是众所周知的，政府信息公开的内容一般也都是与行政权力运行过程相关的信息。公共企事业单位在我国并非只是单纯地提供服务，它甚至可能履行一定的行政权，〔3〕具有一定的公共事务管理职能，这些管理职能会对公民、法人或其他组织的权利会产生重要影响，故而不得不通过保障他们的知情权来实现对此权力的监督。

公共企事业单位只有在特殊情形下或基于行政机关的委托才可能有行政权力或公共事务管理权的行使，才需要将其纳入政府信息公开的制度框架之中。一般情况下公共企事业单位并不存在行政权的运行，只是单纯地提供公共服务，但公共企事业单位在非委托或非授权状态下也可能具有一定的社会公权力。在国家承担“守夜人”角色的时代，即使行政机关具有权力，但社会与国家的划分，使政府对公民生活基本没有任何的干涉，此时的公民对政府信息知晓的需求并不强烈。

---

〔1〕 何生根：《知情权属性之学理研究》，载《法律科学（西北政法学院学报）》2005 年第 5 期。

〔2〕 郭道晖：《知情权与信息公开制度》，载《江海学刊》2003 年第 1 期。

〔3〕 参见何源：《国有企业法律属性的困境与出路——基于行政组织私法化的新视角》，载《南京大学学报（哲学·人文科学·社会科学）》2021 年第 1 期。

当社会发展进入工业化、现代化时，公民的社会生活无法避开政府，需要政府更多地作为与给付，给付行政由此增多，行政权力极度扩张，以至于干涉社会生活的方方面面，此时知情权便成为一项迫切的权利，使公民、法人或其他组织能够避免受到行政权的迫害。然而，随着行政机关提供的服务太多，且服务的效率太低，公共服务开始转交给公共企事业单位提供。而现代化技术的发展，使公民无法及时、全面了解企事业单位的各种信息，进而导致企事业单位作为民事主体对公民也有了一定的支配地位，这种支配权力便是社会公权力，[1]它与行政高权对公民的干涉是相似的，而这种社会公权力较为集中的群体便是公共企事业单位，所以知情权仍是不可或缺的。

此外，信息在当今社会已成为一种重要的资源，无论生存或发展都离不开对各种信息的知晓，故而知情权已成为现代公民、法人和其他组织的一项基本权利。虽然知情权诞生之初一度呈现出政治权利属性，但随着社会的发展，该权利已不再局限于国家机关的信息，而是不断在社会生活的各个领域内展示了其存在的作用与价值，如消费者知情权、患者知情权等。兼具公法与私法属性的公共企事业单位，作为我国的一类特殊主体，承担了大部分原本由行政机关提供的公共服务职能，这些公共服务涉及教育、卫生健康、供水、供电、供气、供热、环境保护、公共交通等基本生活的方方面面，其重要性不言而喻。公众对其中的信息知情需求与日俱增，为了回应知情权的需求，公共企事业单位有必要构建起相应的信息公开制度，不应成为例外。

二、公共事务管理权监督的内在要求

为了实现对公共事务管理权的监督，公共企事业单位中的“权力信息”必须公开。知情权具有不同的权利属性，具体所表现出的权利

---

[1] 一定的组织或个人，虽然无国家授权或委托，但因其在各种资源方面具有的优势，形成了对其他私主体的支配力，这种权力不同于国家权力，因而被称为社会公权力。参见李海平：《论基本权利对社会公权力主体的直接效力》，载《政治与法律》2018 年第 10 期。

属性与知情权的客体相关联。正如财产权是对公民、法人和其他组织自身合法财产保障需求的回应;生命健康权是对公民生命与健康需求的回应;选举权与被选举权是对公民参与国家政治治理需求的回应。公共企事业单位信息公开中的知情权是对何种信息知悉需求的回应也必须明确,不同的信息需求决定了知情权的不同属性,更决定了该项制度目的的不同。有学者认为,《政府信息公开条例》修订之前的政府信息公开是以“知的需要”为基础,修订之后的《政府信息公开条例》则转向了“知的权利”,〔1〕即知情权。政府信息公开是对政府或法律法规授权组织履行行政管理职能或公共事务管理职能相关信息的公开,而非其他组织或内部管理职能的信息。行政或公共事务管理职能的主体一般情况下限于行政机关与法律、法规授权的组织,所以政府信息公开知情权的义务主体主要涉及这两类主体。因而,决定知情权真正内涵的是与行政管理职能或公共事务管理职能相关的信息,此时的知情权被称为“行政知情权”,作为主观权利的知情权已客观化,〔2〕行政机关不得要求申请人证明对此信息有生产、生活、科研等知情的需要的前提存在。该行政知情权的实现蕴含了提升政府透明度,建设法治政府的内涵,而非只对个人私益提供保护。

公共企事业单位获取的公共事务管理职能有部分并不源自法律、法规授权,而是来自行政机关的委托或规章授权,这一点通过上文的“福建昊宇案”“王某海案”等相关案件已得到印证。在上述案例中,法院虽然否定了原告的信息公开诉请,但对公共企事业单位基于行政机关的委托,行使相关公共事务管理职能并提供公共服务的合法性,还是认可并支持的。所以,当公共企事业单位与法律、法规授权组织一样拥有公共事务管理职能时,这种管理职能本就是行政机关原来应当行使

〔1〕 参见蒋红珍:《从“知的需要”到“知的权利”:政府信息依申请公开制度的困境及其超越》,载《政法论坛》2012 年第 6 期;蒋红珍:《面向“知情权”的主观权利客观化体系建构:解读〈政府信息公开条例〉修改》,载《行政法学研究》2019 年第 4 期。

〔2〕 参见蒋红珍:《面向“知情权”的主观权利客观化体系建构:解读〈政府信息公开条例〉修改》,载《行政法学研究》2019 年第 4 期。

的，只是通过委托或规章授权等方式交由公共企事业单位行使，与法律、法规授权组织的公共事务管理职能并无本质差别。所以，仍需对这一权力的行使进行监督。故而，公共企事业单位由公共事务管理职能所产生或收集的“权力信息”必须公开，这也符合全球信息公开制度发展的趋势，〔1〕更是程序正当原则的应有之义。

进一步说，公共事务管理职能在被委托之前产生的信息，应当由行政机关以政府信息的方式公开，其知情权的内涵是实现政府透明度的提升，建设法治政府。政府信息公开中的知情权义务主体虽然不能泛化，〔2〕但当行政机关通过委托等途径实现公共事务管理职能的转移时，信息公开的实施主体显然要随管理职能的转移进行同步调整。当该事项被委托之后，虽然最终承担法律责任的主体依然是原行政机关，但随公共事务管理职能产生的信息由受委托的组织所拥有，为了实现对行政权的监督目的，应由其进行公开。若公共企事业单位对因此种公共事务管理职能而产生的信息不予公开，则可能导致行政机关为了逃避责任，将相应事项交由公共企事业单位行使，造成权力不受监督的不良后果。〔3〕如此一来，行政机关就可能因为不再直接履行相关行政职能而不拥有原先应当按照政府信息公开方式进行公开的信息，便会以不存在相关信息为由而拒绝公开，该类信息便可能由公开走向保密。即便公共企事业单位按照对社会公权力监督的方式予以公开，因其公开目的、强度、范围、程序等与政府信息公开存在差异，无法达到政府信息公开对行政权力监督的效果，会形成对行政权监督的灰色地带，不利于实现政府透明度的提升。

---

〔1〕参见彭錞：《公共企事业单位信息公开的立法定位与制度选择》，载《环球法律评论》2019年第4期。

〔2〕参见刘艺：《知情权的权利属性探讨》，载《现代法学》2004年第2期。

〔3〕参见陆海波、孟鸿志：《公共企事业单位信息公开的路径选择——新型冠状病毒肺炎疫情引发的法律思考》，载《河海大学学报(哲学社会科学版)》2020年第2期。

三、公共服务权益保障的必然

政府信息公开的主要目的在于防止行政相对人的权利被不可知晓的行政行为侵害,使行政权力的运行始终处于阳光之下,便于社会公众的监督,保障公民对相关事务的参与权。此外,依申请的信息公开中还包含着申请人的主观诉求,这种主观诉求不是"权力信息"应予公开的原因,仅是其反射利益,但在公共企事业单位信息公开中,保障公民在公共服务中的主观权利是"服务信息"必须公开的主要原因。

为了保障公民的主观权利,加强对公共企事业单位公共服务的监管,相应的"服务信息"必须公开。福利国时代伴随工业化革命的兴起而到来,工业技术的发展打破了原有民事主体之间的平等性。掌握复杂技术的公共企事业单位凭借技术和资源的优势甚至垄断地位,掌控着各类信息,成了信息管控的强势主体。作为产品买受方或服务接受方的广大公民,兼有信息源供体和信息产品受众的双重身份,他们在购买或接受公共服务时需要知晓信息才能做出正确的选择,但囿于自身条件或认知水平的限制而无法获知信息,从而成了公共服务中的弱势一方,他们与信息掌控主体间的形式平等已沦为实质不平等。以医疗服务为例,患者受限于其自身对医疗知识的认知能力,在无法知晓信息的情况下很难做出有效的选择,这也导致了搜索引擎竞价排名的出现。2023 年于医疗系统展开了前所未有的反腐风暴,暴露出医疗公共服务相关价格信息的不透明,致使公共服务的体验与质量备受质疑。对于医疗设备与药物的采购与使用,是否属于提供医疗服务所必需,其采购价格是否应当透明化,以及涉及财政资金的使用等信息是否属于公共企事业单位信息公开的范围等问题均需予以回应。

虽然这些企事业单位在提供公共服务时可能不具有行政权力,甚至根本与政府职能毫不相干,但其信息强势地位仍可对公民形成一定的支配力,这种支配力便是社会公权力。这一情形在公共企事业单位尤为明显,因为公共企事业单位所提供的商品是公民基本生活不可或缺之物,其产品生产和服务供给等经营活动不具有或很少具有竞争性,甚至可能具有一定的垄断性。在此情形下,若不加以有效监管,商业的逐利性会无限放大,社会公权力会被无节制地滥用,导致公共服务水平的降低,损害服务接受者的利益。此时的信息公开作为一种信息规制工具是对社会公权力的限制,加强对公共企事业单位的监管,从而实现公民、法人和其他社会组织在接受社会公共服务时享有的一系列主观权利。这与《制定办法》第 1 条的规定及该文件的整体价值取向相契合。

从公民角度出发,他们需要知晓社会公权力主体的相关信息,以此满足自身的利益需求,防止权益被侵害。知情权保障,有利于降低信息掌控主体的优势地位,适当提升信息弱势群体的社会地位,维护广大民众的私权和私益,进而从根本上扭转信息资源管理及使用中实质性的不平等局面。因此,此时的信息公开蕴含着公民对自身权利维护的需求,但这种权利并不会自发实现,而是依赖行政机关的监管保障。从行政机关的角度出发,为了保障公民在接受公共服务过程中权益的实现,基于知情权保障而构建的信息流通与公开制度,离不开政府对公共企事业单位的行政监管和信息规制,在促进并加速各类信息流通的过程中,行政机关绝不能放松对公共企事业单位信息公开的监管。在这个问题上,政府的放任意味着失职,可能招致社会公权力行使的无序及失控。

第三节　公共企事业单位信息公开制度构建的路径选择

公共企事业单位信息公开将依据何种规定展开一直是理论界争论的焦点,更是实务界的难点。在研究公共企事业单位信息公开时,因为《政府信息公开条例》未能细化具体的适用条款,原来的“参照”一词作了笼统的规定,所以学界一般都关注公共企事业单位能否直接适用政府信息公开的具体规定。毕竟在有具体规定时,若能直接适用,显然能减少该项制度的构建成本,且避免在实践中出现困境。然而,无论司法实践还是理论界，都有两种声音存在，一种观点认为公共企事业单位信息公开的相关规定应当与政府信息公开一样，即采取“入条例化”的方式；另一种则持相反观点，认为公共企事业单位信息公开应当另辟蹊径，不应适用政府信息公开的规定，即采用“脱条例化”的方式。前者一直都是理论界的主流观点，而《制定办法》的发布似乎为后者提供了一定的支撑。事实上，“入条例化”的方式以“政府信息公开延伸说”为基础，“脱条例化”的方式是建立在“行政管理措施说”的基础上。然而，这两种方式都无法回应我国公共企事业单位信息公开的实践需求，需要从公开的信息性质出发，确立公共企事业单位信息公开制度构建的路径。

一、对“入条例化”或“脱条例化”单一路径的批判

学界对公共企事业单位信息公开的性质定位认识的单一性，导致制度构建路径的主张也在“入条例化”还是“脱条例化”这两类单一路径之间游移，然而，通过对上述诸多案例的梳理可以发现，这种单一的制度构建路径，并不能够保证该项制度的正常、有效运行。

（一）“入条例化”路径及其缺陷

持“入条例化”观点的学者一直以域外经验作为其重要依据，他们对域外的“公众所有公司”[1]、“政府（控制）公司”[2]、“自然人和私法人”[3]等的信息公开规定进行了梳理，并将其统称为私人主体信息公开，以其类比公共企事业单位信息公开，从而发现“入条例化”的制度构建路径是世界发展的趋势，认为其也适用于我国。“入条例化”的观点也分为两种理论，分别为“最小存留适用”与“最大限度适用”理论。“最小存留适用”理论认为《政府信息公开条例》中关于政府信息公开的规定，对公共企事业单位信息公开的适用具有优先性。应尽量通过解释的方法，从公共企事业单位与行政机关之间发现“主体类同”与

---

〔1〕 Freedom of Information Act 2000(UK)c. 36 3(1)(b).

〔2〕 5 U. S. C. 552(f)(1).

〔3〕 《德国联邦信息自由法》第1条第1款。

"职能类同"之处,从而得出基于此种类同而产生的信息与政府信息应当等同对待。若实在无法通过解释的方法发现两者之间在主体与职能上具有类同之处,且通过各种解释方法也无法将此类主体信息公开排除在公共企事业单位信息公开条款之外时,才能适用该条款。[1] 政府信息公开的规定和公共企事业单位信息公开条款在适用过程中,构成了一种"一般—例外"[2]的关系。相反,"最大限度适用"理论则认为只要相关行政机关针对具体的公共企事业单位领域出台了细化规定,就必须最大限度地依据该规定进行信息公开,当不存在细化规定时,才能由公共企事业单位依据自身实际参照政府信息公开的规定裁量执行,[3]即政府信息公开的规定只是作为公共企事业单位在无规范依据情况下的变通或兜底适用的选择。

从形式来看,上述两种理论都存在一般与例外的情形,但是前者将公共企事业单位信息公开条款架空,因为无法通过解释方法排除该条款之外的公共企事业单位信息公开时,该理论表面上给出的答案是按照 2019 年《政府信息公开条例》修订之前第 37 条的条文执行,但仍未给其指明该如何公开,所以实质上仍是一种单一的"入条例化"方式。后者所遵循的是"依法律行政"而非"依法行政",只以各部门是否出台了规章或规范性文件等细化办法,而无论该办法如何规定、是否符合公共企事业单位信息公开的制度目的。最终的情形显而易见,除了已经出台或完成修订的《供水、供气、供热等公用事业单位信息公开实施办法》《供电企业信息公开实施办法》《高等学校信息公开办法》《教育部关于推进中小学信息公开工作的意见》《公共交通企业信息公开规定》《交通运输公共企事业单位信息公开指导意见》等规章或规范性文件之外,其他领域的公共企事业单位因未出台相关规定,其信息公开将都

[1] 参见朱芒:《公共企事业单位应如何信息公开》,载《中国法学》2013 年第 2 期。
[2] 王军:《公共企事业单位信息公开:依据、路径与标准》,载《中国行政管理》2018 年第 11 期。
[3] 参见曹康泰主编:《中华人民共和国政府信息公开条例读本》,人民出版社 2007 年版,第 149 页。

趋向于“入条例化”的方式。而上述已出台的规定中也有部分内容是参照《政府信息公开条例》所制定，所以该理论基本上仍选择了“入条例化”的方式。虽然“入条例化”的制度构建路径颇受学界认可，但这一观点却存在以下诸多缺陷。

1. 域外制度的背景研究及我国具体情况分析

我国的公共企事业单位信息公开与域外私人主体信息公开产生的制度背景存在根本性的区别，公共企事业单位与私人主体也因政治制度的差异而不完全一致。因此，我国公共企事业单位信息公开制度的构建，不能简单学习域外模式而采用“入条例化”的路径。

首先，立法动因不同。欧美国家的信息自由法是一般由国会通过的立法，我国《政府信息公开条例》是最高行政机关制定的行政法规。前者的立法动因是行政机关在行政权极度扩张之后，出现了“第四权”〔1〕，威胁到原本三权分立之间的平衡，尤其是威胁到立法权。美国总统为了防止对行政权的限制，最初并不想通过这一法案，甚至曾拒绝签署。〔2〕国会与行政机关之间经过一系列的斗争，最终才得以通过《信息自由法》，以实现对行政权的制衡与控制。因此，只要存在可能行使行政权的主体，都必须对与此权力相关的信息进行公开，至于那些没有行政权的公共服务行为，他们并不关心。我国的《政府信息公开条例》并不是由全国人大制定的法律，而是国务院在吸取各地制定的信息公开规定与实践经验的基础上制定而来，是行政机关进行的“自我规约”。我国国务院由全国人大产生并对其负责，两者之间也无利益冲突，都是为了全体人民的利益而行使各自的权力。所以，这种自我规约不仅要实现对自身权力运行的控制，使其交由公民、法人和其他组织监督，也包含了中国特色社会主义制度对人民接受高质量公共服务的关注，所以，将公共企事业单位提供公共服务的行为纳入信息公开的范围便顺理成章。

---

〔1〕 后向东：《信息公开法基础理论》，中国法制出版社2017年版，第28页。
〔2〕 参见后向东：《美国联邦信息公开制度研究》，中国法制出版社2014年版，第191、208页。

其次,法律条文的结构安排不同。英国、美国、德国的信息自由法主要以信息的性质进行制度安排。以美国为例,整部法律对何种信息应当公开,哪些信息可以豁免公开,信息公开的各种程序与配套的报告制度进行了较详细的规定,只在第 f 条中将公开的义务主体明确。实质上,这些信息的性质明确之后,也基本都指向第 f 条中的义务主体。我国的信息公开制度首先划分主体的种类,在主体种类划分之后再进行信息的划分,每种公开的主体依据其自身特征区分不同的信息性质,由此产生了政府信息公开与公共企事业单位信息公开两种制度。

最后,公共企事业单位与政府公司等私人主体的性质不同。英美两国的公众所有公司或政府(控制)公司是深受辅助原则理论影响的政治体制下的产物。辅助原则理论最早发源于宗教领域,随着众多学者对辅助原则进行各种阐述与研究,[1]这一原则逐渐被适用于社会领域以及政治领域。[2] 辅助原则不仅影响了欧洲的政治理论,也同样传播到美国,对美国的政治制度及理论产生较大的影响。[3] 该原则包含了援助、禁止干预和助人自助三个次一级的原则,[4]它要求尊重个体的自由,凡是个人或社会能够自行解决的事项,国家不应当介入,只有个体无法解决的事项才允许国家进行干预,且应当通过创造条件使个体达到能够自行解决的状态,即国家处于辅助性的地位。[5] 即使政府可以介入其中,如果低层级的政府能够解决,便不应当让高层级的政府

[1] See Ken Endo, *The Principle of Subsidiarity: From Johannes Althusius to Jacques Delors*, Hokkaido Law Review, Vol. 43, No. 6, p. 553-652(1994).

[2] 参见熊光清:《从辅助原则看个人、社会、国家、超国家之间的关系》,载《中国人民大学学报》2012 年第 5 期。

[3] 参见毕洪海:《国家与社会的限度:基于辅助原则的视角》,载《中国法律评论》2014 年第 1 期。

[4] 参见苗静:《辅助原则研究》,中国经济出版社 2013 年版,第 13 页。

[5] See Jürgen G. Backhaus, *Subsidiarity and Ecologically Based Taxation: A European Constitutional Perspective*, Publice Choice, Vol. 90, No. 1, p. 285-286(1997).

干预。[1] 所以,英国和美国的公众所有公司与政府(控制)公司虽然以公司为名,但其所介入的领域是社会或私人不愿意或不具备能力进入的,呈现出明显的行政权力或者政府控制状态。这也是为何美国至今仅有17家联邦公司,[2]英国也未在《英国信息自由法》的附表1中加入过多的公众所有公司的原因。德国并未采用政府公司的规定,而是直接指向个人、法人或团体,但这些私人主体也必须满足一定的条件,即"被行政机关利用实现其公法上的任务"。可见,这些采取"入条例化"方式进行信息公开的个人、法人或团体,也如同英美国家的政府公司一样,必须行使一定的行政权力,并非只提供纯粹的公共服务。

我国公共企事业单位的类型较为复杂,既有行使行政权力的公共企事业单位,也有不具备行政权力、只提供纯粹的公共服务的主体。所以,两种不同政治体制与社会体制下的公共企事业单位与政府公司,无法采用同样的制度构建路径,非权力性质的公共企事业单位如采取"入条例化"的路径进行制度构建,也不符合比例原则的要求。

2."入条例化"不符合现实要求

"最小存留适用"理论的瑕疵在于无法消弭对行政主体理论所造成的冲突。"入条例化"路径要求公共企事业单位信息公开与政府信息公开适用相同的规定,发生争议纠纷时也如政府信息公开案件一样进入行政复议与行政诉讼的救济程序。然而,多数公共企事业单位并无上级行政机关,无法成为行政复议的对象,且该条款并非授权条款,而是一项"义务的适用性规定"[3]。强行适用相同的救济途径会使公共企事业单位信息公开案件中,原告诉讼请求因不存在适格的行政诉讼被告而被法院驳回,使公众知情权被侵犯之后无法得到有效救济。

---

[1] See Alex Mills, *Federalism in the European Union and the United States: Subsidiarity, Private Law and the Conflict of Laws*, University of Pennsylvania Journal of International Law, Vol. 32, No. 2, p. 377(2010).

[2] See Kevin R. Kosar, *Federal Government Corporations: An Overview Source*, Congressional Research Service 7-5700, (2011).

[3] 郭泰和:《立法扩展与实践局限:公共企事业单位信息公开诉讼的路径选择——以〈政府信息公开条例〉"参照"规定的实现为视角》,载《行政法学研究》2014年第3期。

当然,实践中也有法院直接避开对被告的认定,进而突破《行政诉讼法》被告资格的规定而予以受案裁判,如“潘某民诉承德市双峰寺水库工程建设管理局案”[1]等。这种做法在一定程度上保障了公民的知情权,但对政府法律制度体系造成了更大的冲击。虽然《政府信息公开条例》修订后增加了申诉的救济规定,但从“参照”到“依照”的变化又斩断了“最小存留适用”的理论逻辑连接点,使之无法成为对现行条例的合理的解释。

“最大限度适用”理论也存在难以填补的漏洞。首先,《政府信息公开条例》第 55 条的规定并非只是对修订之前的条文语言表述的完善,以填平其存在的漏洞,化解歧义。“参照”变为“依照”意味着适用依据在根本上发生了变化,而“最大限度适用”与“最小存留适用”都可基于对“参照”进行解释而得出,最高人民法院完全可以直接出台司法解释将该适用方法确定下来,而无须对法条进行调整。其次,该条款对公共企事业单位的信息公开是按照行业领域列举的,且已有的细化规定也基本限于条款所列举的几个领域,这便意味着按此理论指导信息公开,并非关注主体的公共性,而是依主体所属的不同行业领域适用不同的规定。此种不考察公开主体承担公共职能、提供公共服务的重要性,而仅以其行业领域确定公开强度的做法,不符合实质法治的要求。

(二)“脱条例化”路径及其缺陷

2019 年的《政府信息公开条例》将公共企事业单位信息公开规定为“依照相关法律、法规和国务院有关主管部门或者机构的规定执行”,导致之前“脱条例化”的理论再度兴起。“脱条例化”理论认为公共企事业单位并不属于行政机关的序列,而是作为行政机关的监管对象,为方便行政机关对公共服务行为的监管而被要求公开相关信息。因此,公共企事业单位信息公开应当完全脱离《政府信息公开条例》的束缚,其是否公开、如何公开应交由行政主管机关决定。[2] 第 55 条的

---

〔1〕 承德市中级人民法院行政裁定书,(2018)冀 08 行终 1 号。

〔2〕 参见后向东:《论“信息公开”的五种基本类型》,载《中国行政管理》2015 年第 1 期。

规定使相关学者认为“脱条例化”变为了现实,[1]从原来对公共企事业单位信息公开规定的过渡性、特殊性状态,走向了目前最终的形态,从“等同—参照”逻辑走向了“区分—监管”的逻辑,实现其与监管的行政机关之间的区分,从而以行政权而非司法权来推动信息公开。[2]

《制定办法》是在《政府信息公开条例》最新修订版出台的8个月之后,由国务院办公厅印发给各省级政府及国务院部委、直属机构的,可以代表国务院对公共企事业单位信息公开的最新观点,也对上述理论予以佐证。《制定办法》在指导下位法制定时似乎解读了上位法的意图,认为相关领域公共企事业单位的信息公开,不再适用整部《政府信息公开条例》,而仅依据第55条和各主管部门依据《制定办法》所制定的细化规定。[3] 第55条是一条较为原则性的条款,并未直接明确公开制度构建的路径。《制定办法》则规定主动公开事项应以清单的形式列出,[4]且原则上不采取依申请公开的方式。[5] 换言之,除了清单上公开的事项之外,原则上便不再公开任何信息。《政府信息公开条例》虽然对政府信息主动公开的事项进行了诸多列举,但这些列举是对重点公开事项的强调,而非对所有公开事项的列举,其奉行“以公开为常态、以不公开为例外”的原则。所以,政府信息公开与公共企事业单位信息公开恰恰相反,只要不是豁免公开的信息,都应当公开,且申请公开与主动公开具有同等的效果。

---

[1] 参见彭錞:《公共企事业单位信息公开:现实、理想与路径》,载《中国法学》2018年第6期。

[2] 参见黄泽萱:《监管逻辑视角下公共企事业单位信息公开的制度建构》,载《法学》2021年第1期。

[3] 《公共企事业单位信息公开规定制定办法》第2条第1款:“国务院有关主管部门应当根据《中华人民共和国政府信息公开条例》第五十五条和本办法的要求,制定或者修订教育、卫生健康、供水、供电、供气、供热、环境保护、公共交通等领域的公共企事业单位信息公开规定。”

[4] 《公共企事业单位信息公开规定制定办法》第7条第1款:“公共企事业单位信息公开规定应当以清单方式明确列出公开内容及时限要求,并根据实际情况动态调整。”

[5] 《公共企事业单位信息公开规定制定办法》第5条第1款:“公共企事业单位信息公开的方式,以主动公开为主,原则上不采取依申请公开的方式。公共企事业单位信息公开规定对依申请公开作出规定的,应当明确办理期限、处理方式、监督救济渠道等内容,确保依申请公开程序具备可操作性。”

显然,《制定办法》将公共企事业单位信息公开导向了与政府信息公开完全不同的方向,实现了对2019年之前已出台的各主管部门规章、规范性文件中的公开规定的大转变。《制定办法》作为"全国政府信息公开工作主管部门根据实际需要"制定的专门规定,[1]是对修订之前形成的各部门规章、规范性文件的修正,似乎为信息公开的制度构建路径确定了方向,从目前修订后的各规章与规范性文件来看似乎的确如此,但这种单一的"脱条例化"路径亦会带来诸多问题,无法适应我国公共企事业单位的发展现状。

1. 公共企事业单位信息公开责任的逃逸

《美国信息自由法》依据所有权规则将政府公司或者政府控制的公司纳入政府信息公开的主体之中,我国也存在类似的政府公司,即承担了一定行政目的的国有企业或事业单位。它们虽然呈现一定的私法性质,但"仅是国家换上'私法袍服'而已,本质上仍属于行政权的行使"[2]。如"郑某洪等六人诉峨眉山市旅游经济开发区管理委员会信息公开案"[3](以下简称"郑某洪案")中的管理委员会(以下简称管委会)、"戴某案"中的房屋征收中心等,它们虽然不是法律、法规授权的具有管理公共事务职能的组织,但依据政府出台的规范性文件承担了一定的管理职能或行政目的。"脱条例化"的制度构建路径若适用于此类公共企事业单位,将导致上述两案的判决结果大范围出现于其他类似的信息公开之中,使这类本就承担了一定公共事务管理职能的公共企事业单位,不受政府信息公开规定的制约,只需承担监督程度较弱的信息公开义务。

2. 存在政府责任规避的可能

"脱条例化"的路径使一切公共企事业单位提供公共服务的信息,

---

[1] 《政府信息公开条例》第3条第2款:"国务院办公厅是全国政府信息公开工作的主管部门,负责推进、指导、协调、监督全国的政府信息公开工作。"

[2] 参见何源:《国有企业法律属性的困境与出路——基于行政组织私法化的新视角》,载《南京大学学报(哲学·人文科学·社会科学)》2021年第1期。

[3] 乐山市中级人民法院行政裁定书,(2014)乐行终字第77号。

全部按照行政机关出台的相关规定执行，掌握规则制定权的行政机关集公共企事业单位的监管主体与归属单位于一身，必然会将其自身对政府信息公开的责任降到最低，从而无法保证制度正常、公正地运转。而且，虽然规章无法规定法律保留事项，但依然可以授权其他组织进行公共事务的管理，行政机关还可通过委托的方式将相关的公共事务管理职能交由其他组织行使。因此，行政机关可能将其不愿意公开的相关事项交由其他组织来承担，并在制定具体的信息公开规定中，将公共企事业单位对此信息公开的义务予以排除，从而规避政府信息公开的义务。最终使政府信息公开走向保密，伤及政府信息公开制度，无益于控制行政权力、提升公共管理职能的透明度，导致无法实现信息公开的目的。

3. 导致上下位法相互冲突

鉴于《政府信息公开条例》对公共企事业单位信息公开规定得过于原则化，如何具体执行还需下位法予以细化。然而，若按照“脱条例化”观点执行，部分下位法显然又处于违反上位法的状态。国务院各部门依据《政府信息公开条例》出台了一些规定，[1]以规范各自不同领域的公共企事业单位的信息公开，但部分规定尚未进行修订，且目前仍具有对外效力，如《高等学校信息公开办法》。它们是基于2007年《政府信息公开条例》的“参照”条文而制定的，并未突破修订之前的政府信息公开制度的框架。因而，当依据相关规定推行公共企事业单位的信息公开时，便又变成了“参照”适用，使《政府信息公开条例》的修订失去意义。

---

[1] 现行有效的有：《供水、供气、供热等公共企事业单位信息公开实施办法》《高等学校信息公开办法》《供电企业信息公开实施办法》《公共交通企业信息公开规定》《医疗卫生机构信息公开管理办法》《慈善组织信息公开办法》《教育部关于推进中小学信息公开工作的意见》《交通运输公共企事业单位信息公开指导意见》。已失效的有：《环境保护公共事业单位信息公开实施办法（试行）》《供电企业信息公开实施办法（试行）》《人口和计划生育技术服务机构信息公开办法（试行）》《医疗卫生服务单位信息公开管理办法（试行）》。

二、“入条例化”与“脱条例化”双重路径的确立

制度构建的单一路径简单地将所有公共企事业单位作为一个整体对待，或者虽然进行了区分，但也只是基于行业区分，同一行业领域内也作整体对待，忽略了不同公共企事业单位所承担职能的差异性。信息公开制度的构建不能流于主体称谓的变化、细化规定的有无，不能仅仅基于“参照”或“依照”二字进行简单的文义判断，更不能将所有或特定行业公共企事业单位视为一个整体，而需从我国的实际出发，从公开制度本身的性质出发，寻求适应其特征的制度构建路径。我国公共企事业单位信息公开的目的，与欧美国家的私人主体公开目的存在差异。欧美私人主体信息公开虽然具有保障知情权、实现对行政权的监督、提升行政透明度的目的，但不具备保障其他主观权利的目的，其他权利的实现仅是上述目的的反射利益。

对公民权利的保障不能完全依赖于对公共秩序保障或透明度提升所实现的反射效果。涉及公民主观权利保障的信息并不一定关涉公共事务管理职能的运行，若偏向于保护公民的主观权利，则会导致对行政权力监督的目的落空。正因为公开的信息性质不相同，公共企事业单位在相应职能或行为中表现出的性质也呈现一定的差异，导致很难用统一的路径进行制度构建。因此，为实现信息公开的权利保障与权力监督等目的，实现“权力信息”与“服务信息”的有效公开，应确定制度构建的双重路径。

（一）“权力信息”公开的“入条例化”制度构建路径

公共企事业单位在我国是一类特殊的主体，既有可能具备公共事务管理职能，也可能仅提供纯粹的公共服务。《政府信息公开条例》虽然将信息公开的义务主体强行区分成行政机关、法律法规授权组织和公共企事业单位，但从全部的条文以及公开的目的来看，信息公开的制度安排仍围绕行政权或行政管理职能而展开，而非表面上的主体类型。这也是将法律、法规授权的具有公共事务管理职能的组织也纳入政府

信息公开调整范围的缘由。虽然《政府信息公开条例》关注到了法律、法规授权组织,但该项制度所关注的是对权力运行的监督,将受行政机关委托或被规章授权的公共企事业单位遗忘,显然不利于对行政权力全面监督的实现。

王敬波教授团队曾于2014年提出了一份《政府信息公开法》的专家建议稿,该建议稿的第七章专门规定了公共企事业单位信息公开,其中第73条为公共企事业单位的定义提供了两种方案。方案一是通过概念界定、明确列举以及兜底规定的方式限制了公共企事业单位的范围,即"依照法律规定承担社会公共服务职能的企事业单位和受行政机关委托管理社会公共事务的事业单位"[1]。可见,学者也意识到了公共企事业单位可能基于行政机关的委托而行使一定的公共事务管理职能,这种管理职能与法律、法规授权组织的管理职能具有同质性,由此而产生的信息公开所追求的是对公共事务管理权进行监督的目的,符合"行为性质的类同性"与"法律目的的同一性"要求,[2]显然不应被排除在政府信息公开的规定之外,故其制度构建应当采用"入条例化"的路径。

权力信息虽然遵循"入条例化"的路径予以公开,但并非所有的规定都照搬政府信息公开,毕竟公共企事业单位不是真正意义上的行政机关,它不依科层制的行政系统设置,除法律、法规授权之外,它拥有的相应的管理职能或行政权力只能来自规章的授权或行政机关的委托。规章授权组织可以成为行政主体,而受行政机关委托的公共企事业单位无法成为行政主体,在受委托的事项范围内,虽然无法以自己的名义行使行政职权、承担责任,但是会产生由其收集、保管的关涉权力行使或行政管理职能的信息。我国当前的行政复议、行政诉讼关于信息公开类案件的被申请人(被告)并不包括此类公共企事业单位。所以,权

---

〔1〕 王敬波主编:《世界信息公开法汇编》(下册),法律出版社2017年版,第1290-1291页。

〔2〕 参见杨登峰:《病患个人医疗信息的保护与公开——以〈政府信息公开条例〉"参照"条款和个人隐私条款为路径》,载《北方法学》2017年第4期。

力信息在沿着“入条例化”的路径进行制度构建时，仍需针对公共企事业单位的特征进行一定的调整，这种调整应当以不阻碍对行政权的监督、行政透明度提升的目的为限。

（二）“服务信息”公开的“脱条例化”制度构建路径

公共企事业单位的公共服务涉及不特定对象重要的、基本的利益，只有知晓这些信息才能实现对企事业单位的监管，保障公民利益的实现。近代社会以前的社会是熟人社会，买卖双方处于完全平等的地位，双方对产品信息知根知底。然而，随着近代知识大爆炸，科学技术得到了飞速发展，工业化使社会分工更加精细化，各种新的商品开始出现，生产工艺愈加复杂化，平等的民事主体地位进一步被打破，买卖双方出现了信息不对称。普通的公民无法完全了解产品的所有信息，权益便无法得到有效保障。卖方由此形成了对买方的支配性地位，这种支配性的权力便是社会公权力。为了避免被社会公权力侵害，必须赋予公民知晓相关信息的权利。

基于此，规定信息公开的不仅仅只有各种信息公开办法，散落于其他法律文本中的信息披露规定同样具有适用的空间，因为信息披露产生的原因与公共服务主体进行信息公开的原因存在相同之处。以食品行业为例，食品标签制度是食品行业典型的信息公开，该制度并非要求食品生产商将其生产工艺等公民想知晓的内容全部公开，而是选择将食品中关涉公民利益最为重要的内容予以公开。上市公司信息披露制度也是如此，在涉及全体公民的利益时，尤其是那些会对消费者或股民的消费需求、自身权益产生重要影响的信息才需要被公开。这种公开与政府信息公开显然不同，后者只要有权力运行，便必须公开，不管此种信息是否会对公民的权益产生一定的影响。如行政机关领导人员信息公开，其公开只是为了方便公民对其进行监督，实现透明行政，间接地保障了公民的利益。因社会公权力而产生的信息公开制度与因行政权力产生的信息公开制度并不相同，两者的公开内容不具有相似性，公共企事业单位对因这两种性质的“权力”而产生的信息公开，必然走向不同的方向。“服务信息”公开将以“脱条例化”的路径进行制度构建，即公共企事业单位应随行业划分形成不同的、具有针对性的信息公开规定，这些规定有赖于监管该公共服务领域的行政机关基于专业知识来确定。采取此种路径主要基于以下几方面原因：

1. 比例原则的选择

作为“现代实质主义法治的典范”[1]，比例原则是“服务信息”遵循“脱条例化”路径进行制度构建的重要原因。比例原则包含了三个次级原则，分别为妥当性原则、必要性原则和狭义比例原则。妥当性原则要求行政机关所采取的措施必须能实现相应的目的，必要性原则要求对公民的损害最小，狭义比例原则要求手段和目的之间具有一定的均衡性。[2] 公开的规定如何设置对于公共企事业单位信息公开来说便是行政机关对措施的选择，若服务信息采取“入条例化”，显然无法达到公开的目的。“入条例化”的路径所要实现的是监督行政权力，不对该信息与申请公开的主体是否有利害关系进行分析，由此，与公民有利害关系的服务信息可能被排除在公开之外。退一步而言，即使能够实现服务信息公开的目的，“入条例化”对公共企事业单位带来的损害也并非最小的，目的和手段之间也不均衡，不符合必要性及狭义比例原则的要求。“入条例化”的路径意味着除法定豁免以及酌定豁免的信息之外，一律公开。这种公开范围显然已超出了公民需要知晓的范围，强行增加了公共企事业单位的工作量及支出成本。多数公共企事业单位并不能像行政机关一样，获得财政资金来支撑其信息公开的义务。因此，“入条例化”的制度构建路径对于服务信息而言，不是最“温和的手段”[3]。

2. 风险社会影响信息公开的专业性判断

王敬波教授认为，信息公开纠纷具有专业性，法院不能过早地介入

---

[1] 周佑勇：《行政法基本原则研究》(第2版)，法律出版社2019年版，第193页。

[2] 参见陈新民：《行政法学总论》，台北，三民书局1997年版，第60页。

[3] 周佑勇：《行政法基本原则研究》(第2版)，法律出版社2019年版，第197页。

其中。[1] 工业化及科技发展导致风险社会的来临,[2] 而风险具有不确定性,对风险的判断变得越发专业化。单一的行政机关再也无法应对多种多样的社会风险,不同领域的风险规制必须交由对该领域最熟悉的行政机关或独立的规制机构。因此,不同行业提供公共服务的风险,公共企事业单位的何种措施或掌握的何种信息会对公共利益造成影响,哪些信息不公开会造成接受公共服务的公民、法人和其他组织遭受严重的侵害,哪些信息是他们最想知晓的,哪些信息即使不公开也不会产生不利的后果或者基于私主体之间的平等性也能够得知,这些都需负责监管或规制的行政机关作出专业的判断。依据专业判断所确定的需公开的信息,才能适应风险社会背景下的公众需求,同时不会过度增加公共企事业单位的信息公开负担。

3. 公共服务的个性化使多数信息无法公开

行政机关的行政管理职能虽然会针对个体,但也存在不指向个体的情形,如规章或规范性文件的制定。公共企事业单位虽然面向公众提供公共服务,但归根结底都会指向具体的个体,而为个人所提供的服务大多数建立在私法合同的基础之上,因此相关信息多带有个人隐私性质。如医疗机构主要是为患者提供诊疗服务,但由此而产生的信息不能随意公开,因此《民法典》第 1226 条规定,"医疗机构及其医务人员应当对患者的隐私和个人信息保密。泄露患者的隐私和个人信息,或者未经患者同意公开其病历资料的,应当承担侵权责任"。因此,这些信息公开与否还要受到个人"信息自决权"的限制,[3] 而个人信息自决权的限度及其边界有多大,由不同行业领域涉及的公共服务信息的性质决定。

---

[1] 参见王敬波、李帅:《我国政府信息公开的问题、对策与前瞻》,载《行政法学研究》2017 年第 2 期。

[2] 参见[德]乌尔里希·贝克:《世界风险社会》,吴英姿、孙淑敏译,南京大学出版社 2004 年版,第 102 页。

[3] 参见赵宏:《从信息公开到信息保护:公法上信息权保护研究的风向流转与核心问题》,载《比较法研究》2017 年第 2 期。

4. 公共企事业单位的部分信息转化成了政府信息

行政机关将涉及公共利益的服务交由公共企事业单位承担时，对其负有监管职责，主要体现为被监管对象的信息报告义务和监管机关的信息收集义务。如在传染病的防控之中，当医疗机构发现法律所规定的传染病患者时，必须上报，〔1〕监管机关也必须密切监控、收集相关的传染病信息。因此，该信息便成了行政机关所掌握的信息，可直接由行政机关公开。而且，当出现应急状态时，法律并未赋予医疗机构发布传染病疫情信息的权力。因此，当公共企事业单位提供公共服务所涉及的信息被上报至行政机关或被行政机关收集后，该公共企事业单位是否还具有公开该信息的义务，也因行业性质而有所不同，特定行业领域内的标准无法成为所有公共企事业单位的通用标准。

5. 公共企事业单位无法承担巨大的信息公开成本

信息的收集并非免费的，而是有着高昂的成本，不仅有人力成本、物力成本和制度成本等静态成本，还包括管理成本、监督成本及补救成本等运行成本，甚至还有一系列的机会成本、沉没成本以及激励成本等衍生成本。〔2〕行政机关在信息公开中虽承担了如此高昂的成本，但社会却因信息公开获得了更大的收益，这正是行政机关承担公共服务成本的原理所在。如全部按照“入条例化”的路径构建公共企事业单位信息公开制度，公开主体花费巨大成本实施信息公开，自身却无法从中获得任何收益，对于缺少财政资金支持的或中小型公共企事业单位而言是不能接受的，因而需与政府信息公开制度区别开来。不同性质的公共企事业单位，因行业性质的差异，采用相同方式公开、收集相应信息时付出的成本也不尽相同。因此，这种成本收益的考量，也是制约所有公共企事业单位统一采用“入条例化”路径的重要原因。

---

〔1〕 参见《传染病防治法》第30条。

〔2〕 参见牛红亮、刘静：《基于经济学视角的政府信息公开》，载《情报理论与实践》2011年第2期。

三、“入条例化”与“脱条例化”双重路径的优势

“入条例化”与“脱条例化”双重路径不仅对不同的公共企事业单位的信息公开具有正当性，而且相比于单一的路径具有诸多优势。

（一）防止行政机关及公共企事业单位逃避责任

单一的“入条例化”路径可能引发行政机关监管责任的逃逸。当行政机关对某单位负有监管职责却疏于监管，不但不督促信息的上报或不收集应收集的相关信息，还以不存在该信息为由拒绝公开此信息，将信息公开的责任推卸给公共企事业单位，实现监管责任的逃避。单一的“脱条例化”路径可能造成公共企事业单位信息公开责任有所减损，使其与法律、法规授权组织具有同等效果的公共事务管理职能不受监督；还会导致行政机关更倾向于通过规章授权、行政委托等方式将相关权力交由公共企事业单位行使，使其得以逃脱信息公开的责任。而双重路径有利于不同类型的公共企事业单位承担不同的信息公开义务，也有利于防止两者对各自信息公开责任的逃逸。

（二）合理解决公共企事业单位信息公开纠纷

制度构建的双重路径意味着纠纷解决路径的双重性，而非学界与法院只关注到的单一方式。在2019年《政府信息公开条例》修订之前，单一方式被认为是行政诉讼，修订之后则被确定为申诉。对于遵循“入条例化”路径公开的公共企事业单位，若公共事务管理职能源自规章授权，此时与法律、法规授权组织具有“主体类同”与“职能类同”的相似性，亦可基于规章授权而直接成为行政诉讼的被告；相关职能若源于行政机关的委托，则委托机关可以成为复议被申请人或行政诉讼的被告。对于遵循“脱条例化”路径的公共企事业单位信息公开，此时双方主体均不存在行政权或公共事务管理职能，其信息公开纠纷便存在民事诉讼程序适用的可能，如在食品标签不符合规定的情况下，消费者可基于知情权受损对生产商或销售商提起民事诉讼。此外，两种类型的信息公开也都可以通过《政府信息公开条例》第55条第2款规定的

申诉渠道,向负有监管职责的行政机关提出申诉。具体如何展开救济,可参见“公共企事业单位信息公开的权利救济”一章。

(三)有效解决“双可申请”难题

“双可申请”难题是指公共企事业单位对于在提供公共服务过程中所产生的信息,不仅自己掌握,行政机关在履行职责过程中也掌握,因而在申请该信息公开时,存在应向谁申请、被申请者该如何处理、由谁负责公开等问题。现有理论中只有朱芒教授对此做出了回应,认可了申请者具有选择权,并认为最好从“最小存留适用”角度出发;[1]但是,交由申请者选择容易产生行政机关与公共企事业单位之间相互“踢皮球”的现象,“最小存留适用”原则也会不当限缩公共企事业单位信息公开的适用范围,因而本质上仍无法有效解决“双可申请”的难题。[2] 其实,“双可申请”难题出现的原因,恰恰是现有理论没有解决好同一信息公开中不同的制作或保存主体公开责任的划分,致使他们之间可以相互推诿。采取双重路径进行制度构建,不同主体之间的责任得以落实,“双可申请”的难题便不复存在,信息公开纠纷也会被有效化解。

(四)扩大信息公开主体范围

当相关领域尚未出台且行政机关无任何动力出台公共企事业单位信息公开的细化规定,按照现有理论也无法将某公共企事业单位的信息公开解释为政府信息公开时,即便该公共企事业单位承担了部分公共事务管理职能,也会游离在信息公开制度之外。而制度构建的双重路径则能将所有的公共企事业单位纳入信息公开制度之中,只要该公共企事业单位在提供公共服务过程中,因信息优势而可能造成公民、法人或其他组织权益的损害即可。

---

〔1〕 参见朱芒:《公共企事业单位应如何信息公开》,载《中国法学》2013年第2期。

〔2〕 参见彭錞:《公共企事业单位信息公开:现实、理想与路径》,载《中国法学》2018年第6期。

本章小结

本章主要对公共企事业单位信息公开的性质定位、公开的必要性及其制度构建的路径予以明确。唯有回答了这些问题后,才能实现公开主体、范围、程序以及权利救济等具体制度内容的正确构建,使公共企事业单位信息公开契合我国本土情形。

公共企事业单位信息公开存在政府信息公开延伸说与行政管理措施说两种观点,造成两种观点割裂的原因在于公共企事业单位具有公法与私法双重属性,而既有主张只着重于其中一种,对另一种有所忽略。从《政府信息公开条例》对公共企事业单位信息公开的规定来看,要求公开的是关涉公共服务的相关信息。而公共服务与公共事务管理并非相互排斥的关系,两者既可以分别单独存在,也可能同时存在于同一事务之中。因公共事务管理而产生的信息是一种"权力信息",与政府信息公开具有一致性;而单纯的服务行为产生的信息是一种"服务信息",此类信息公开便具有行政管理措施的性质。

公共企事业单位的信息公开兼具"权力信息"与"服务信息"公开,已然表明了其特殊性,但为何这些信息需要公开?首要原因在于保障公众知情权的实现。信息已成为现代社会生活、发展之重要资源,且信息公开制度本就是由知情权所催生而来。虽然最初的知情权指向国家机关,但如今的知情权内涵已在公法与私法领域内都表现出了重要价值,公共企事业单位亦不能例外。作为一类特殊的主体,其所承担的公共服务关涉公民、法人和其他组织基本生活的重要方面,后者对相关信息的知情需求与日俱增。此外,对公权力进行监督亦是信息公开的重要原因,尤其是"权力信息"公开。此类信息涉及公共事务管理权的运行,与政府信息公开具有同等效果,为防止此类权力滥用,有必要通过信息公开进行监督。保障公民的主观权利是政府信息公开的反射利益,但却是公共企事业单位信息不得不公开的重要原因之一,由"服务信息”公开承担此重任。在风险社会，越来越多的民事主体拥有社会公权力，而公共企事业单位表现得尤为明显。为了对社会公权力进行规制，保障公民、法人和其他组织在社会基本生活中的权利，信息公开成为必不可少的政府规制工具之一。

正因为“权力信息”与“服务信息”均需公开，单一的“入条例化”或“脱条例化”的制度构建路径已不再适应公共企事业单位信息公开的需求，否则会造成公共企事业单位承担过重的信息公开义务，或者行政机关与公共企事业单位相关责任的逃避。唯有遵循“入条例化”与“脱条例化”相结合的双重路径进行制度构建，才能有效实现“权力信息”与“服务信息”公开的目的。其中，“权力信息”公开作为政府信息公开的延伸，实现的是对公共事务管理权的监督，故而遵循“入条例化”的路径。“服务信息”公开作为一项信息规制工具，如仍按“入条例化”的路径进行制度构建，显然不符合比例原则，而且其所涉行业领域众多，专业性更强，故需遵循“脱条例化”的路径。唯有遵循此双重路径进行制度构建，才能防止行政机关及公共企事业单位逃避责任，合理解决公共企事业单位信息公开纠纷，有效化解“双可申请”难题并扩大信息公开的主体范围。

第二章

公共企事业单位信息公开的基本原则

基本原则贯穿一项制度的始终,能够很好地反映出该项制度的目的与价值,更是防止制度构建偏离既定轨道的重要指引。所以,当公共企事业单位信息公开的性质及制度构建路径明确之后,必然要探究该项制度的基本原则是什么,因为它"被视为一种值得去追求、去坚持的事务"[1],是对法规范的"制定与实施具有普遍指导意义的基础性或本源性的法律准则"[2]。"在防止和消弭法律制度内部矛盾和增强法制统一方面,具有突出作用。"[3]若一部法律或一项制度缺少了基本原则,犹如缺少了灵魂,法条会被机械化地适用,导致法律制度的目的落空。[4] 理论界对政府信息公开的基本原则较少关注,一般情形下只涉及"以公开为常态、不公开为例外"的原则,至于关注度更低的公共企事业单位信息公开,其基本原则更无人问津。

---

[1] [英]H. L. A. 哈特:《法律的概念》,许家馨、李冠宜译,法律出版社 2018 年版,第 333 页。

[2] 周佑勇:《行政法原论》(第 3 版),北京大学出版社 2018 年版,第 54 页。

[3] 张文显主编:《法理学》,法律出版社 1997 年版,第 73 页。

[4] 参见周佑勇:《行政法总则中基本原则体系的立法构建》,载《行政法学研究》2021 年第 1 期。

第一节 基本原则的要求

在确定公共企事业单位信息公开的基本原则时，首先应考察《政府信息公开条例》这一规范文本中所确立的基本原则对其是否具有适用性。毕竟，公共企事业单位信息公开被规定于此行政法规中，且与政府信息公开都属于信息公开制度的范畴，两者之间必然存在一定的共通性，后者的基本原则可能对前者也具有一定的适用性。从规范层面来看，《政府信息公开条例》在第5条规定了政府信息公开的五大基本原则，分别为“以公开为常态、不公开为例外”、公正、公平、合法及便民原则。“以公开为常态、不公开为例外”成为政府信息公开的基本原则并无任何异议，但能否构成公共企事业单位信息公开的基本原则却有待商榷。另外四个基本原则的规定，似乎无法成为该制度的基本原则，甚至可以说这四项原则也无法真正构成政府信息公开的基本原则。因为它们无法同时满足基本原则应有的基本性、法律性及特殊性的要求。

一、基本原则应符合基本性的要求

基本原则首先应具有基本性。所谓基本性，指基本原则是一项制度抽象性的准则，而不是具体的法律规则，是对公共企事业单位信息公开制度具体规范中共性内容的提炼与概括。公平、公正、合法、便民显然都属于公共企事业单位信息公开中共性内容的提炼与概括，符合基本性的要求，但是，其共性内容远不止这些，如及时公开、准确公开等。

二、基本原则应符合法律性的要求

基本原则还需具有法律性。法律性要求基本原则不是单纯的理论，而是具有法律效力的行为准则。在缺乏具体法律规范时，若违反了基本原则，同样需受到否定性评价，并需根据该基本原则承担相应的法律责任。法的生命在于实施，换言之，所有法律制度的构建，都是在为其实施做准备,[1]公共企事业单位信息公开制度也不例外。“如果法的规定不能在人们和他们的组织的活动中、在社会关系中得到实现,那法就什么都不是。”[2]一项基本原则的确立本就是为了在法律出现漏洞时,能够对其进行填补,确保法律的实施。若基本原则缺乏法律性,则法的实施便无法得到应有的保障。从这一要求来看,《政府信息公开条例》第5条所规定的基本原则似乎也能满足。

三、基本原则应符合特殊性的要求

基本原则应满足特殊性的要求。任何一项法律制度的基本原则,不仅在于反映该项制度内在的普遍性规律,还要能够体现出与其他法律制度不同的特殊之处。基于这一要求,基本原则不仅要反映公共企事业单位信息公开制度的共性特征,还需要呈现该制度不同于其他法律制度的特性,否则直接套用法的一般原则或行政法的基本原则即可,而无须单独研究。[3]

公正、公平以及合法性要求对于任何一项法律制度而言,都是亘古不变的基本原则,是现代法律制度的基本价值追求。它不仅适用于信息公开制度,也适用于整个行政法律制度,是大陆法系、英美法系等所有法律制度必须遵循的基本原则,无法从该项原则中体现出信息公开制度的特征。便民原则虽然不似公正、公平与合法原则适用于所有法律制度,且有学者认为“便民原则特别应当作为政府信息公开法律制度的一项重要原则”[4];但是,便民原则是服务行政理念的重要体现,是现代服务型政府必须遵循的一项原则,只要涉及为公民提供服务的

---

[1] 参见王红霞:《论法律实施的一般特性与基本原则——基于法理思维和实践理性的分析》,载《法制与社会发展》2018年第4期。

[2] [苏联]雅维茨:《法的一般理论——哲学和社会问题》,朱景文译,辽宁人民出版社1986年版,第170页。

[3] 参见周佑勇:《行政法基本原则研究》(第2版),法律出版社2019年版,第106-111页;后向东:《信息公开法基础理论》,中国法制出版社2017年版,第60页。

[4] 莫于川:《行政公开法制与服务型政府建设——略论〈政府信息公开条例〉确立的服务宗旨和便民原则》,载《法学杂志》2009年第4期。

相关制度,均需遵循。因此,这些原则虽然都能适用于公共企事业单位信息公开,或者说都能够从公共企事业单位信息公开制度中得到体现,且符合基本性与法律性的要求,但并不符合基本原则应满足的特殊性要求,故而无法直接作为该项制度的基本原则。

再考察“以公开为常态、不公开为例外”是否可以构成公共企事业单位信息公开的基本原则。虽然公共企事业单位信息公开与政府信息公开都属于信息公开制度,但前者毕竟具有独立于政府信息公开的基本价值,其制度构建的双重路径与政府信息公开并不相同。故“以公开为常态、不公开为例外”这一体现政府信息公开制度核心价值与主要矛盾的基本原则也无法完全适用于公共企事业单位信息公开。从该原则可以看出,只要是政府信息,都需要公开,除了法律规定的豁免情形,是一种最大限度的公开,以监督行政权力的运行;这一原则显然能够与政府信息公开监督行政权力行使,提升行政透明度的目的契合,但对于公共企事业单位信息公开所要实现的保障公民主观权利的目的来说,不一定能够使该目的实现,它仅能反映出公共企事业单位权力信息公开的特殊性,却无法反映出服务信息公开的特殊性。

第二节 基本原则的内容

权力信息公开与服务信息公开虽然走向不同的方向,但不可否认的是两者存在相同的基本原则。毕竟行政法作为涉及范围如此广泛且多样的部门法,都能够从中提炼出各领域相通的基本原则;作为调整范围更窄的信息公开制度,即使权力信息与服务信息公开所要实现的目的不一致,也必然能够从中提炼出共同的基本原则。在探寻两种类型信息公开的基本原则时,应当关注信息公开的相似之处,公开所呈现出的共同价值所在。抛开目的双重性以及知情权性质的不同来看,无论权力信息公开还是服务信息公开,都是将保密或非公开的信息向一定的对象公开,以实现该对象的知情权。所以,基本原则的确立必然围绕着知情权的保障这一核心价值展开。而知情权的保障，不仅在于公开这一行为的作出，其作出的时间、公开的内容是否真实、是否完整、是否侵犯了其他利益，都是知情权得到实质性保障的关键因素，基本原则需将这些内容都呈现出来。

一、及时公开原则

"迟来的正义非正义"，所以对行政的监督及公民权利的保障必须及时，在公共企事业单位信息公开中表现为及时公开的基本原则，以便压缩知晓信息人员的权力操纵空间。[1] 很多信息的价值往往由时效所决定，时效范围内的信息，对于想知晓信息的个体而言有其存在、使用的价值。超出时效范围的信息，价值可能会贬损甚至消失，导致信息诉求主体不再有知情的需求，此时，无论信息是否披露或被受众知晓，都不会再产生任何的影响。超过一定时效公开的信息不仅可能没有任何价值，甚至会带来一定的危害。凡是负有信息公开义务的主体都具有一定的保密倾向，以便为自身带来一定的利益，故而倾向于拖延信息公开的时间。为有效管控信息公开中的怠职、失职甚至渎职现象，《政府信息公开条例》明确规定政府信息主动公开时限为20日和依申请公开的最长时限为40日。[2] 相比较而言，非政府信息公开由于没有这一制度约束，公开滞后现象相当严重。从非上市国有企业披露社会责任信息的表现来看，部分企业直到2013年才将2011年的报告予以公开。[3]

可见，及时公开的基本原则不仅能够很好地实现知情权主体的相

---

[1] 参见马怀德主编：《公立高校信息公开研究》，中国法制出版社2012年版，第93页。

[2] 《政府信息公开条例》第26条："属于主动公开范围的政府信息，应当自该政府信息形成或者变更之日起20个工作日内及时公开。法律、法规对政府信息公开的期限另有规定的，从其规定。"第33条第2款："行政机关不能当场答复的，应当自收到申请之日起20个工作日内予以答复；需要延长答复期限的，应当经政府信息公开工作机构负责人同意并告知申请人，延长的期限最长不得超过20个工作日。"

[3] 参见綦好东、王斌、王金磊：《非上市国有企业信息公开披露：逻辑与事实》，载《会计研究》2013年第7期。

关权益，还能够有效防止信息公开义务主体的“权力”滥用。若只规定信息公开，而不规定公开的时限，则该项制度对行政权力的监督就无法得到有效落实。

二、准确公开原则

信息最基本、最重要的功能是能够被人利用，[1]为人所用的前提是该信息真实、准确。对公民、法人和其他组织的知情权保障必须贯彻信息公开的准确性要求，唯有如此才能真正实现对权力的监督与权利保障。政府信息公开领域，知情权表现为政治权利属性，信息公开旨在让社会知晓权力运行的真实状态，而非虚假状态，防止公民受到行政权的侵害；在消费信息公开领域，知情权表现为社会权属性，信息公开旨在维护消费者的合法权益。无论上述哪种情形，权利不被侵犯的前提均建立在信息准确性的基础上。然而，信息总会有意或无意地失真，前者是由于信息被有目的性、人为地更改，后者是由于人的过失或信息系统的误差造成的。[2] 在公众不知晓公共企事业单位信息时，他们对公共事务管理权的运行以及个体权益是否会在公共服务中被侵犯始终保持警惕。当信息被公开后，即使该信息是虚假的，相对人也难以基于自身的能力对其进行分辨，会误以为知晓了真实、准确的信息，从而使原有的警惕性降低，导致其更容易遭到侵害。由此造成的恶果是，公共企事业单位提供公共服务或行使公共事务管理权的公信力受到质疑，降低了民众对其的信任度，造成公共服务的难以开展。

准确公开的基本原则并不意味着公开主体必须在经过确切、详尽的调查，确保信息绝对真实、可靠之后才将信息公开，而是要求绝对排除公开主体有意为之的更改，并尽量避免无意失真情形的出现。信息在传递、收集过程中，可能会被添枝加叶，导致其相对于最初形成的状态有所变化，最终出现丁公凿井的结果。所以，信息公开的准确性并非

〔1〕 参见王越：《系统理论与人工系统设计学》，北京理工大学出版社 2019 年版，第 105 页。
〔2〕 参见王越：《系统理论与人工系统设计学》，北京理工大学出版社 2019 年版，第 105 页。

要求公开主体追本溯源，通过层层分析，找出信息最本源的情形，毕竟公开主体不承担对拟公开信息进行加工、统计、分析的义务。

准确公开的基本原则具体包含三项内容：其一，公开主体结合自身的认知水平及专业能力，识别出了信息的虚假性，若该信息已被社会公众所知晓，则需采取一定的措施进行辟谣，消除虚假信息的影响。其二，公开主体在收集或保管信息时，需维持其最初产生或收集时最客观的状态，不应当对其随意更改或赋予其一定的价值偏向。其三，减少信息传递的次数。因为信息在传递过程中的失真是不可避免的，为保证信息的准确性，应尽量减少不必要的传递，使信息从产生到公开之间可能造成失真的环节被压缩至最少。

三、利益平衡原则

“平衡原则，是指信息公开行为应当在充分考虑公开透明价值取向的前提下，兼顾其他价值取向”[1]，也可称为利益衡量原则。不同的主体所追求的利益不同，若这些不同的利益同时出现，必然会产生冲突。[2] 在公共企事业单位信息公开制度中，具体表现为公开与保密两者背后所代表的不同利益，这种利益的冲突致使公开与保密之间必然存在一定的张力，两者无法实现统一，在保障一方利益的前提下，另一方或几方的利益必然会受损。公开与保密两者所代表的利益之间如何实现平衡，是公开制度必须面对的重要问题。在收到公开的申请或面临主动公开时，对两种利益孰轻孰重必须作出选择。基于利益平衡原则，对这两种利益或价值进行取舍，在信息公开制度中实现公开价值目标的同时，不至于侵犯到更高位阶的价值目标，也保证不被无关紧要的目的所绑架。

公开并非最终目的，保密也并非毫无动机。公共企事业单位信息公开所要实现的价值主要包括公民的知情权、加强对政府的监督、提升

---

〔1〕 后向东：《信息公开法基础理论》，中国法制出版社 2017 年版，第 62 页。

〔2〕 参见王书成：《论比例原则中的利益衡量》，载《甘肃政法学院学报》2008 年第 2 期。

行政透明度、保护公民个人的权利、维护行政监管的秩序等。从《政府信息公开条例》中的豁免公开条款来看,保密所代表的利益有"国家安全、公共安全、经济安全、社会稳定"[1],这些利益是国家利益,是全体公民最基本的生存与发展利益,是社会秩序稳定的利益,其位阶明显高于信息公开所代表的利益,因此不存在具体情况具体分析的情形,属于绝对优先保障的范畴。除了绝对优先保障的利益之外,还有相对优先保障的利益,如商业秘密、个人信息,还有公共企事业单位内部决策程序等内部管理信息,这些信息所代表的利益应与公开所实现的利益进行平衡。

四、全面公开原则

对公共事务管理权的全方位监督与公民权利的保护必须建立在信息全面公开的基础上,使信息不得被故意保留,这是全面公开基本原则的具体体现。全面公开并非指所有的信息全都公开,若要求所有信息不加区分地全部公开,不但不合理也不现实,国家安全、公共安全等一系列信息的豁免公开必不可少,但这些豁免公开的信息中,可能会混杂一些应当公开的信息,为保障公民知情权的实现及对权力的监督,应当公开的信息必须与豁免公开的信息进行严格区分,不能以国家安全、公共安全等为借口不予公开。所以,全面公开指的是可以公开、应当公开的信息需彻底地公开,不得有所隐瞒或保留,故而也被称为"区分公开原则"。

保密的传统和思维一直以来对我们有着较大的影响,[2]信息公开的主体具有为了自身利益考虑而保密的倾向,可能会通过各种措施对应公开信息进行保密。只有将全面公开的基本原则贯穿于该项制度中,才能有效抑制保密的倾向。全面公开的基本原则早在1974年《美国信息自由法》修订之后便已正式确立,在此之前,理论上仅对主动公

[1] 《政府信息公开条例》第14条。

[2] 参见王锡锌:《政府信息公开语境中的"国家秘密"探讨》,载《政治与法律》2009年第3期。

开进行区分。1974 年修订案增加了依申请公开的区分公开措施，防止行政机关将应当公开的信息混入豁免公开的信息之中，避免保密范围的扩大化。[1] 这一基本原则在我国的司法裁判中也早已被法官运用，如“潘某民等诉承德市双峰寺水库工程建设管理局信息公开案”[2]中，二审法院判决认定“有些是否有涉及国家秘密存在公共安全隐患的信息，根据《最高人民法院关于审理政府信息公开行政案件若干问题的规定》(以下简称《政府信息公开案件规定》)第 9 条规定，对于尚需被告调查、裁量的，应当判决其在一定期限内重新答复。原审法院没有对被上诉人申请公开的信息加以区分，属于事实不清”。

五、区分公开原则

前述四项基本原则是公共企事业单位信息公开共同的原则，然而权力信息公开与服务信息公开所要实现的虽然都是知情权的保障，但蕴含在各自知情权之后的根本目的并不同，前者是为了实现对公共事务管理权的监督，后者是为了加强行政监管，保障公民相应的权利。基于此，公共企事业单位信息公开的制度构建路径是双重的，那么其权力信息与服务信息必然遵循区分公开的原则。“法律原则直接承载着法律目的，凸显着法律本质”[3]，所以公共企事业单位信息公开的基本原则必须与其目的相契合。因此，区分公开原则的具体内涵包括两个小的原则，其一，权力信息公开遵循“以公开为常态、不公开为例外”的原则；其二，服务信息公开遵循强制公开与自愿公开相结合的原则。

(一)权力信息公开遵循“以公开为常态、不公开为例外”的原则

权力信息公开是政府信息公开的延伸，因此其基本原则也可沿用政府信息公开的相关规定。政府信息公开的基本原则众说纷纭，有的

---

[1] 参见后向东：《美国联邦信息公开制度研究》，中国法制出版社 2014 年版，第 233 页。

[2] 承德市中级人民法院行政裁定书，(2018)冀 08 行终 1 号。

[3] 李可：《原则和规则的若干问题》，载《法学研究》2001 年第 5 期。

学者坚持单一的原则,[1]有的则认为是多重原则。[2] 还有学者在对具有代表性的域外信息公开制度进行梳理后发现,诸多国家的基本原则有七项之多。[3] 这些原则大致包括以公开为常态,不公开为例外;公平;公正;最大限度公开;信息自由;平衡;便民;培育透明文化;救济;免费;渐进等。在这些原则中,有的不仅能够适用于权力信息,还可以适用于服务信息,是公共企事业单位信息公开共同的基本原则,不是单独适用的原则,如平衡原则。还有些基本原则观点虽然对基本性有所关注,但显然忽视了法律性与特殊性的要求。

便民、救济的原则,其对公共企事业单位信息公开而言,并不具有特殊性,无法与其他的法律制度作出区分,不仅不能构成共同的基本原则,也无法构成权力信息公开的基本原则。渐进原则是指要求公开范围、程度等循序渐进,在相关条件不成熟时,不要盲目跟进,这一原则与培育透明文化一样,不具有法律性,毕竟基本原则也属于一种法律规范,是高度一般化的规范,[4]而渐进原则是一种立法进度的安排,培育透明文化则是一种政策倾向或者说是文化层面的目标,不能构成高度一般化的规范。它们无法对具体规则起到评价的功能,以及决定具体规则该如何设计、是否有效,在没有具体规则时,也不能成为法院裁判与行政机关执法的依据。[5] 所以,渐进性与培育透明文化的要求无法成为基本原则。对于任何一项涉及公众的制度,收费或免费犹如硬币的正反面,无论作何选择,都是客观存在的,无法体现出这项制度的特殊之处。而且,公共企事业单位不同于行政机关,是否有财政支持并不明确。虽然有的企事业单位可能有财政全额拨款,但也有的公共服务

---

[1] 参见申静:《政府信息公开的例外研究》,法律出版社 2016 年版,第 17-19,210 页。

[2] 参见莫于川主编:《中华人民共和国政府信息公开条例释义》,中国法制出版社 2008 年版,第 45 页;周汉华:《起草〈政府信息公开条例〉(专家建议稿)的基本考虑》,载《法学研究》2002 年第 6 期;后向东:《信息公开法基础理论》,中国法制出版社 2017 年版,第 62-64 页。

[3] 参见后向东:《信息公开的世界经验:十六国信息公开法译介与评析》,中国法制出版社 2016 年版,第 533-535 页。

[4] 参见舒国滢主编:《法理学导论》(第 2 版),北京大学出版社 2012 年版,第 108-109 页。

[5] 参见舒国滢主编:《法理学导论》(第 2 版),北京大学出版社 2012 年版,第 114-115 页。

直接由私人主体承担，还有的企事业单位则处于自收自支、差额拨款的情形，要求公开信息一概免费便很不现实。

“以公开为常态、不公开为例外”原则、“最大限度公开”原则以及“信息自由”原则这三项原则实为同一原则的不同提法。《瑞士联邦公共行政信息公开法》明文规定了信息自由原则，该法规定了豁免公开的信息范围，要求对其他信息全都予以公开。[1] 信息自由原则由《美国信息自由法》所首先确定，虽然美国的法律中并未直接写明该项原则，但该法中规定了九项豁免公开的信息，[2]除此之外的信息无一例外地全都必须公开。我国采用的是以公开为常态、不公开为例外的提法，综观整部《政府信息公开条例》，明文规定了豁免公开的情形，除此之外的信息都需要公开。最大限度公开原则也是如此，这一原则完全符合权力信息公开的目的。权力信息公开与政府信息公开一样，是一种对行政权或公共事务管理职能的监督，因此，除一些特殊的例外情况，所有关于权力运行或管理职能行使的信息应当全部公开，如此才能实现对其全方位的监督。对于服务信息，这一原则显然不能适用，从前文的分析来看，服务信息若遵循最大限度公开原则，则不符合比例原则的要求。所以这一原则只能单独适用于权力信息公开。

（二）服务信息公开遵循强制公开与自愿公开相结合的原则

服务信息公开的基本原则并未引起学界的关注，处于理论空白状态。服务信息公开更偏向于行政管理措施，它是保障行政监管秩序的有序化与保护公民接受公共服务的相应权利。所以哪些信息应当公开应由相应的规范提前规定，而不能采取“以公开为常态、不公开为例外”的基本原则。行政机关或规制机构依据专业性，判断各自行业领域内哪些信息是公民最关心的，是关涉公民最基本的权利的实现，有助于实现行政机关监管的，从而将其规定为必须公开的信息。这些信息属于公共企事业单位强制公开的范围。

---

[1] 参见王敬波主编：《世界信息公开法汇编》（下册），法律出版社 2017 年版，第 827-833 页。
[2] See 5 U.S.C. § 552(b).

与权力信息公开的强制性不同,服务信息公开的强制范围明显比前者更窄。对于权力信息而言,除了法定豁免公开的需全部公开,只对酌定豁免的信息具有一定的裁量权,而这种裁量权被压缩到很小范围,是行政机关或法律、法规授权组织对冲突的两种利益必须行使的权力,当利益衡量的结果得出某利益占据优势地位时,也必须依据此结果作出公开或保密的决定。所以,权力信息公开基本不存在行政机关或法律、法规授权组织自愿公开的可能。与此相反,就服务信息而言,是法定公开的信息才强制公开,除此之外的信息基本上不需要公开。在承担服务信息公开时,公共企事业单位虽然提供的仍是公共服务,具有一定程度的公法属性,但归根结底是行政管理的对象。在面对公民、法人和其他组织时,更大程度上是作为民事主体,遵循"法无禁止即可为"的原则。所以,在强制公开的服务信息范围之外,公共企事业单位作为承担社会公共服务的主体,为了能够更好地提供公共服务,愿意承担更多的社会责任,可基于自愿的原则,公开行政机关或规制机构掌握的未纳入强制公开范围内的信息。强制公开保证了服务信息公开目的的实现,自愿公开是对其目的进一步的扩张,是多元共治理念在公共服务领域的应用。多元共治意味着政府不再是单一的社会治理主体,而是需在其主导之下,引入更多的社会主体共同治理。[1] 实质上,服务信息公开本就是一种对公共服务事项的多元共治措施,通过政府监管、社会监督以及公共企事业单位的配合,协同实现信息公开。公共企事业单位作为多元共治主体中的一种,基于自身意愿承担更多的责任,能够更好地实现对公共服务事项的治理。除此之外,公共企事业单位也可以基于与服务对象的合意公开相应的信息。当然,在适用自愿公开原则的同时,需要以平衡原则对其进行限制,防止代表更高位阶利益、处于保密范围内的信息被公开。

---

〔1〕 参见王名、蔡志鸿、王春婷:《社会共治:多元主体共同治理的实践探索与制度创新》,载《中国行政管理》2014 年第 12 期。

本章小结

公共企事业单位信息公开的基本原则一直是理论与规范上的空白，现有的基本原则研究也都集中于政府信息公开领域。基本原则的确定需要满足基本性、法律性、特殊性的要求。基本性要求基本原则是对公共企事业单位信息公开规范的凝练，是对其共同特征的概括，否则便无法对该项制度具有普遍适用性。法律性要求基本原则能够在必要的时候成为适用的依据，因而排除了不具有评价功能、裁判或执法依据功能的理论或政策性的原则。特殊性要求基本原则能够对该制度与其他类型的法律制度作出区分，否则直接冠以法的基本原则即可成立，而无须强调公共企事业单位信息公开的基本原则。基于以上要求，《政府信息公开条例》中所规定的公正、公平、合法、便民原则，以及部分学者提出的培育透明文化、救济、免费、渐进等原则都无法构成该项制度的基本原则。

信息公开是为了让享有知情权的权利人获知信息，而信息具有时效价值，超出时效期限的信息公开可能无法实现公开的目的，甚至可能造成相反的作用或损害，这一现象在突发重大公共卫生事件中得以体现。故及时公开原则得以确立。公开的信息必须能够为人所用，公众利用信息的前提在于该信息是真实准确的，否则便无法基于信息作出正确的安排。因此公开主体须保证信息公开的准确性，由此确立了准确公开原则。信息公开必然涉及公开主体与知情权主体之间的权益，甚至可能触及国家、社会以及其他主体的权益，为了避免滥用公开或保密的权力，造成不当的利益损害，必须遵循利益平衡原则及全面公开原则。此外，作为体现价值追求的基本原则，不能脱离该制度的目的，从公共企事业单位信息公开的性质及制度构建的双重路径来看，权力信息与服务信息公开所追求的目的并不一致，所以其基本原则还包含了区分公开原则。区分公开原则的具体内涵为，权力信息公开遵循“以公开为常态、不公开为例外”的原则，服务信息公开遵循强制公开与自愿公开相结合的原则。

第三章

公共企事业单位信息公开的主体

公开主体在公开制度中占据了重要的地位,[1]若没有公开主体的存在,显然就没有公开的必要,若无法识别出公开主体,也会导致公开制度流于纸上而无法落地。不管何种类型的信息公开或信息披露,在具体个案中判断信息应否公开的第一步是确定某一主体是否具有信息公开的义务。如果该主体根本不具有信息公开的义务,则不具备公开的可能性,公民也不享有向其申请公开的权利,便无须再进行后续的对信息是否属于公开范围、权利是否被侵犯、如何救济的判断。正如在美国法中,首先应当判断某一主体是否属于“执行部门、军事部门、政府公司、政府控制的公司,或政府执行部门中的其他机构(包括总统执行办公室),或任何独立的监管机构”[2]中的一种,若不是上述主体中的任何一类,则无须公开信息。基于《政府信息公开条例》,我国需判断某主体是不是行政机关,法律、法规授权组织或公共企事业单位。只有属于上述三种类型主体中的一种,才具有公开的义务,才能进行信息是否应当公开的判断。

因此,公共企事业单位信息公开首先判断拥有或保管信息的主体是否属于公共企事业单位,如果答案是否定的,则不再进行信息性质及

---

[1] 参见高志宏:《公共利益法律关系的主体论及其功能实现》,载《南京社会科学》2017 年第 6 期。

[2] 21 U.S.C. § 552(f)(1).

主体选择的判断。如果答案是肯定的,则面临第二次的判断,即该信息是否属于此类主体应当公开的范围。若属于此类主体应公开的范围,则继续进行第三次的分析,即判断存在多个公共企事业单位或公共企事业单位与行政机关都拥有此信息时,应由哪一个具体的主体负责公开。所以,有关主体的识别或确定包含两层含义,其一,是否属于信息公开主体;其二,是否属于某一具体信息的公开主体。前者是对公共企事业单位的整体识别,后者是对存在多个具有公开义务的主体时究竟由哪一主体予以公开的确定。

第一节　公共企事业单位的识别

公共企事业单位信息公开的关键在于对公开主体的识别。这项制度虽然已存在10余年,但有关公共企事业单位的识别标准却尚未建立。一方面,可能是学界认为"公共企事业单位"已然成了一个不言自明的法律概念,其识别标准无须赘述。另一方面,可能识别标准难以确立,姑且暂时回避了之。在概念不明确、识别标准不确定的情形下,公共企事业单位信息公开的研究呈现了事倍功半的效果。必须重视和加强对公共企事业单位信息公开主体概念及识别标准的研究,只有主体概念清晰、识别标准明确,才能继续深入研究其信息公开的其他内容,否则公共企事业单位信息公开的研究只能停留在政府信息公开层面,是披着公共企事业单位外衣的政府信息公开制度,难以实现理论突破。

一、公开主体的规范疏漏及理论缺陷

(一)规范层面对公开主体的定义阙如

公共企事业单位作为信息公开的主体,是一个既陌生又熟悉的概念。陌生是因为与信息公开紧密联系的"公共企事业单位"这一概念,在2007年的《政府信息公开条例》颁布之后,才借此正式成为法律概念,并大量出现在法律规范层面。此前,相关概念仅出现在1998年原

信息产业部发布的规范性文件《邮电分营工作指导意见》中。[1] 熟悉则是因为公共企事业单位更像是公共企业与事业单位的组合词汇,作为这种意义上的概念早已有之,无论学界还是普通公民对此均不陌生,但熟悉不一定是好事,就学者而言,正因为特别熟悉,往往忽略了它的存在及研究价值。

《邮电分营工作指导意见》中公共企事业单位这一概念并未与信息公开产生关联,且未对其进行具体的界定。自2007年的《政府信息公开条例》出台之后,法律、法规、规章及规范性文件中"公共企事业单位"这一概念开始大量出现。在众多效力层级不同的法律规范中,除中国残疾人联合会、国家互联网信息办公室发布的《关于加强网站无障碍服务能力建设的指导意见》未直接将"公共企事业单位"与信息公开相关联,仅要求其加强网站的无障碍功能建设,方便人们无障碍地通过网站获取信息、利用信息以外,其他相关法律规范中"公共企事业单位"的出现均伴随着"信息公开""政务公开""数据开放"等相关词汇。因此,"公共企事业单位"这一法律概念可以说是由信息公开制度所创造,或者说是由该制度临时组合而成,[2] 并一直在该项制度中应用,但各种信息公开的法律规范及规范性文件都未给出具体的定义。而且,"公共企事业单位"并未像"行政主体"、"民事主体"等概念被整个法律体系所接纳,在信息公开之外的法律规范或规范性文件中基本很少使用这一概念,而使用较多的有"公用企业""公用事业""事业单位""公用企事业单位"等概念。涉及上述各种概念的规范中,"事业单位"有明确的定义,"公用事业""公用企业"也受到学者较多的关注,形成了较为确定的概念。公用事业是指"在法定机构的公益性规制下,由公

---

[1] 《邮电分营工作指导意见》:"邮电分营方案要点……11. 邮电附属非通信企事业单位,原则上都要推向市场,并逐步改组、改制、改造;少数与邮政、电信运营密切相关的可根据实际需要分别划归邮政局、电信局;有些公共企事业单位可由邮、电两局继续联合兴办;后勤服务要逐步实行社会化。"

[2] 参见黄泽萱:《监管逻辑视角下公共企事业单位信息公开的制度建构》,载《法学》2021年第1期。

用企业通过基础设施,向公众提供包括能源、交通、通信和市政等普遍服务的事业”,是具有公益性、垄断性、规制性与竞争性特征的行业,[1]公用企业则是指向该行业中的某一具体的企业。唯独“公共企事业单位”这一概念既缺乏规范定义,又缺少理论研究。

(二)公开主体的理论研究偏离现实需求

规范上有疏漏,司法实践对公开主体的认识也不够清晰,这时候,学界应担负起提供理论支撑的重任。从司法审判的案件来看,争议较多之处在于某一企事业单位是否构成信息公开的主体,但学界对公开主体的研究偏离了现实需求,因而无法为制度的良性运行供给营养。

1. 将公开主体限定为与行政机关相似者

学界对公开主体的研究,虽然认识到了公共企事业单位与行政机关,法律、法规授权组织之间的区别,但这种区别是所有公共企事业单位的共同特征,即公共企事业单位既承担提供公共服务的职能,又具有追求自身经济效益的需求。其提供公共服务的性质与行政机关具有相似性,或者说这种服务恰恰是行政机关将其公共服务外包的结果。当公共企事业单位以追求经济利益为目的的私法属性出现时,又表现出了与行政机关的不同之处,进而得出公共企事业单位的信息公开与政府信息公开具有一定的区别,只能参照适用的结论。这种研究视角只看到公共企事业单位与行政机关之间关系的一面,只从整体上看到了公共企事业单位的公私双重属性,忽略了不同公共企事业单位之间的差异性,甚至同一类公共企事业单位的多样性。

基于公私双重性质的主体观,学界偏向于研究在何种情形下或者公共企事业单位在做出何种行为时,属于涉及提供公共服务或者处理私法性质的事务,由此区分该主体是否应当进行信息公开。公共企事业单位的公法属性与行政机关的相似性决定了其信息公开的必然性,而因其私法属性所涉及的信息则免于公开。由此,信息公开的问题便

---

[1] 参见邢鸿飞、徐金海:《公用事业法原论》,中国方正出版社 2009 年版,第 20-25 页。

转换成了对主体公法性质的判断,或者说是公共企事业单位在多大程度上与行政机关具有等同性的认识。

基于行政管理视角,很多公共企事业单位的设立目的就是提供公共服务;而就私主体角度言,公共企事业单位之所以愿意承担公共服务职能是因为能够从中获得相应的利益。所以,公共企事业单位的公共服务事项,可能既有公法的属性,也具有私法性质,甚至具有你中有我、我中有你的特点,这便是公共企事业单位信息公开为何如此复杂、难以定论的原因。

为了发现公共企事业单位的公法元素,学者往往从"主体类同"与"职能类同"出发,从中挖掘出公共企事业单位与行政机关的共同点,进而确认其是否可以作为信息公开的主体,由是便完成了对"参照"一词的解释与适用;但是,这种解释方法并未解决公共企事业单位的主体与职能都与行政机关不同之时,由此产生、收集或保存的信息该如何处置的问题。"主体类同"与"职能类同"也仅仅只是发现公共企事业单位公法元素中与行政机关最为接近、类似的部分,并以此为依据而适用政府信息公开的规定。而公法性质的元素中,与行政机关不接近、不类似的部分,在研究者的眼中似乎与私法性质的元素一样,是不需要公开的,从而排除其作为信息公开的主体;但是,依据《政府信息公开条例》第55条的原文,公共企事业单位的信息公开并不要求其与行政机关具有相似性,只要提供公共服务即可,这显然与目前研究的结论相悖,大量因提供公共服务而产生的信息,由于与行政机关不具有相似性而被保留。

2. 将公开主体区分为公共企业与事业单位

现有研究有的直接使用"公共企事业单位"的概念,有的在介绍域外政府信息公开制度时,将"私人主体"的概念与"公共企事业单位"等同。[1]

---

〔1〕 参见高秦伟:《私人主体的信息公开义务美国法上的观察》,载《中外法学》2010年第1期;王军:《美国私主体承担信息公开义务的司法判定——行政作用范围的收缩及其对我国的启示》,载姜明安主编:《行政法论丛》第15卷,法律出版社2014年版。

彭錞则认为两种概念并不能够完全对等，仅存在部分重合，但他对公共企事业单位的定义仍是从2007年的《政府信息公开条例》第37条文本出发，以“公共职能”和“公共信息”作为判断标准。[1] 因此，这些研究并未深入探讨何为公共企事业单位，而是将公共企事业单位作为一个整体看待，似乎它是一项确定的、没有任何疑问的法律概念，如同行政机关一样以整体面目示人。

除了“公共企事业单位”的概念不明外，胡改蓉教授研究发现，我国现有法律规范亦未明确“公共企业”的概念，还存在“公共企事业单位”“公用企事业单位”“公用企业”“公益类国有企业”等概念的混用，[2]它们之间的关系亟须厘清。有学者将“公共企事业单位”拆分为公共企业和事业单位两类主体，或者干脆直接指向“公用企业”，专门研究公用企业的信息公开，而不包含事业单位，且未说明“公用企业”与“公共企业”是否相同，两者之间的信息公开有何关系。[3] 也有学者认为“公共企业”与“公用企业”是等同概念，且仅研究公共企业的信息公开，在不阐明公共企业与事业单位两者信息公开是否存在差异的基础上，直接忽略了后者的信息公开，导致事业单位信息公开不知何去何从。[4] 实质上，公用企业虽然与公共企业有诸多相似之处，但公用企业的“物质载体是基础设施……它不成为直接的消费品，但却是生产公共产品或提供公共服务的基本必需品”[5]，而公共企业在信息公开制度中呈现的是一种面向公众的服务性，并非基础设施的建设。

不管是否认同公用企业与公共企业是同一主体，仅从学者将“公共企事业单位”划分为“公共(用)企业”与“事业单位”来看，显然是将信息公开的主体拆分成两种类型。这种拆分即便只研究公共企业信息

[1] 参见彭錞：《公共企事业单位信息公开的立法定位与制度选择》，载《环球法律评论》2019年第4期。
[2] 参见胡改蓉：《论公共企业的法律属性》，载《中国法学》2017年第3期。
[3] 参见高秦伟：《对公众获取公用企业信息的法律分析》，载《行政法学研究》2010年第4期。
[4] 参见张昊天：《论公共企业的信息公开主体资格》，载《交大法学》2016年第2期。
[5] 邢鸿飞、徐金海：《公用事业法原论》，中国方正出版社2009年版，第19页。

公开,将研究结论套用至事业单位也未尝不可,但现有的研究均未如此转换,也未深入研究两种主体的差异性,更未关注行政法规将两者共同规定为公开主体的共性。从权力行政与服务行政的区分中可以看出端倪,如此划分的学者也许意识到了事业单位在我国的复杂形态,可能无法完全将其排除在权力行政的范畴之外,所以必须让其与公共企业强行区别开来,以便讨论其中性质较为简单的公共企业的信息公开;但是,他们对公共企业的公与私两面性的最终划分与大部分学者对公共企事业单位公与私的划分基本相同,没有显著的差异。如此做法,反而可能将事业单位排除在信息公开主体之外。《政府信息公开条例》采用“公共企事业单位”这一概念,显然是对两种主体的共性特征予以认可,强行将其区分成公共企业与事业单位并不符合立法的目的。

(三)公开主体理论研究偏离现实的原因

知晓问题并非最终目的,还需知其所以然。发现理论与实务对主体识别或认识偏颇的原因,才能对症下药,构建起恰当的主体识别标准。

1.“参照”与“依照”的影响

研究方向或结论缘何走偏?2007 年的《政府信息公开条例》第 37 条中的“参照”一词对此影响是不可忽略的,以至于在 2019 年修订之后,理论研究仍受到这一用词的影响。“参照”一词给学界呈现了这样一种错觉:公共企事业单位信息公开与政府信息公开可以一同适用《政府信息公开条例》的规定。因此,在 2019 年《政府信息公开条例》修订之前,多数学者研究公共企事业单位信息公开问题时存在先入为主的倾向,他们首先考虑公共企事业单位要符合什么条件才能与政府信息公开一样适用《政府信息公开条例》的规定。这种观念一直主导着公共企事业单位信息公开研究的方向,即使在将“参照”改为“依照”之后,仍有不少学者无法转变这一研究思路,认为条例的修订是公开制度的倒退。在 2019 年《政府信息公开条例》修订之前,这一研究思路无可厚非,毕竟“参照”条例执行的首要前提是公共企事业单位与行政机关存在相似之处，但在“依照”取代“参照”之后，若仍一意孤行，依然循着原来的思路展开研究，就大谬不然了。

“参照”改为“依照”之后，公共企事业单位信息公开已不再局限于《政府信息公开条例》的规定，当然依照的对象中可能也包含了这一条例，仍需对公共企事业单位与行政机关的相似性作出判断，但“依照”的对象更多的可能是《政府信息公开条例》之外的其他法律规范，此时的公共企事业单位可能与政府信息公开相似，也可能完全不同，自成一脉。因此，在2019年《政府信息公开条例》修订之后，公共企事业单位的信息公开可能会成为一项单独的信息公开制度，而不是依附于行政机关的信息公开。此时不能再局限于对公共企事业单位与行政机关两者之间主体是否相同、职能是否类同的研究，还需进一步考察公共企事业单位信息公开制度的自身需求，因而，明确公开主体概念与类型的研究已然成为必需。

2. 政府信息公开主体研究的影响

学界对公共企事业单位信息公开主体的研究，还受到有关政府信息公开主体问题研究的影响。政府信息公开的主体是行政机关与法律、法规授权组织。行政机关是按照国家宪法和组织法的规定而设立的，依法行使行政管理职能，组织和管理国家行政事务的国家机关，是权力机关的执行机关，[1]人们只要从其设置的依据及职能即可判断是不是行政机关。法律、法规授权组织是指通过法律、法规获得某项或某一方面行政职权的一部分或全部的组织，[2]因而也是以法定方式产生的，只要考察有无法律、法规的具体授权即可。可见，政府信息公开的两种主体是确定的法律概念，某一主体是否属于行政机关或法律、法规授权组织基本上一目了然。

与政府信息公开主体相关的真命题在于究竟应由哪个具体的行政

〔1〕 参见姜明安主编：《行政法与行政诉讼法》（第6版），北京大学出版社、高等教育出版社2015年版，第90页。

〔2〕 参见孟鸿志等：《中国行政组织法通论》，中国政法大学出版社2001年版，第53页。

机关或法律、法规授权组织公开信息？虽然信息公开主体的确定奉行“谁制作、谁公开，谁保存、谁公开”的原则，但当制作与保存的主体不止一个时，容易出现相互推诿的现象，因此由谁负责公开必须明确。具体而言，某一信息的确是行政机关应公开的，但此信息由该行政机关从其他行政机关处获得，此时两个主体都保有该信息时，由谁公开？两个以上行政机关合作完成某一事项，共同制作产生的政府信息由谁公开？这才是政府信息公开中主体问题应关注的焦点。

不同于行政机关及法律、法规授权组织概念的确定性，公共企事业单位不是一个确定的概念，很难清晰界定。在研究政府信息公开时，完全不需要担心行政机关或法律、法规授权组织无法识别的情形，最大的困惑在于应当由哪一个行政机关或组织公开，绝不存在某个行政机关是否应当负担起信息公开义务的问题。而公共企事业单位的概念并不清晰，必须首先厘清某一主体是否属于公共企事业单位，从而确定其有无公开义务的可能性，此后才能如政府信息公开中对主体的判断一样，确定此信息是否应由其公开。学界的研究正是受政府信息公开主体的影响，将公共企事业单位这类主体比照行政机关，法律、法规授权组织等主体看待，而忽视了“公共企事业单位”这一法律概念的不确定性。

3. 域外信息公开制度的影响

学界对公开主体的认识也受到域外信息公开制度的影响。《美国信息自由法》规定了公开的主体是“机构”(agency)，通过其中一个条款界定何为机构，进而将公开主体的范围扩大至私人主体。由此带来的问题便只有一个，就是何种信息才需要公开。所以，美国的信息公开先将公开的主体“机构”做一具体列举，然后再于具体的个案当中考察主体职能及相关信息的性质，并决定信息是否应当公开。我国部分学者直接将公共企事业单位与承担信息公开职能的私人主体等同对待，在此情形下，对于何种性质的私人主体基于何种原因产生的信息必须公开的问题，便转嫁至了对公共企事业单位及其信息的认定上，这便是他们提出“主体类同”和“职能类同”理论的原因。这种理论无法正确指导公共企事业单位的信息公开，致使我国信息公开及其纠纷解决长期处于混乱无序的状态，最终促使2019年对公共企事业单位信息公开条款进行修订。倘若仍不改变之前对主体的认识观念，认真对待我国公共企事业单位与域外私人主体之间的差异，"依照"的具体内涵会如同"参照"一样继续困扰学者及实务工作者。

二、"公共性"作为公开主体识别的核心要素

"公共企事业单位"的识别标准研究，离不开对其要素的分析，明确其包含的要素是此项研究的基础。少数学者从语义上将公共企事业单位简单地区分为"公共企业"与"事业单位"，虽未深入分析各自的识别标准是什么，却给"公共企事业单位"主体识别标准的确定指明了方向，即公开主体的概念是由"公共"、"企业"与"事业单位"组合而成。

企业是指"从事生产、流通或服务性活动的独立核算经济单位"[1]。事业单位是指"国家为了社会公益目的，由国家机关举办或者其他组织利用国有资产举办的，从事教育、科技、文化、卫生等活动的社会服务组织"[2]，且《事业单位登记管理暂行条例》（以下简称《登记条例》）第3条第1款规定该类主体需进行登记。从上述定义可以看出，企业与事业单位属于两种完全不同的主体，将这两种类型的主体融合产生交集并共同成为信息公开主体的关键是其"公共"属性。"公共"作为公共企事业单位的基本属性，直接影响甚至决定了对公开义务主体识别标准的确立。

企业的类型众多，不仅包括公司，还包括其他类型的组织；若按其所有权划分，企业又有国有企业、民营企业等类型。与普通企业相比，公共企业在信息公开层面承担更多的公开义务，这是其公共性的特征所决定的。事业单位的公共属性比企业更为鲜明，对事业单位的习惯表述很少冠以"公共"二字，但这绝不意味着"公共"不是信息公开对事业单位的要求。学界对事业单位存在不同的认识，有学者从权力及服

[1] 辞海编辑委员会编：《辞海》，上海辞书出版社1979年版，第730页。
[2] 《事业单位登记管理暂行条例》第2条第1款。

务的角度出发,认为事业单位是执行政府某些职能的非权力机构;[1]有的学者从行政机关与事业单位之间领导与被领导,提供科教文卫与社会福利等服务的角度定义事业单位;[2]也有学者从其非营利性及服务公益的角度对其作出界定;[3]还有学者从其设立资金来源的国家性、非营利性、服务的公益性等特征定义事业单位。[4] 上述观点的碰撞充分说明学者对事业单位概念表述与认识的差异性。

若将目光投向各种具体的事业单位,便会发现现实状况并未如《登记条例》所规定的那样,实然状态与应然预期并不一致,即并非所有的事业单位都体现出了公共性。为了强调事业单位的公共性,甚至有规范性文件直接使用"公共事业单位"这一概念,如《农业部关于全面推进政务公开工作的实施意见》(农办发〔2017〕7号)、《环境保护公共事业单位信息公开实施办法(试行)》(已失效)等。1999年《公益事业捐赠法》更是在事业单位之前加上"公益性非营利"的限定语。[5]此处的"公益性非营利"是对某一类型事业单位的修饰,还是对所有事业单位特征的描述?不同的理解会导致不同的结果。若为前者,则意味着并不排除存在营利性、非公益性的事业单位;若为后者,则事业单位只能是公益性、非营利性的。综观《公益事业捐赠法》,公益性社会团体与公益性非营利性事业单位总是并列出现。显然,在公益事业捐赠领域,公益性是依法接受捐赠的社会团体与事业单位的共性特征,非营利性则仅适用于事业单位。至于在其他领域,对于存不存在营利性、非公益性的事业单位,应结合其他法律规定予以判断。

---

〔1〕 参见马国贤:《中国公共支出与预算政策》,上海财经大学出版社2001年版,第366页。

〔2〕 参见周翼虎、杨晓民:《中国单位制度》,中国经济出版社2002年版,第38页。

〔3〕 参见张雅林:《审视事业单位的概念误区》,载《中国行政管理》2003年第2期。

〔4〕 参见胡税根、王汇宇、莫锦江:《我国事业单位改革政策发展研究》,载《北京行政学院学报》2018年第2期。

〔5〕 《公益事业捐赠法》第10条第2款、第3款规定:"本法所称公益性社会团体是指依法成立的,以发展公益事业为宗旨的基金会、慈善组织等社会团体。本法所称公益性非营利的事业单位是指依法成立的,从事公益事业的不以营利为目的的教育机构、科学研究机构、医疗卫生机构、社会公共文化机构、社会公共体育机构和社会福利机构等。"

从当前的现实来看，若承认事业单位均具有公共性的观点，与我国的国情并不相符。应当以发展的眼光，从实践层面发现事业单位的实然状态，以此对其进行界定，才能使公共企事业单位信息公开制度契合我国现状。我国的事业单位产生于计划经济时代，虽然之后经济体制发生了转变，但在此之后设立的事业单位仍与之前的事业单位十分相似。[1] 事业单位大量、过度地扩张，使财政负担过重，导致了国家对事业单位财政资金的调整，将其划分为全额预算管理、差额预算管理与自收自支等类型。至21世纪初，仅有一半的事业单位属于社会公益性的，1/4的事业单位具有营利性，1/5的事业单位具有行政管理的性质，[2]这些现状无法从《登记条例》这一静态的行政法规中得到反映。换言之，静态的法律规定是立法者对事业单位定位的期望，也是事业单位改革所追求的最终目标，但这一期望与实践现状却有所差异。虽然2011年3月23日发布的中共中央、国务院《关于分类推进事业单位改革的指导意见》（以下简称《事业单位改革指导意见》）将现有事业单位划分为承担行政职能、从事生产经营活动和从事公益服务三个类别，要求逐步将承担行政职能的事业单位改为行政机关，从事经营活动的事业单位转变为企业，只保留公益性的事业单位，但事业单位制度改革进程十分缓慢，尚未彻底实现改革的目标。所以，若忽略公共性，而直接以某主体是否属于事业单位决定其是否具有公开义务，会导致在事业单位改革过程中，某一承担行政职能的事业单位转变为行政机关后，其由原来应进行的公共企事业单位信息公开转变为政府信息公开；而某一从事经营活动的事业单位，在转变为企业之前需按照公共企事业单位公开信息，在转变之后却需考察其是否属于公共企业之后才能决定是否承担公开义务。这显然是因名定性，缺乏实质性的认定。所以，公共企事业单位认定的核心也在于对公共性的识别。

---

〔1〕 参见李鸥：《事业单位改革与管理》，天津大学出版社2007年版，第19页。
〔2〕 参见李鸥：《事业单位改革与管理》，天津大学出版社2007年版，第19页。

三、"公共性"认定的四种标准

鉴于我国规范层面很少将"公共"一词与事业单位合并使用,因而在规范层面可以更多地从"公共企业"角度探寻"公共性"的识别标准。通过梳理发现,对公共性的认定呈现出以下四种标准。

(一)国家所有权标准

"公共企业,是一个边界确定尚不十分清楚的概念。它在不同的国家有不同的形式,在不同的经济体制条件下又有不同的表现,甚至在同一国家或同一经济体制的不同发展阶段,也会有不同的体现。"[1]公共企业的概念早在1994年中国人民银行发布的《关于对商业银行实行资产负债比例管理的通知》之中便已出现,但该文件并未对其作出界定,仅对其进行了列举,认为"公共企业"是指"邮电、水、电话、煤气、交通等基础部门"。"基础"二字应当可以代表公共企业的一项特征,即与公民的基础生活相关。而且,早期公共企业的概念基本伴随国家或政府的投资行为出现,也均与贷款、债权等规定相联系,如中国人民银行发布的《农村信用社改革试点资金支持方案实施与考核指引》,其附件2"表内外加权风险资产表"中的表述有"对一级国家和我国国家投资的公共企业""对我国省、自治区、直辖市政府投资的公共企业"。这些规定不仅没有彻底明确公共企业的概念,甚至造成了更多不同的理解。国家或政府投资的公共企业这一提法无法回应以下问题:国家或政府投资的企业是否包含公共企业与非公共企业?公共企业是否既可以由国家和政府投资,也可以由私人或民营资本投资或两者兼而有之?公共企业与信息公开有何密切关系?

除了公共企业,我国规范层面使用频率更高的是公用企业。原国家工商行政总局于1993年发布的《关于禁止公用企业限制竞争行为的若干规定》(已废止)所指的公用企业是"涉及公用事业的经营者,包括

[1] 罗辉:《试论公共企业的性质》,载《经济研究参考》2006年第48期。

供水、供电、供热、供气、邮政、电讯、交通运输等行业的经营者”，这一列举规定与上述公共企业的列举基本相同。因此，我国法律规范中，公共企业与公用企业的内涵基本一致，属于同义混用的状态，考察公用企业的概念定义也可发现公共企业的内涵。

我国最早使用公用企业概念的法律规范是 1951 年原政务院财经委员会发布的《国营企业提用企业奖励基金暂行办法》（已失效），其第 5 条第 4 款规定了“食品工业及不属于第一、二类的其他轻工业、公用企业”的提留奖励金，上述三类企业基本涵盖了各种产业，体现了当时政府办企业、办社会的客观情形。因此公用企业在当时的社会背景下基本无所不包，但需要注意的是当时的公用企业均为国营企业。1986 年颁布的《企业破产法（试行）》（已失效），将“公用企业”归类为“全民所有制企业”。[1] 所以，公共企业（公用企业）最初以所有权为识别标准，且所有权只能属于国家，非国家所有的企业不能称为公共企业。

休·史卓顿和莱昂内尔·奥查德将公共企业与私营企业界定为相反的两种类型，认为“公共企业确实面临一些特殊的诱惑，但私营企业同样如此；公共企业和私营企业的优劣之处并非一成不变，而是可变的”[2]。这一观点也得到了我国学者的赞同。[3] 将公共企业作为与私营企业相对应的概念容易产生理论困惑，基于汉语的表述习惯，与私营（民营）相对应的是公营（官办），言下之意，公共企业就只能是公营的或官办的。随着改革的进一步深入，仅仅基于企业的所有权结构判断公用企业的属性已远远不够。因此，有学者指出公营并不是指政府独资，而是允许私营资本的存在，但政府资本不可或缺，即资金来源只要有政府的资本即可，[4]将公共企业公益性产生的原因也归结为政府

---

[1] 《企业破产法（试行）》（已失效）第 2 条规定“本法适用于全民所有制企业”，第 3 条第 2 款第 1 项则直接规定公用企业不予宣告破产的情形，因此，此时的公用企业必然是全民所有制企业。

[2] [澳]休·史卓顿、[澳]莱昂内尔·奥查德：《公共物品、公共企业和公共选择：对政府功能的批评与反批评的理论纷争》，费昭辉等译，经济科学出版社 2000 年版，第 100 页。

[3] 参见黄健荣等：《公共管理新论》，社会科学文献出版社 2005 年版，第 244 页。

[4] 参见庄序莹：《公共管理的经济学基础分析》，复旦大学出版社 2005 年版，第 183 页。

对公共企业拥有所有权或控股状态。[1]

(二)市场支配地位标准

直到1993年《反不正当竞争法》的颁布,公用企业才不再与全民所有制的规定一同出现,而是与"其他依法具有独占地位的经营者"成为并列关系。[2] 此时的公用企业已然具有"独占经营地位的特征",即具有一定的市场支配地位。这也得到了《国家工商行政管理局关于对电信部门强行向用户收取话费预付款、话费抵押金行为定性处罚问题的答复》的验证,该答复明确指出"《反不正当竞争法》第六条的立法精神是禁止公用企业强制交易。公用企业强制交易是指公用企业在提供商品时,利用其独占地位,违背自愿原则,对交易相对人限定交易条件的行为"。

此时,以所有制形式确定公用企业的标准开始弱化,正如原建设部印发的《关于进一步推进建设系统国有企业改革和发展的指导意见》(已失效)中明确提出,"市政公用企业要按照产业化发展……统一市场准入制度……不同程度地引入市场机制,加快市场化进程。供水、供气、供热企业除管网部分要保持统一规划和国有控股经营外,其余均可通过吸收各种经济成分,改制为多元投资主体的有限责任公司或股份有限公司"。因此,即便有民营资本参股的企业也可成为公用企业。之后,2005年国务院发布《关于鼓励支持和引导个体私营等非公有制经济发展的若干意见》,规定"允许非公有资本进入公用事业和基础设施领域……鼓励非公有制企业参与市政公用企业、事业单位的产权制度和经营方式改革",这与上述关于公共企业资金来源划分的两种类型保持一致。所以,所有权不再是判断公共企业的标准,而是以市场支配地位为其特征。

---

[1] 参见朱柏铭编著:《公共部门经济学》,浙江大学出版社2003年版,第28页。

[2] 《反不正当竞争法》(1993年版)第6条"公用企业或者其他依法具有独占地位的经营者,不得限定他人购买其指定的经营者的商品,以排挤其他经营者的公平竞争";第23条"公用企业或者其他依法具有独占地位的经营者,限定他人购买其指定的经营者的商品,以排挤其他经营者的公平竞争的……"

(三)公共产品标准

2001年,原国家工商行政管理总局在《关于双鸭山矿务局供电总公司在从事转供电业务中实施限制竞争行为定性处理问题的答复》中明确指出,“公用企业,是指通过网络或者其他基础设施提供公用服务的经营者”,即公用企业需提供公用服务,满足民众需求。虽然以公用服务解释公用企业陷入了循环解释的怪圈,但此处至少说明对公用企业的界定开始关注所提供服务产品的性质,即公用企业的公共性取决于其供给的公共产品属性。遗憾的是,这种公共产品标准的理念没有得到其他法律规范的普遍响应。

与规范层面对公共产品标准认知的冷淡态度不同,学界对公共产品(公共服务)在公共企业认定中的功能予以充分肯定。多数学者认为,一个企业是否属于公共企业与其所有权并无关系,主要与其提供的产品或服务是否具有公共性有关,若产品或服务具有公共性,则该企业便是公共企业;若产品或服务不具有公共性,即使是国有企业也不能被称为公共企业。[1]

(四)所有权与公共产品结合的综合标准

有学者提出了综合标准的观点,认为单一的所有权或公共产品标准无法完全界定公共企业,需将二者结合起来,才能勾勒出公共企业的特征。综合标准因其综合要素不同,又有共同说和折中说两种观点。共同说将公共企业作为国有企业的下位概念,认为公共企业首先必须是国有企业,国家或政府必须在该企业占有股份;其次,该企业提供的产品与服务也必须具有公共性质,两者缺一不可。[2] 折中说认为,一个企业若拥有国家或政府的投资,则必然是公共企业,若该企业是完全私营的企业,尚不能否认其公共企业的性质,只要其提供的是公共产品或公共服务,则该企业仍可被界定为公共企业。折中说认为所有权标

---

〔1〕参见叶常林:《公共企业:涵义、特征和功能》,载《中国行政管理》2005年第10期。

〔2〕参见张艳芳:《论公共企业的法律规制——以利益相关者治理为选择》,载《改革与战略》2009年第2期。

准与公共产品标准只需满足其中一项,无须同时满足即可得出公共企业的肯定判断。[1] 所以,在折中说看来,当企业供给公共产品和公共服务时便成为公共企业,此时因其出资方式或资本构成的不同,还可以分为政府完全出资、政府与私人共同出资以及私人完全出资三类。[2]

四、公共产品作为公开主体识别标准的确立

信息公开的主体必须是公共企事业单位,判断是否公共企事业单位的标准是"公共性",而是否具有"公共性"的判断应取决于企业供给的是不是公共产品或公共服务,而不应当涉及其所有权或市场支配地位。虽然公共产品标准在规范层面出现的频率不高,但作为学界比较认同的主体识别标准,其实际影响及实践价值毋庸置疑。

(一)公共产品标准符合规范要求

市场支配地位呈现出的是某一组织的市场占有率及其影响力,是一种对竞争对手的优势地位及其对市场的控制力,即"其在决定商品价格时能否不受市场竞争的有效约束,最终不用顾忌消费者的'用脚投票'而自主定价"[3]。这一定位与《反垄断法》第 22 条第 3 款[4]的规定一致。所以,具有这种支配地位的主体,其所具有的是排除、限制竞争的能力,具备此能力者不一定是提供公共服务的组织。而且,就其市场支配地位的合法性,本就有《反不正当竞争法》《反垄断法》等法律予以规制。虽然人们或可对其提出特殊的信息披露要求,但这与《政府信息公开条例》第 55 条对公共服务的定位并不相符。

学界关于公共产品概念的认识受公共企业发展历史的影响。在最

---

[1] 参见蒋大兴:《国企应从公司法中撤退——从"商事公司"向"公共企业"演进》,载《中国工商管理研究》2013 年第 12 期。

[2] 参见罗辉:《试论公共企业的性质》,载《经济研究参考》2006 年第 48 期。

[3] 焦海涛:《滥用市场支配地位的性质定位与规范修正》,载《中国政法大学学报》2022 年第 1 期。

[4] 《反垄断法》第 22 条第 3 款:"本法所称市场支配地位,是指经营者在相关市场内具有能够控制商品价格、数量或者其他交易条件,或者能够阻碍、影响其他经营者进入相关市场能力的市场地位。"

初阶段,公共企业作为提供公共物品的主体的确由国家出资设立,但随着福利行政的扩张,政府职能越来越多,已无法包揽所有公共物品的供给,政府及公共企业应当提供的很多公共产品与服务开始走向民营化,[1]甚至实现完全的私有化。《中共中央关于全面深化改革若干重大问题的决定》第48条揭示了国有企业改革的方向,提出“适合由社会组织提供的公共服务和解决的事项,交由社会组织承担”。因此,随着社会的发展,政府不再是公共产品的直接供给者,它更是一种保障者,也是责任的最终承担者。此时,仍依据资金来源判断是否属于公共企业显然不再适应时代的要求。“某个企业法人的产权结构是否是国有独资、国有控股或国有参股,不应成为判断公共企业的充分必要条件。从产权的角度来理解企业,只能说明企业的不同所有制形式,而不应该成为判断公共企业的依据。”[2]而且,若以所有权标准进行识别,条文完全可以设置为“国有企业与事业单位”,大可不必使用“公共”一词。所以,所有权标准与公共企业发展现状不符,此时仍将所有权作为判断公共企事业的标准已不再合适。

《政府信息公开条例》第55条要求公开的是公共企事业单位在提供公共服务过程中形成的信息,《环境保护公共事业单位信息公开实施办法(试行)》(已失效)第2条第1款对“公共事业单位”的概念作了界定,“是指县级以上人民政府环境保护行政主管部门所属具有提供社会公共服务职能的事业单位”。由此可见,有关信息公开的法律规范所规定的公共企事业单位必须是提供公共服务的主体,只有提供的服务具有公共性,方能成为信息公开的主体。可见,公共产品标准更符合规范层面法律条文对主体公共性的要求。

(二)公共产品标准契合信息公开制度的本质

信息公开制度的本质是将某一主体掌控的相关信息公开给想要知

---

[1] 参见赵宏:《德国行政民营化的制度发展与学理演进》,载《国家检察官学院学报》2016年第5期。

[2] 罗辉:《试论公共企业的性质》,载《经济研究参考》2006年第48期。

晓的人,而需要公开的信息性质,本质上就代表了该类主体最主要、最本质的特征。例如,行政机关最本质或最显著的特征是具有行政管理职能,因而政府信息需公开的是履行行政管理职能的相关信息,由此形成对行政管理职能的监督,提升行政透明度。法律、法规授权组织的显著特征是基于授权而拥有公共事务管理职能,该职能同样需监督,故而规定此职能的相关信息需公开。此外,还有属于行政管理措施的信息公开,以上市公司的披露为例,其财务报告的披露是因为其财务状况是社会公众选择是否对其投资,以及投资情况如何的最重要信息,所以需要公开。

从信息公开制度的本质来看,若以市场支配地位为标准识别行政机关,法律、法规授权组织以外的公开义务主体,则公开的信息应当是与该类主体市场支配地位相关的信息,这些信息可以是如何影响市场、形成价格同盟的信息,如何防范市场支配地位滥用的信息等,而上述信息绝不会全部都由提供公共服务所形成的信息组成。故而,市场支配地位标准不符合公共企事业单位信息公开制度的本质要求。若依所有权标准识别公开义务主体,则需要公开的信息应该是与国有资金或政府对公开主体控制的相关信息,这些信息可能与公共服务并无任何关联,无法等同于公共服务的相关信息。

从《政府信息公开条例》对公共企事业单位信息公开的基本要求来看,所需公开的信息是提供公共服务过程中形成的信息,公共服务是对公开主体的本质要求,只有提供公共服务的公共企事业单位才可以成为公开主体。公共服务意味着产品和服务供给具有公共性,这是法律规范对公开主体的属性要求,因此,只有公共产品标准才是契合公共企事业单位信息公开的主体识别标准。

(三)公共产品标准的具体内容

虽然公共企事业单位信息公开主体的识别以公共产品为标准,但在具体操作或执行过程中仍会遇到诸多问题。以公共产品解释公共性,虽然将标准往前推进了一步,但不能停止对公共产品的认定,否则将陷入“同语反复”或“循环定义”的论证逻辑错误中。[1] 作为一个不确定的概念，“公共产品本身的多元和不确定”[2]，将使公共企事业仍处于无法完全识别的困境中。正如“公共利益”这一不确定的法律概念一样，只能以一种较为模糊或者宽泛的标准给出定义，而要真正判断其是否属于公共产品，是否构成公共企事业单位，仍需从个案出发。

公共产品虽然是一个不确定的概念，但至少其“非竞争性”和“非排他性”的特征已为学界所共识。所以，企事业单位完全可以从其提供的产品或服务是否符合非竞争性、非排他性的特征来确定是否属于公共产品，进而可以确定其是否属于公共企事业单位。非竞争性意味着公共企事业单位给特定的个体提供产品或服务，不会影响其他需求者的产品或服务供给；非排他性意味着某一个体接受公共服务，不会排斥其他人同时接受服务。

立足于非竞争性与非排他性的标准进行区分，会发现同时具备这两种特征的产品并不多，多数情况是以准公共产品的形式出现。而且，纯粹的公共产品仍多由政府提供，而企事业单位提供的主要是准公共产品。[3] 若只局限于狭义的公共产品，则大多数企业或事业单位将被排除在信息公开主体之外。故而，公共产品标准不能仅局限于纯粹的公共产品，它应当是一种广义的公共产品，包含准公共产品，即只要满足非竞争性与非排他性特征之一的商品或服务，就符合公共产品标准，其提供者即属于公共企事业单位，具有信息公开的义务。

第二节　权力性公共企事业单位的识别

以公共产品标准仅能识别出某一主体是否承担了信息公开的义

[1] 参见刘志坚：《立法能力：概念厘清和原理论要》，载《甘肃社会科学》2020年第4期。

[2] 胡改蓉：《论公共企业的法律属性》，载《中国法学》2017年第3期。

[3] 参见刘仁春：《公共企业：政府弥补市场失灵的一项政策工具》，载《广西师范大学学报（哲学社会科学版）》2005年第3期。

务，却无法确定按照何种路径进行信息公开。“脱条例化”是行政管理措施类型的信息公开，哪些信息需公开完全由各行政机关予以明确，通过肯定式列举确定其公开范围，故只需对照公开范围查看公共企事业单位有无此信息即可判断。而公共企事业单位的“权力信息”所遵循的是“入条例化”的公开路径，以否定式列举框定公开范围，在不确定主体是否具有权力[1]性质时，便无法知晓信息是否属于“入条例化”路径下的公开范围。故公共企事业单位的信息公开与否，还须确定相关主体是否具有公共事务管理权。

一、权力产生的原因

我们对部分公共企事业单位存在权力行使或公共事务管理职能具有较为直观的感受，也在各种案例中得到了印证，较常见的是因拆迁事项设立的各种“拆迁项目指挥部”，如“杭州市江干区凯旋地区旧城改造指挥部”[2]、“天桥区拆迁办公室”[3]、“广州市道路扩建工程办公室”[4]等；因管理、开发等事项设立的过渡性甚至长期性的“管理委员会”，如“杭州市钱江新城建设管理委员会”[5]、“常德经济技术开发区市政处”[6]、“峨眉山市旅游经济开发区管理委员会”[7]、“盐城市新洋经济区管理委员会”[8]等，以上均为权力性公共企事业单位的典型例证。对上述权力性公共企事业单位的认定，离不开对隐藏于服务背后的行政权或公共事务管理职能的分析，尤其离不开对权力产生原因的剖析。

---

[1] 虽然公共企事业单位具备社会公权力，但本书在研究中直接以“权力”二字进行表述，而未明确表述为“社会公权力”者，专指行政权或公共事务管理权。

[2] 杭州市中级人民法院行政裁定书，(2020)浙01行初10号。

[3] 山东省高级人民法院行政裁定书，(2016)鲁行终1492号。

[4] 广州铁路运输第一法院行政判决书，(2016)粤7101行初167号。

[5] 杭州市中级人民法院行政裁定书，(2017)浙01行终924号。

[6] 常德市中级人民法院行政判决书，(2017)湘07行终63号。

[7] 乐山市中级人民法院行政裁定书，(2014)乐行终字第77号。

[8] 盐城市中级人民法院行政判决书，(2015)盐行终字第00278号。

(一)民营化的改革不够深入

公共企事业单位最为人熟知的身份是公共服务的提供者,在全球范围内,对公共企事业单位的称谓虽有不同,但其产生的主要原因基本相同,是政府提供公共产品时"成本与收入之间的分离"[1],导致了政府失灵,促使民营化浪潮兴起。"传统观念认为,公共服务只能由政府来提供"[2],而近代社会,随着行政事务不断扩张,政府机构不断扩大而变得臃肿,行政机关无法顾及如此庞大事务的方方面面,行政效率大打折扣,甚至出现腐败,公共产品全都由政府提供的做法陷入了困境。此时,受新公共管理理论的影响,私人部门开始不断分担政府提供公共服务的职能,公共企业开始增多,政府不再是公共产品的直接提供者,而是扮演了保障者与促进者的角色。我国除公共企业外,事业单位也承担了此项功能。因此,作为信息公开主体的公共企事业单位承担着公共服务职能,是避免政府失灵的有效力量。

然而,我国的民营化改革在某些方面并不深入。在新中国成立之后很长的一段时间内,我国一直保持着计划经济体制,无论是企业还是事业单位都具有高度的权力行使特征。当时的"政府承担着众多的经济社会职能,政府从宏观到微观包揽了许多的经济社会事务……改革开放以来的几次改革……一直未能从根本上触及政府与企业、政府与事业、政府与社会这一权力关系的神经"[3]。所以我国的民营化改革并未进入"深水区",只是将私人物品的供给从政府、事业单位与企业中慢慢地剥离了一部分,大部分公共产品的供给仍未发生变化,[4]仍保持了相应的行政化特征,官民比例在20世纪末甚至达到了

[1] [美]查尔斯·沃尔夫:《市场,还是政府:市场、政府失灵真相》,陆俊、谢旭译,重庆出版社2009年版,第62页。

[2] 鞠连和:《论新公共管理理论的价值与局限》,载《社会科学战线》2009年第10期。

[3] 吴锦良:《政府改革与第三部门发展》,中国社会科学出版社2001年版,第1页。

[4] 参见吴锦良:《政府改革与第三部门发展》,中国社会科学出版社2001年版,第208-209页。

惊人的1∶34。[1] 所以,现实中仍有大量的公共企业、事业单位保有着相当的行政权力或公共事务管理的权力。因此,权力性公共企事业单位产生的一个原因便是政企、政事分离改革与民营化的不够深入。

(二)行政编制数量限制的必然

除了民营化浪潮的兴起,我国公共企事业单位逐步介入公共职能履行甚至公共权力行使的领域还存在另一原因,即弥补行政编制总量不足的短板。行政编制总量的控制,是为了实现行政机关的精简,防止其过于臃肿,进而提升行政效率,同时也是为了更好地实现政企分开、政事分开的改革。虽然政企、政事分开改善了政府办企业、办事业的现状,但多数企业或事业单位并未放权,"有些地方只是将原有的一些行政机构退出党政序列,但并未真正地减少,而是采取变通的办法"[2],仅仅将其名称或性质变更为企业或事业单位。甚至有些地方政府想要增设一些具有行政管理职能的行政机关,但由于行政编制总量控制的限制,只能采取"堤内损失堤外补""行政编制不够用事业编制凑"[3]的策略,"纯粹是由地方政府自己根据编制需要设定"[4],将其增设为事业单位。前文所提到的各种开发区、高新区管理委员会正是在这种背景下产生的。同样的情形也存在于公共企业之中,如2015年天津爆炸案当中的消防部门便是企业组织,但这些公共企事业单位与真正的行政机关并无任何不同,虽然名义上是公共企事业单位,实质上仍是"行政机关"。这些"公共职能组织的设定大多是基于编制的考虑,公务的专门性和职权合理性考虑得很少"[5],此种情况下主体身份的认知缺陷,不妨碍其成为权力信息公开的主体。

---

[1] 参见吴锦良:《政府改革与第三部门发展》,中国社会科学出版社2001年版,第11页。

[2] 孙宇辉、仓定芳:《政府、事业不分出现的新问题》,载《人才开发》1999年第8期。

[3] 孙宇辉、仓定芳:《政府、事业不分出现的新问题》,载《人才开发》1999年第8期。

[4] 于立深:《法定公共职能组织的资格、权能及其改革》,载《华东政法大学学报》2016年第6期。

[5] 于立深:《法定公共职能组织的资格、权能及其改革》,载《华东政法大学学报》2016年第6期。

二、权力性公开主体的识别标准

一般情况下，公共企事业单位是否具有公共事务管理职能来源于规范层面的授权或行政机关的委托，这些情形都可以通过相应的规范文件查询到，此为形式标准，但也有较多的管理职能是历史遗留问题所致，无法从规范中得到线索，故而需从实质角度予以识别，确立实质标准。

王军教授基于对美国信息公开制度的分析，认为需从形式与实质两方面出发进行判断，符合其中任何一项者，则公开主体具有行政机关的性质。[1] 其中，政府公司及政府控制的公司与我国的公共企事业单位虽具有一定的相似性，但也应当认识到不同之处。我国的国有企事业单位虽然与政府（控制）公司一样都由国家所有或控制，基于社会主义制度，其承担的目的与功能较多，不能单从国家所有或控制的形式要求其承担政府（控制）公司一样的信息公开义务，需从其他方面进行实质判定。将待判断公共企事业单位作为与行政机关对比的对象，考察其与政府的关联程度，[2]关联程度越高则越符合权力性质，越低则越不符合权力性的要求。

（一）权力性识别的形式标准

公共事务管理职能的来源并非只有法律与法规，规章同样可能赋予公共企事业单位相应的权力。正如《行政诉讼法》第 2 条第 2 款规定的一样，行政诉讼的被告包含了法律、法规、规章授权的组织，所以规章授权的情形不容忽视。此外，我国所特有的“三定方案”也是不可忽略的权力来源。各级政府通过编制部门对相关事业单位定机构、定职能、定编制，从而使相关事业单位即使在没有法律、法规授权的情形下仍可拥有公共事务的管理权力。因此，确定主体是否具有权力性质，哪些职

---

[1] 参见王军：《公共企事业单位信息公开：依据、路径与标准》，载《中国行政管理》2018 年第 11 期。

[2] See Craig D. Feiser, *Privatization and the Freedom of Information Act: An Analysis of Public Access to Private Entities Under Federal Law*, Federal Communications Law Journal, Vol. 52, No. 1, p. 37-43(1999).

能或行为符合权力性质，首先应考察该公共企事业单位的公共事务管理职能可否在规范上寻找到依据，主要是法律、法规、规章、“三定方案”或行政机关以其他形式公开的委托文件或协议，若答案是肯定的，则直接依据此规范认定其对应行为的权力性，这便是公共企事业单位权力性识别的形式标准。

若无法从规范层面找到权力存在的依据，不能仅仅依据该形式标准完全否定其权力行使的可能性，还需继续从实质层面考察公共企事业单位在被授权或被委托范围之外行使的职能是否具有权力性质。

（二）权力性识别的实质标准

公共企事业单位权力性识别的形式标准取决于对其职能渊源的判断，尽管当下法律法规规章授权、“三定方案”、行政机关委托等方式是行政机关以外的组织履行公共事务管理职能的典型方法，但现实生活中，除了上述情形，我国的国有企业、事业单位长期被纳入科层制的行政系统内。随着政企、政事分离，这些企事业单位开始不断剥离出行政系统，但由于巨大的历史惯性，从行政系统剥离后的企事业单位，虽然不符合上述形式识别标准，但其权力性职能仍不同程度地存在。这些历史遗留下来的问题，只有结合权力性识别的实质标准，才能发现其隐含的公共事务管理职能，具体而言，须判断该公共企事业单位是否满足以下三个特征。

1. 处于政府控制之下

权力性质的公共企事业单位首先应处于政府的实质控制之下。《美国信息自由法》规定的信息公开主体包括政府公司和政府控制公司，这些公司不是政府完全所有的公司，就是由政府控股或通过相关协议取得控制权的公司，只有如此，才须承担政府信息公开的义务。而且，该法案的立法报告明确提出将未受政府实际控制的公司排除在信息公开的主体之外，如公共广播公司。这一控制标准也得到了相关案件的确认。在“美国诉奥尔良案”[1]（United States v. Orleans）中，其争

---

〔1〕 425 U. S. 807(1976).

议焦点在于依据 1964 年《经济机会法》(Economic Opportunity Act of 1964)资助的"社区行动机构"(community action agency)是否构成了《联邦侵权赔偿法》(Federal Tort Claims Act)上的行政机关。伯格(Burger)大法官否认了社区行动机构是行政机关,因为联邦政府并没有对其实际运行进行控制。在此后的"福谢姆诉哈里斯案"[1](Forsham v. Harris)中对这一标准进行了发展,并奠定了"实质控制"原则作为认定私人主体构成行政机关的标准,即必须存在政府"广泛的、具体的和几乎日复一日的监督"。此后亦有诸多案件对"实质控制"标准予以完善。因此,不管法律本身还是立法报告,或经典案例所确立的强监管模式,均要求承担政府信息公开义务的主体必须处于政府的实质控制之下。该标准从本质上看,是一种判断私人主体是否构成"行政机关"的方法,进而直接适用行政机关的信息公开制度。具体而言,该标准的内涵包括实质的监管、财政的支持、人员的行政任命、特许、国家审计、向行政机关汇报等。[2] 这些因素的考量需在个案中进行整体性地把握,不能因仅满足其中一项或几项而作出判定,正如"福谢姆诉哈里斯案"中的大学群体糖尿病项目小组虽然得到了财政的支持,但仍未被法院认可符合实质控制标准。因此,对公共企事业单位在提供公共服务的全过程中,是否存在被政府控制或接管的状态,是判断其是否存在权力的重要因素之一。因为这一控制状态使其仅在表现形式上是公共企事业单位,却缺乏自主性,实质内核仍是"政府"。

2. 具备公益性特征

权力性质的公共企事业单位必须具有公益性特征。多数的国有企业、中央企业,虽然处于国家控制之下,但仅承担了国有资产保值增值的目的,并不具有其他行政目的,或者说在市场环境中缺乏实质意义上的公益性或公益性并不明显,如石油石化、电信等行业。[3] 因此,在国

---

[1] 445 U. S. 169(1980).

[2] 参见王军:《美国行政机关:认定标准及变迁》,上海人民出版社 2019 年版,第 123-132 页。

[3] 参见程民选、王罡:《关于公益性国有企业的理论探讨》,载《当代经济研究》2014 年第 3 期。

有企业改革中,有学者认为应当将国有企业划分为公共政策性、特定功能性和一般商业性三种类型的国有企业进行治理,[1]这与《事业单位改革指导意见》中对三类事业单位的划分具有相似性。因而,并非所有的受行政机关实质控制的公共企事业单位都存在以"入条例化"的路径公开信息的要求,只有公益性单位才需要公众参与其中,才具有行政机关的相似性。

目前,部分公益性企事业单位仍"游离于政府与市场之间,既享受着政府的财政支持,又规避市场约束,以发展公益为借口加大对资源的占有与人员的配置"[2]。造成此种现象的原因在于缺乏外部监管机制,将符合公益性标准的公共企事业单位纳入"入条例化"信息公开的路径之下,使其信息公开的强度如行政机关一样,是强化其外部监管的必然要求。然而,公益性作为一个不确定的概念,大致可以从以下几点进行综合判断:(1)是否提供涉及社会公众福祉和利益的公共产品;(2)定价机制是否由政府控制;(3)单位的社会效益是否高于经济效益等。[3]

3. 具备弱竞争性特征

权力性质的公共企事业单位必须是弱竞争性的,而且这种弱竞争性并非单纯基于政府许可而形成,应是基于市场失灵、社会资本不愿介入或难以介入的原因。信息公开制度在确立以后,多数的公开申请都是由企业或律师所提出,目的是寻求竞争者或诉讼对象的信息。[4]具有强竞争性的公共企事业单位更偏向于完全的市场经济主体性质,缺乏行政机关的类似性,其信息公开涉及大量的商业秘密,需要专业的规

---

[1] 参见黄群慧:《论国有企业的战略性调整与分类改革》,载《人民论坛·学术前沿》2013年第22期。

[2] 徐旖瑶、朱仁显:《公益性事业单位的公共责任及其实现机制》,载《东南学术》2018年第1期。

[3] 参见程民选、王罡:《关于公益性国有企业的理论探讨》,载《当代经济研究》2014年第3期。

[4] See Wald P. M., *The Freedom of Information Act: A Short Case Study in the Perils and Paybacks of Legislating Democratic Values*, Emory Law Journal, Vol. 33, No. 3, p. 666(1984).

制机构来确定，因而需遵循“脱条例化”的路径进行信息公开。

高秦伟教授虽然指出，竞争性不强的公用企业应当适用政府信息公开的规定，却认为“地域提供者之间的竞争仅仅是用户数量的竞争，而非企业生产过程的竞争”〔1〕。随着经济全球化的来临，基于特许的公共企事业单位虽然在一定地域范围内不存在竞争，但商业秘密可能影响其向其他领域的发展，故而不能仅仅以一定地域来判断其竞争性的强弱。而且，即使在美国，相关判例认为红十字会组织虽然获得了特许，但是基于综合因素的考量，仍然无法构成行政机关，〔2〕从而排除适用政府信息公开的规定。基于此，弱竞争性要求相关公共企事业单位所提供的公共服务是社会资本不愿或难以进入的领域，且这种难以进入的状态并非由政府的特许制度所引发。

以上三种特征并非“并联”关系，而是一种“串联”式的关系，即只有同时满足三种特征的公共企事业单位，才能被认定为具有权力性或公共事务管理职能，在提供公共服务过程中基于此类权力或职能所产生的信息，才可以按照“入条例化”方式予以公开，否则，便只能以“脱条例化”的方式公开。形式标准与实质标准是互为补充的两项标准，只要满足其一，即可实现对权力性公共企事业单位的识别。

第三节　与行政机关共有信息时公开主体的确定

信息公开一般遵循“谁制作、谁公开，谁保存、谁公开”的基本规则，但信息并非只能由一人制作或保存，在政府信息公开中，这种情况一般由最初获取信息或牵头制作的行政机关公开。公共企事业单位信息公开的多主体共有信息与政府信息公开存在一定的差别，因为《政府信息公开条例》所言的行政机关共有信息是各行政机关之间的共

〔1〕 高秦伟：《对公众获取公用企业信息的法律分析》，载《行政法学研究》2010年第4期。

〔2〕 See 640F. 2D1051(9th Cir. 1981).

有,多个行政机关实质上都处于科层制的行政系统之中,具有紧密的联系,甚至可以说在组织上本就是一个整体,均需遵循最高行政首长的命令并接受其监督,且均由国家承担最终责任。[1] 某一政府信息无论由哪一个行政机关公开,都能够实现对行政系统的监督作用。因而,在确定行政机关之间共有信息的公开主体时,可能更偏向于考虑公开的便利性与及时性。

公共企事业单位共有信息主体之间的关系不如行政机关之间紧密,前者共有关系可以分为不同公共企事业单位之间的共有,以及公共企事业单位与行政机关之间的共有两种类型。前一种类型的共有信息,因为共有主体是不同的公共企事业单位,两者之间基本属于两个独立的个体,故而一般不存在"谁负责公开,谁不需要公开"的问题,都需遵循相应的公开规定。因此,关键问题在于行政机关作为监管主体或作为公共企事业单位的设立者,其监管职能亦是《政府信息公开条例》第2条所规定的行政管理职能的一种,因该监管职能的履行而收集或保存公共企事业在提供公共服务过程中产生的信息时,便出现了同一信息有两个以上的公开主体,且一个是行政机关,另一个是公共企事业单位的情形。在出现此种情况时,因公共企事业单位并不属于科层制的行政系统中的一员,其公开主体的选择注定无法如政府信息公开那样简单。该情形应该遵循什么样的规则来确定公开主体,主动公开与依申请公开是否需要予以区分都需给出明确的答案。

一、主动公开主体的确定

对于主动公开,因为存在两个主体共同保存某一信息的可能,对于谁负责公开必须明确,否则会出现职责的推诿。应当公开的信息是权力信息时,由于公共企事业单位表现为权力性质,与行政机关基本类同,信息公开也沿着政府信息公开的逻辑展开,故而可以适用行政机关之间共有信息时确定公开主体的规则。《政府信息公开条例》第10条

[1] 参见翁岳生编:《行政法》(上),中国法制出版社2009年版,第322页。

将此种情况下的公开主体明确为制作或最初收集的行政机关。[1] 因此，当公开的信息是权力信息时，由制作或最初获取该信息的公共企事业单位或行政机关公开即可。

若应公开的信息为服务信息，此时公共企事业单位的公开遵循的是"脱条例化"的路径，与政府信息公开存在区别，公开的目的也不一致，而《政府信息公开条例》并未对此种情况进行规定。现有的下位法也未对此类共有信息予以关注，或者说无法规定，否则可能造成与《政府信息公开条例》的冲突。因此，在缺乏具体规范进行调和、衔接的情况下，两种不同性质的公开制度无法强行只要求其中的一个主体公开，即两者都需主动公开，以符合各自公开制度的要求。

以上的公开主体的确定均建立在没有明确规范条文的基础上，当法律、法规对此种情形作出了明确的规定，则应当按照规定执行。如在传染病信息公开中，作为事业单位的公立医院、疾病预防控制中心与卫生健康委员会之间，并不能按照一般的公开规定执行。因为《传染病防治法》第 30 条规定了疾病预防控制机构、医疗机构在发现传染病时须遵循属地报告原则，[2] 而公开的主体则由第 38 条确定，即此时的事业单位在提供公共服务过程中发现传染病信息时，只能向行政机关报告，而不能自行公开，国务院卫生行政部门或被授权的省、自治区、直辖市卫生行政部门才是此类信息的公开主体。[3]

---

[1] 《政府信息公开条例》第 10 条第 1 款："……行政机关获取的其他行政机关的政府信息，由制作或者最初获取该政府信息的行政机关负责公开……"

[2] 《传染病防治法》第 30 条第 1 款："疾病预防控制机构、医疗机构和采供血机构及其执行职务的人员发现本法规定的传染病疫情或者发现其他传染病暴发、流行以及突发原因不明的传染病时，应当遵循疫情报告属地管理原则，按照国务院规定的或者国务院卫生行政部门规定的内容、程序、方式和时限报告。"

[3] 《传染病防治法》第 38 条第 3 款："传染病暴发、流行时，国务院卫生行政部门负责向社会公布传染病疫情信息，并可以授权省、自治区、直辖市人民政府卫生行政部门向社会公布本行政区域的传染病疫情信息。"

二、依申请公开主体的确定

除了主动公开事项之外，尚有部分事项的信息是申请公开的，有学者将既可以向行政机关申请，又可向公共企事业单位申请公开的情况界定为双可申请。[1] 行政机关因行使行政管理职能而获得公共企事业单位在提供公共服务过程中形成的信息，可以分为两种情形：其一，行政机关履行一般行政管理职能而获得该信息；其二，公民、法人或其他组织因与公共企事业单位就信息公开事项发生纠纷，行政机关履行申诉处理职能而获得相关信息。

（一）履行一般行政管理职能而共有的信息

《政府信息公开条例》第10条的规定实质上是对行政机关在主动公开中的义务进行划分，并未直接否定申请者向其他行政机关申请公开的权利。所以，这并不代表未被规定为主动公开的信息，公民必须按照主动公开的义务规定，只能选择其中一个信息拥有者进行申请。

第一，信息公开申请权是公民的一项权利，且当前并未规定其只能向某一特定对象行使。所以，不管是向公共企事业单位还是行政机关申请，并无法律上的障碍，且这两者都负有信息公开的义务，也不具有拒绝公开或要求向另一主体申请公开的正当性。

第二，公民向某一行政机关申请政府信息公开，若该行政机关没有掌握此项信息且知晓另一行政机关制作或保存了该信息，一般会告知申请者向另一主体申请。当两者都保有信息时，若告知其向另一主体申请而非自行公开，将会给公民带来时间上的消耗、申请成本的增加以及总体公开成本的增加。因此，双可申请出现时，公民选择向谁提出申请是其权利，没有固定的要求，收到申请的主体若本就掌握信息，且具有公开的义务，则不得援引《政府信息公开条例》第10条的规定推诿至另一主体。所以，依申请公开的信息，不需要对信息的性质做“权

---

[1] 参见朱芒：《公共企事业单位应如何信息公开》，载《中国法学》2013年第2期。

力”与“服务”的区分，因为知情权与申请权都是公民一项可以自由行使的权利，只要未超出权利行使的边界、未滥用权利，公民可以向任一具有公开义务的主体申请，接受申请的主体也需在其公开范围内予以信息公开。

（二）履行申诉处理职能而共有的信息

行政机关除了因日常监管职能收集、保存了公共企事业单位的相关信息，仍可基于受理信息公开的申诉而获得相关信息。须明确的是，行政机关对申诉的处理，一般情况下应当是对信息性质的分析，明确是否属于公共企事业单位应当公开的范围，很少涉及对具体内容的知晓；但是，也不能完全排除其知晓信息内容的可能性，若发生此种情况，显然需判断申诉处理机关是否具有对此信息进行公开的义务。此时的主体与信息显然都具备政府信息公开的形式要件，因为行政机关对申诉的处理虽然具有准司法的性质，但仍属于广义上的行政管理职能范畴，符合政府信息公开所要求的履行行政管理职能这一要件。那么，无论申诉的处理结果是要求公共企事业单位公开或不公开相关信息，公民是否可以直接向行政机关申请公开，将公共企事业单位信息公开的问题彻底转化为公开范围更宽泛的政府信息公开？

面对这一问题，我们应当考察处理申诉的行政机关具体的行政管理职能，从中发现其对公共企事业单位监管的权限范围及其深度。若在正常的监管权限范围内本就应收集、保存或要求公共企事业单位上报此类信息，此时处理申诉获得的信息本就与其履行一般的行政管理职能所获得的信息具有一致性，应当公开，但此处公开的原因不能归为申诉处理这一行为。若不属于其一般行政管理职能所能获得的信息，此时行政机关便无法成为公开主体，只能由公共企事业单位公开。因为申诉的处理是对信息公开双方主体之间的纠纷进行解决，具有准司法性的特征，行政机关作为一个居中进行裁判的主体，不能因其对双方争议进行解决而获得信息，就使其成为当事人之一。否则，迫于申请公开的压力或滥用，行政机关对申诉的处理可能缺乏公正性立场。所以，此种因对申诉处理而获得信息，不能成为行政机关作为信息公开主体的原因。

本章小结

本章主要对公共企事业单位信息公开的主体进行了解剖。目前，无论是规范层面还是理论层面，都受政府信息公开主体的影响，忽视了对公共企事业单位的识别。对于何种企事业单位才能构成公共企事业单位，才具有承担信息公开的义务的问题并不明确。此外，对权力性公共企事业单位的识别以及公共企事业单位与行政机关共有信息时公开主体的确定也不清楚，亟须理论供给。

公共企事业单位作为信息公开制度所创设的法律概念，并不是统一的整体，也不能将其界定为是由公共企业与事业单位两类主体简单组合而成，其核心在于“公共”一词。公共并非指主体设立资金来源于国家财政或占据市场支配地位，而是指该主体所提供的是公共产品，包括准公共产品。由此，便可从公共企事业单位提供的产品或服务是否具有“非排他性”和“非竞争性”的特征进行认定，只要满足其中一个特征即可。而且，是否属于公共企事业单位只能通过个案进行逐一认定，无法对某一行业领域作出普遍的确认。

在判断出某一主体是否属于公共企事业单位之后，还需确认其是否属于权力性质的公共企事业单位。只有如此，才能进一步确认它是按“入条例化”还是“脱条例化”的方式进行信息公开。我国部分公共企事业单位承担了公共事务管理职能，其权力不仅可能源自法律、法规的授权，还存在规章授权及行政机关委托的情形。此外，我国国有企事业单位发展的历史遗留问题，以及行政编制的总量控制，均为此种管理职能现状存在的重要原因。所以，要识别出具有权力性质的公共企事业单位，仅进行基于规范层面的考察是不够的。职能授权或委托的形式标准并不足以发现公开主体存在公共事务管理职能的所有情形，此时需通过实质性标准进行判断，即分析该公共企事业单位是否处于政府控制之下、是否具有公益性的特征以及弱竞争性的特征。只有三者同时满足时，才能确定其具有权力性。形式与实质标准只需满足其一即可。

公共企事业单位多主体共有信息，一般是指与行政机关之间的共有信息。就主动公开而言，权力信息公开遵循政府信息公开的规定，故而按照制作或最初收集者确定公开主体。服务信息公开与政府信息公开是完全不同的公开制度，为实现两种公开制度各自的目的，遵循各自的规定即可，不存在由谁负责公开，另一方不负责公开的情形；但是，当相关法律、法规对公共企事业单位与行政机关的共有信息作出了特殊规定时，应按照该规定的要求执行。就申请公开而言，须以行政机关如何获得信息为标准予以划分。当行政机关基于正常的行政监管而获得相应信息时，双方都可以成为公开的主体。因为知情权与信息公开申请权是公民的权利，在没有特殊规定的情况下，公民可自由行使，无论向谁申请均不应受到限制。当行政机关因就申请人与公共企事业单位之间的信息公开纠纷履行申诉处理职能而获得信息时，鉴于该行为具有准司法的属性，为保障其申诉处理的公正性，不能使居中裁判者变为当事人一方，其公开主体仍限定为公共企事业单位，申请人不得因此而向申诉处理机关提出信息公开的申请，但行政机关本来就拥有此信息，或本应拥有此信息，却因怠于履行相关职能而导致未制作或保存该信息时，不受申诉处理情形的限制。

第四章

公共企事业单位信息公开的范围

权利不会存在于孤立的个体之中,[1]而是会与他人产生交集与碰撞,权利之间的冲突也不可避免。所以,权利是相对的,不存在绝对的、毫无限制的权利。[2]《宪法》第51条明确规定,公民在行使自身的自由与权利时,"不得损害国家的、社会的、集体的利益和其他公民的合法的自由和权利"。任何权利都有自身的边界,公共企事业单位信息公开保障的公民知情权同样如此。虽说"权利边界具有流动性,权利行使的正当性会受到特定时空的影响"[3],但可以对权利的边界大致确定一个范围,并在个案中形成最终的判断。对知情权权利边界的限制,具体而言便是对信息公开范围的限制,所以信息公开的范围不是无限的,也不完全取决于相关公民的主观意愿。从政府信息公开角度来看,作为对行政权力监督的一项制度,其透明性要求显然是其他公开制度无法比拟的,即使如此,也未要求所有的政府信息都予以公开,仅限于履行行政管理职能所产生的信息,且将属于国家秘密,涉及国家安全、公共安全、经济安全、社会稳定等多种信息排除在公开范围之外。所以,公开范围的确定甚至构成了信息公开制度的核心内容,哪些信息

[1] 参见[法]狄骥:《法律与国家》,冷静译,中国法制出版社2010年版,第28页。
[2] 参见王锡锌:《滥用知情权的逻辑及展开》,载《法学研究》2017年第6期。
[3] 刘权:《权利滥用、权利边界与比例原则——从〈民法典〉第132条切入》,载《法制与社会发展》2021年第3期。

公开，哪些信息不公开，在知情权主体与义务主体之间存在紧张关系。通常情况，公民倾向于知晓所有的信息，而公共企事业单位则倾向于完全保密，以此来实现自身的利益。除了这两者之间的利益冲突之外，还可能涉及国家、社会、集体、公民、法人或其他组织的利益。所以公开范围的确定，是诸方利益综合衡量之后的结果，防止重大、位阶较高的利益受损是基本前提。

第一节　信息公开范围规定模式的选择

公共企事业单位信息公开范围的规定模式是指以何种形式对公开范围予以规定，是采用肯定式的列举，还是否定式的列举，或两种方式结合使用？无论选择何种规定模式，都必须有助于信息公开目的的实现。

一、信息公开范围规定模式的类型

综观全球的政府信息公开制度可以发现，信息公开范围的规定大多数采用了否定式列举的方式，以实现对相应信息公开的豁免，除此之外的信息全部公开。当然，这种否定式列举存在绝对豁免与相对豁免的区分。公开的义务主体对前者不具有裁量权，凡是绝对豁免范围内的信息，一律不得公开；对于相对豁免范围内的信息，义务主体具有一定的裁量权，通过对公开与豁免公开所要保障的利益进行衡量之后，作出最终的判断。此外，亦有部分信息公开制度在否定式列举之外同时使用了肯定式列举的方式，明确哪些信息应当公开，当然肯定式列举也存在信息公开程度的差异。采取单一否定式列举的国家以英国、日本为代表，肯定加否定式列举的国家则以美国、法国为典型。

（一）否定式列举的规定模式

《英国信息自由法》采取的是完全否定式的列举。该法第一部分

(Part Ⅰ)第1条明确了公民获取公共机构信息的权利,但并未直接规定哪些信息需要公开,而是在第二部分(Part Ⅱ)通过列举的方式,明确规定了不予公开的信息。虽然其不予公开的信息最初是2000年规定的,但至今主要内容并未发生大的变化,只通过几个修正案的形式对豁免公开的内容进行了一定的调整与补充,主要包括以下几类信息:可通过其他方式获取的信息,将来公开的信息(包括项目研究过程中的信息),由处理安全问题的机构提供或与其相关的信息,国家安全、(国家)防卫、国际关系、英联邦内部关系、英联邦的经济利益与任一行政机构的金融利益信息,公共机构进行的调查与诉讼信息,涉及刑事、司法、税收、移民管控等法律实施的信息,法庭记录、审计职能、议会特权、政府政策的制定、妨碍有效处理公共事务的信息,与君主、王室人员或王室的通信及君主授予荣誉的信息,危及任何个人的健康和安全的信息,被环境法规强制公开或豁免的环境信息,个人信息,秘密提供的信息,法律职业特权、商业利益等信息。〔1〕 虽然其不予公开的信息范围过于宽泛,但在豁免规定之外的信息则需全部公开。

日本也采用了否定式的规定模式,《日本行政机关拥有的信息公开法》规定了行政文书公开,第2条第2款将非行政文书的情形予以列举,第5条则是将行政文书中不予公开的信息进行详细的列举,包括个人信息,法人或其他团体信息,与经营事业的个人相关的信息,涉及国家安全与利益、外交关系的信息,妨碍刑事司法工作及公共安全与秩序的信息,内部信息,过程性信息,妨碍公务事项的信息等。〔2〕 除此之外,并未明确列举何种信息应当公开。

(二)否定加肯定式列举的规定模式

《美国信息自由法》在第a条规定了各机关必须使公众获得哪些信息,分别为:(1)各机关的总部与分部的介绍,公民获取信息、提出要求的方法;(2)正式与非正式的办事程序及其必须具备的要件信息;

〔1〕 See Freedom of Information Act 2000(UK) c. 36 Part Ⅱ.

〔2〕 参见《日本行政机关拥有的信息公开法》第5条。

(3)程序性的规则,如何获取表格、获取的地点等信息;(4)各机关依据法律制定的普遍适用的实体性规则,制定和采取的基本政策的说明,或一般适用性解释;(5)上述各项内容的改正、修订与撤销的信息。这些肯定式的列举并不具体,而是对各种需公开信息的类型做了界定,基本涵盖了行政机关行使权力或行政管理职能的所有信息。接着,在第 b 条通过否定式的列举,豁免了九种信息的公开。这九种豁免公开的信息包括:依总统行政命令授权保密的国防和外交利益文件,纯内部人事规定,其他法律规定不予公开的信息,从个人处获得的商业秘密与商业或财务信息,机关内部或及机关间的备忘录或函件,涉及个人隐私的人事、医疗及其他档案,为执法而创建的文件或信息,金融监管机构所编制或使用的检查、业务或情况的报告,与油井有关的地质和地球物理信息和数据、地图。[1]

《法国行政文书公开法》同样采取了肯定加否定式列举的规定模式。其中第 6 条将不予公开的信息范围分为两种类型,一为完全不予公开的信息;二为只对个人提供的信息。在第 7 条进行了肯定式的列举,与美国的规定相比,其肯定式列举更为概括,主要包括政府的方针、指示、通知、摘录及部委对法规解释的批复和对行政程序的解释。在不违反其他的法律规定,且不违反第 6 条的规定以及第 13 条关于个人信息的规定时,也可以主动公开其他信息。[2]

从各国对政府信息公开的规定可以看出,否定式列举的方式在公开范围的规定上发挥着重要作用,这是基于政府信息公开的目的所做的选择。因为政府信息公开的目的在于对行政权力进行监督,实现行政透明度的提升,所以只要是关于行政管理职能或涉及行政透明度提升的信息都需要公开。应公开的信息范围非常宽泛,所以,只需将少部分不能公开的信息通过否定式列举予以呈现即可,以此实现信息公开

〔1〕 See 5 U. S. C. § 552(b).

〔2〕 参见《法国行政文书公开法》第 6 条、第 7 条。

范围边界的限制。即使有肯定式列举,也均以非常概括性的范围予以规定。

二、否定加肯定式列举模式的确立

我国的政府信息公开在规范层面采用了肯定加否定式列举的方式,但其肯定式列举较美法两国更为具体、细化。《美国信息自由法》着重于规定公民的信息获得权,虽未明确排除主动公开的方式,但全文主要围绕公民的申请公开而规定,所以其肯定式列举仅作宽泛、概括性的规定,为申请公开呈现一种示例说明。实质上豁免条款已明确公民哪些信息是无法获得的,其他信息都可以通过申请的方式获得,无须再详细列明。而我国的《政府信息公开条例》采取的是主动公开与依申请公开同时规定的方式,所以在规定豁免条款的同时,规定了大量、具体应主动公开的信息,但这并不意味着只有这些信息才需主动公开,也不代表行政机关在未公开时,公民不可以申请公开,更不是只有这些信息才是公民可以知晓的。这种规定主要是针对信息公开的义务主体,是对行政机关需重点公开信息内容的一种突出,是对应公开信息中关系到重大公共利益信息的一种强调。

公共企事业单位的权力信息公开同样是对行政权或公共事务管理职能的一种监督,为实现全方位的监督,只有明文规定不予公开的信息才被允许保留,其他信息应全部公开。采用单纯否定式列举模式规定公开范围固然可行,但权力信息公开毕竟是政府信息公开的延伸,两者公开的规定具有很大程度的一致性。而且,为了有效应对将来《政府信息公开条例》再次的修订或提升位阶成为《政府信息公开法》,将公共企事业单位的权力信息公开融入其中,有必要采取与政府信息公开相同的肯定加否定式的规定模式。当然,应当注意到政府信息公开规定存在的缺陷,尤其是我国的否定式列举规定较为概括、抽象,这便导致对国家安全、内部事务信息、过程性信息的判断较为困难,公开主体对公开与否的判断权或裁量权易被滥用,存在应公开而不公开的现象。

所以,对否定式的列举不能仅以简单的词组或不确定的法律概念进行概括,需尽可能地对其内涵予以具体化,只有如此,才能有效确定权力信息公开范围的边界。

"服务信息"公开作为一种行政管理措施,它保障行政监管秩序的有序化与保护公民相应的主观权利,而非对行政高权的监督,所以哪些信息应当公开应由相应的规范提前规定,而不能采取"以公开为常态,以不公开为例外"的基本原则。行政机关或规制机构应依据专业性判断各自行业领域内哪些信息是公民最关心的、关涉公民最基本权利的、有助于实现行政机关监管的,从而将其规定为必须公开的信息。这些信息属于公共企事业单位强制公开的范围,除此之外的信息基本上不需要公开。所以,肯定式列举便可以将其强制公开的范围予以确定。当然,服务信息公开的肯定式列举与权力信息公开的肯定式列举存在根本性区别。服务信息公开的肯定式列举不是对应公开信息中关系重大利益信息的强调,其肯定式列举是对全部应公开信息的列举,无论是抽象的列举还是具体的列举。凡是不在肯定式列举范围之内的服务信息,公共企事业单位都没有义务公开。

在承担"服务信息"公开时,公共企事业单位虽然提供的仍是公共服务,具有一定程度的公法属性,但归根结底是行政管理的对象。在面对公民、法人和其他组织时,更大程度上是一种民事主体,遵循"法无禁止即可为"的原则。所以,在强制性公开的服务信息范围之外,公共企事业单位作为承担社会公共服务的主体,为了能够更好地提供公共服务,愿意承担更多的社会责任,可基于自愿的原则,公开行政机关或规制机构未纳入强制公开范围内的信息。而自愿公开在保障公开义务主体一定利益的同时,可能侵犯到他人的利益。所以,为了对自愿公开的行为进行必要的限制,划定其意思自治的边界,服务信息公开的否定式列举亦必不可少。相比公开所保障公民的知情权或其他权利,以及行政机关的监管秩序、行政透明度而言,国家安全、公共安全等相应利益始终处于值得保护的更高位阶。因而,服务信息公开与权力信息公开范围都应采用肯定加否定式列举的规定模式。

第二节 否定式列举的范围

否定式列举范围的确定较为复杂,若规定过于宽泛,可能影响公共企事业单位信息公开的目的实现,破坏该项制度的有序性;若范围过窄,可能造成其他利益的损害。[1] “只有出于更好地保障每一个人的权利的目的,或是为了保障公共利益,减少权利滥用和权利冲突,才能对权利进行内在限制。”[2]《制定办法》要求“应当妥善处理好信息公开与国家秘密、公共安全、产业安全、商业秘密、个人信息保护等其他重要利益的关系,注意区分信息公开与业务查询服务事项”[3]。所以,国家秘密、公共安全、产业安全、商业秘密和个人信息都可能构成公开事项中豁免公开的信息,但上述信息公开与否的判断不是固定的,必须拿捏好其豁免公开的分寸。以豁免公开的程度不同,上述信息可以进一步区分为绝对豁免公开与相对豁免公开。

一、绝对豁免公开的范围

对于绝对豁免公开的信息,完全不允许公共企事业单位作出自身的判断,必须直接拒绝公开。这些信息代表了国家利益或更为广泛的公共利益,主要包括国家安全、公共安全、经济安全、社会稳定等。它们不仅是政府信息公开需豁免的内容,同样是公共企事业单位必须禁止公开的信息,不能基于自愿原则公开。上述绝对豁免公开的事项,代表了更高位阶的利益,比行政透明度的提升与公民主观权利的保护更值得保障,因而能同时适用于权力信息与服务信息的公开。

---

[1] 参见托比·曼德尔:《信息自由:多国法律比较》,龚文庠译等,社会科学文献出版社 2011 年版,第 46-47 页。

[2] 刘权:《权利滥用、权利边界与比例原则——从〈民法典〉第 132 条切入》,载《法制与社会发展》2021 年第 3 期。

[3] 《公共企事业单位信息公开规定制定办法》第 11 条。

（一）国家安全相关的信息

国家安全是一项不确定的法律概念，其具体内涵“具有流动性，而不具有固定性特征”[1]，具体可从“国家”与“安全”两个维度加以分析。国家安全是以安全为基础，与个人安全等相关概念进行主体区分而来的。国家是由人民和政府的联合体所组成，[2]是一国人民共同的利益所在，具有较强的政治性。[3]“以领土完整和主权独立为核心的国家权利是个人权利的‘集合形式’”[4]，在一国主权范围内的公民、法人和其他组织，其权利的实现有赖于国家的安全与稳定。所以，国家安全与个体知情权之间并不一定是冲突关系，而是存在一定程度的一致性。尤其在现代社会，越来越多的权利实现需要国家积极地作为，知情权的实现尤其需要国家的保障。维护国家安全，本身就是“维护和发展最广大人民的根本利益，保卫人民安全，创造良好生存发展条件和安定工作生活环境，保障公民的生命财产安全和其他合法权益”[5]。若最基础的国家安全受到威胁，这些权利的保障便不复存在。

而且，《国家安全法》的出台明确了对国家安全的维护，《刑法》分则中的第一章更是规定对危害国家安全的犯罪进行打击。此外，《保守国家秘密法》《档案法》等多部法律也对保护国家秘密、维护国家安全事项予以规定。从法律规范的效力层级来看，上述法律作为上位法，其效力等级高于《政府信息公开条例》，更高于《制定办法》以及国务院各部门、各级政府制定的规章与规范性文件。因此，信息公开的范围必然受上述法律关于国家安全、国家秘密事项规定的限制。若要公开的

---

〔1〕［德］埃贝哈德·施密特-阿斯曼等：《德国行政法读本》，于安等译，高等教育出版社 2006 年版，第 318 页。

〔2〕See Michael Walzer, *The Moral Standing of States: A Response to Four Critics*, Philosophy and Public Affairs, Vol. 9, No. 3, p. 212(1980).

〔3〕参见李淮、蔡瑶：《美国国家安全信息豁免公开的双重路径》，载《河南财经政法大学学报》2020 年第 5 期。

〔4〕石斌：《“人的安全”与国家安全——国际政治视角的伦理论辩与政策选择》，载《世界经济与政治》2014 年第 2 期。

〔5〕《国家安全法》第 16 条。

信息涉及国家秘密，威胁国家安全，突破了上述高位阶法律对国家安全、国家秘密的规定，则构成对上位法的违反，导致下位规定失效，公开行为亦构成违法。

（二）公共安全相关的信息

公共安全虽然也是一个不确定的法律概念，但有学者从《刑法》分则第二章“危害公共安全”的内容出发，发现公共安全是与不特定对象的重大权益相关，如生命权、健康权等。[1] 随着时代的发展，公共安全的外延不断扩张，[2]且从这一概念所用的“公共”和“安全”两个词语即可看出，它是关于公众的，涉及公共利益的安全性问题，是国家和个人之外的，介于两者之间的不特定多数人的安全。[3]

信息若是与公共安全有关，公开之后如受到威胁，所损害的将是不特定多数人的生命权与健康权。虽然知情权与生命权、健康权都属于公民的基本权利，但后者属于生存权的范畴。知情权虽然在现代社会也会关系到公民的生存，但更多偏向于发展权的性质。生存权是公民其他所有权利实现的前提与基础，[4]若生存权无法得到保障，再多的其他权利都是空谈。所以，保障知情权所涉及的信息若威胁到公共安全，则需受到后者的限制，不予公开。

（三）经济安全相关的信息

威胁到我国经济安全的信息也不能公开，因为经济安全与国家安全密不可分。严重的经济安全可能造成主权债务危机，甚至导致“国家破产”。纵观历史上多次全球性的经济危机、亚洲金融危机等重大

---

〔1〕 参见于志刚：《网络安全对公共安全、国家安全的嵌入态势和应对策略》，载《法学论坛》2014年第6期。

〔2〕 参见颜烨：《公共安全治理的理论范式评述与实践整合》，载《北京社会科学》2020年第1期。

〔3〕 参见丁翔、张海波：《大数据与公共安全：概念、维度与关系》，载《中国行政管理》2017年第8期。

〔4〕 参见杨庚：《论生存权和发展权是首要人权》，载《首都师范大学学报（社会科学版）》1994年第4期。

经济安全事件,无不导致国家整体的安全性受到威胁。以阿根廷为例,该国在2001年时陷入了严重的金融危机,并在年底发生了广泛的示威暴乱活动,并在短短的不到1个月的时间内连续换了4任总统,影响了国家安全。苏联在军备竞赛中,各种重工业、军工企业发展迅猛,军队力量空前强大,成为国土安全保障的强劲力量,但是其他行业的发展基本被忽视,各种物资极度匮乏,经济结构严重不平衡。苏联在意识到计划经济体制弊端后,未能契合当时的实际情况而强行提出了500天转向市场经济的计划,此计划"给苏联经济造成严重破坏。1990年苏联国民经济出现战后的首次负增长,财政赤字上升,消费品严重匮乏,人民生活水平显著下降"[1]。所以,苏联解体的原因虽是复杂的,但不可否认其中经济因素发挥了一定的作用。

习近平总书记在中央国家安全委员会第一次会议上强调,"必须坚持总体国家安全观,以人民安全为宗旨,以政治安全为根本,以经济安全为基础,以军事、文化、社会安全为保障,以促进国际安全为依托……"[2]所以,经济安全构成国家安全的重要一环,是关于整个国家经济形式与发展的重要保障,其所代表的公共利益位阶高于信息公开所保障的知情权等利益,故不予公开。

(四)社会稳定相关的信息

社会稳定同样是一个不确定的法律概念,但大致可以概括为社会安全、平稳的状态。它与国家安全、公共安全以及经济安全有着紧密的联系,甚至可以认为"三安全一稳定"[3]相互之间有着千丝万缕的联系。社会不稳定主要指社会刑事案件增多,暴力冲突加剧,造成社会环境的动荡,[4]这不仅直接影响公民的生命权与健康权,还会对现有的

---

[1] 吕政:《苏联解体前后的考察与评论》,载《海南大学学报(人文社会科学版)》2022年第6期。

[2] 《坚持总体国家安全观 走中国特色国家安全道路》,载《人民日报》2014年4月16日,第1版。

[3] "三安全一稳定",是指国家安全、公共安全、经济安全以及社会稳定。

[4] 参见张晓玲:《社会稳定与弱势群体权利保障研究》,载《政治学研究》2014年第5期。

政治权威造成冲击,[1]影响国家机构的正常运转,导致各种公共利益的事项无法落实。所以,社会稳定的状态不仅可以保障公民各项权利不被侵犯,还能为经济发展提供稳定的外部环境,促进经济安全、公共安全与国家安全的实现。当然,国家安全、公共安全与经济安全也是减少社会不稳定因素的重要前提,否则必然会加剧社会的不稳定。当信息公开会造成社会不稳定时,社会公共利益的负面影响必然大于知情权保障所获得的收益。因此,社会稳定相关的信息也不予公开。

二、相对豁免公开的范围

对于相对不予公开的信息,法律赋予公开主体一定的“裁量权”,依据保密与公开所保障利益的大小及其可能带来的侵害后果作出判断与选择。相对不予公开范围的信息所代表的利益与公开所代表的利益相比,没有绝对的位阶优势,在不同的案件中处于变动不定的状态。而且,服务信息公开所保障的利益强度较权力信息公开略低,两者相对不予公开的信息范围并不一致。其中,对于商业秘密与个人信息而言,这两种类型的信息公开都需要进行利益平衡,酌定豁免公开的信息。而过程性信息与内部事务信息是权力信息需要考虑是否可以公开的事项,不属于服务信息必须考虑的事项,其公开与否属于意思自治范畴,毕竟此时的公共企事业单位属于完全的市场经济主体。

(一)商业秘密信息

公共企事业单位在行使公共事务管理职能或提供公共服务过程中,一般会收集或保存第三方主体的信息,这些信息可能包含了第三方的商业秘密。当然,该公共企事业单位自身商业秘密的信息也可能存于其中。商业秘密具有秘密性、管理性、实用性和价值性。[2] 因为其价值性的存在,可能拥有巨大经济利益,而价值性存在的前提便是秘密

[1] 参见冯周卓、黄震:《原生与次生:社会稳定风险的分类与治理》,载《北京师范大学学报(社会科学版)》2014年第5期。

[2] 参见张玉瑞:《商业秘密的法律保护》,金城出版社2002年版,第22页。

性。一项商业秘密若被公开便失去了秘密性,成为世人皆知的信息,可能不再构成商业秘密,也无法获得法律所规定的对商业秘密的保护,其价值也会极大减损,甚至失去价值。所以,秘密性与价值性是统一的,非商业秘密的拥有者会基于对经济价值的渴望而寻求对相关信息的公开,他们也许并未抱有监督权力行使或实现自身其他权利的目的,只是为了知晓该商业秘密并实现一定的经济收益。正如美国的信息公开制度一样,该制度已逐渐演变成了律师为客户寻求利益及商业主体为寻求竞争对手信息的工具,造成了信息公开资源的大量浪费。

对商业秘密的保护是必需的,但是,我们不能因噎废食,不能因为商业秘密可能成为公民、法人或其他组织追求经济利益的目标,甚至失去商业秘密的资格,而将其完全排除在公开的范围之外。虽然,对商业秘密相关信息的豁免公开可以保护其拥有者的财产利益,但当该商业秘密牵涉了重大的公共利益,不予公开所保护的私益无法填补对公共利益的损害,而公开却能够对此公共利益有所促进或减少损失,并覆盖对私益的侵害时,应当公开此商业秘密的相关信息,这也是政府信息公开所采取的通行做法。因此,在涉及公共企事业单位自身或第三方商业秘密信息的公开时,公开主体不能直接公开,也不能一律不公开,需在公开与保密两者所实现的公共利益与私人利益,以及可能造成的损害之间进行综合评价,作出使整体收益与损失比最大化的选择。当然,这种基于利益衡量作出判断的情形并非总会出现,当商业秘密的拥有者放弃对商业秘密的权利而同意公开这项秘密时,只要这种公开不会对“三安全一稳定”造成威胁,便可直接公开,而无须再进行比较。只有在商业秘密的拥有者不同意公开此信息时,才会进行利益衡量。

(二)个人信息

公共企事业单位在面向社会公众提供公共服务时,必然会收集被服务对象的各种信息,而这些公共服务都是涉及基本生活的服务,更容易涉及个人信息,如医院与患者的关系、高校与学生的关系等。这些信息一般情况下须排除在公开的范围之外。虽然《政府信息公开条例》

第 15 条规定的是个人隐私相关的信息,但个人隐私信息与个人信息并非等同概念,[1]个人信息重在体现它的利用价值,而个人隐私则是个人安宁不被外界打扰的权利,[2]属于个人信息中较为敏感的部分。《个人信息保护法》对个人信息的处理提供了全方位的保护,包括公开行为,要求不得随意公开个人信息,除非获得个人同意,[3]且必须与处理的目的相关,不得超出此目的范围;[4]但是,若个人信息已经过匿名化处理,则不再对其公开进行限制。[5]

虽然个人信息值得保护,但当它与公民知情权相碰撞时,哪种利益更值得保护便需进行衡量。一般情况下,个人信息涉及的利益无法与“三安全一稳定”所代表的利益相提并论,而是与知情权所代表的利益处于同一位阶。“公众对相关个人隐私信息的知情权较之个人隐私利益保护并不具有优先性”[6];反之,个人隐私的利益对知情权而言也不具有优先性。就个人信息的划分来看,个人隐私或敏感信息处于核心层,受到法律最严格的保护,之后便是一般个人信息,也受到较强的保护,保护程度最弱的是个人生活中涉及公共领域的部分。[7] 个人隐私是人的尊严所在,个人不希望自身的隐私被他人知晓是一种人性的需求,若个人隐私无法得到尊重,被随意公开的话,便会对个人权益造成

---

[1] 参见张新宝:《从隐私到个人信息:利益再衡量的理论与制度安排》,载《中国法学》2015 年第 3 期;王利明:《论个人信息权的法律保护——以个人信息权与隐私权的界分为中心》,载《现代法学》2013 年第 4 期。

[2] 参见王利明:《人格权法研究》,中国人民大学出版社 2012 年版,第 502 页。

[3] 《个人信息保护法》第 25 条:“个人信息处理者不得公开其处理的个人信息,取得个人单独同意的除外。”

[4] 《个人信息保护法》第 6 条:“处理个人信息应当具有明确、合理的目的,并应当与处理目的直接相关,采取对个人权益影响最小的方式。收集个人信息,应当限于实现处理目的的最小范围,不得过度收集个人信息。”

[5] 《个人信息保护法》第 4 条第 1 款:“个人信息是以电子或者其他方式记录的与已识别或者可识别的自然人有关的各种信息,不包括匿名化处理后的信息。”

[6] 王东方:《重大疫情防控中个人隐私信息公开的限度及优化路径》,载《情报杂志》2020 年第 8 期。

[7] 参见谢远扬:《信息论视角下个人信息的价值——兼对隐私权保护模式的检讨》,载《清华法学》2015 年第 3 期。

损害,人之最基本的尊严将会被践踏,[1]也可能进一步导致财产权与健康权被侵害。[2] 所以,即使在个人信息中保护程度最高的个人隐私信息都无法完全超越对知情权的保护,则处于较外层的个人信息的保护也是如此,并不能直接判定其保护位阶凌驾于知情权之上。

故而,只能依据个案的具体情形,判断对何种权益的保护更符合比例原则的要求,由此对个人信息做出公开与否的决定。尤其当公开能够促进公共利益的保护与提升,而不公开所收获的个人信息利益无法涵盖对公共利益的损害时,此时应当选择公开。这也得到了《个人信息保护法》的确认,明确了可以不经个人同意而公开个人信息的情况。[3] 若信息与申请人本身无关,且不关涉公共利益,公开仅仅是满足申请人对他人的窥私欲或经济追求,则倾向于不公开。当然,若个人放弃了自身的个人信息权而同意公开,则公开主体便无须对两种利益进行衡量,除非该信息的公开会涉及绝对不予公开事项或影响到其他的公共利益。因此,个人信息是否公开因案而定,属于相对不予公开的信息。

(三)过程性信息与内部事务信息

过程性信息与内部事务信息二者容易混淆,甚至经常被混用,多有学者专门著文对其进行区分。由于这两种信息具有一定的相似性,且此处讨论的是信息公开的范围或边界问题,不涉及对具体申请人的回复,因而无须明确某信息是过程性的还是内部事务性的,对两者概念无意进行区分,只需判明这两种信息是否处于豁免公开的范围内即可,所以此处进行了合并论述。

《政府信息公开条例》修订之前,虽然没有过程性信息与内部事务信息豁免公开的条文规定,但这两类信息的豁免公开在实践中一直得

---

[1] 参见王学辉、赵昕:《隐私权之公私法整合保护探索——以"大数据时代"个人信息隐私为分析视点》,载《河北法学》2015 年第 5 期。

[2] 参见高富平:《个人信息保护:从个人控制到社会控制》,载《法学研究》2018 年第 3 期。

[3] 参见《个人信息保护法》第 13 条第 2 项至第 7 项。

到了有效的执行，这得益于国务院办公厅所发布的《关于做好政府信息依申请公开工作的意见》对这两类信息的安排。直到 2019 年《政府信息公开条例》修订之后，才正式增加了这两类信息豁免公开的规定，但并未明确为何需要豁免。因此，只有明晰这类信息需要豁免公开的原因，才能从中发现是否可以适用于公共企事业单位，而非直接套用、转嫁。

国务院办公厅《关于做好政府信息依申请公开工作的意见》对这两类信息豁免公开给出的理由是公开的信息需满足"正式、准确、完整"的特征，可直接被申请人在诉讼或行政程序中作为书证或在"生产、生活、科研"中直接使用。因此，将过程性信息与内部事务信息排除在公开之外。信息是否对申请人有用以及如何使用，显然不是行政机关所考虑的问题，而正式、准确、完整同样可以存在于任何信息之中，所以，以上述理由将过程性信息与内部事务信息排除在公开范围之外不具有正当性。应当回归到这两种信息自身的性质与内涵上，才能确定二者在公共企事业单位信息公开中是否需要豁免公开。

政府信息公开中的过程性信息与内部事务信息是在行政行为做出之前的工作流程中或行政机关因内部事务管理所产生的信息，一般情况下不具有对外效力，甚至可能处于不确定的状态，随时会发生变化。若有关内部事务管理或过程讨论、咨询意见的信息全都予以公开，将严重妨碍行政权力或公共事务管理职能的正常行使，导致效率低下，或决策者不敢随意发表真实的意见，使公共资源空耗。效率是行政行为所追求的重要价值之一，[1]若允许此类信息公开的话，公共企事业单位的工作人员也会陷入无休止地、对无关信息进行公开的工作中，最终导致真正需要保护的社会公共利益无法实现或受到侵害，行政管理的效率也将大打折扣。对于决策过程而言，亦为公共企事业单位作出最终行为之前必不可少的阶段。处于讨论中的信息尚无法确定责任归属，

---

〔1〕 参见[德]哈特穆特·毛雷尔：《行政法学总论》，高家伟译，法律出版社 2000 年版，第 203-204 页。

且在最终作出前也可能发生更改,[1]此时的信息并不成熟,若将这种过程性的信息公开,很可能导致处在过程中的相应主体不能充分论证,无法实现观点的充分表达,[2]造成"寒蝉效应",导致最终作出的结果或提供的公共服务无法达到要求。

"迟来的正义非正义",尤其在现代社会,各种社会事件瞬息万变,行政权或公共事务管理职能的行使在具备合法性与合理性之外,对效率的追求必不可少。而且,过程性信息与内部事务信息并不会对公民产生直接的效应。[3] 所以,为了避免"寒蝉效应"的出现,保证作出的最终行为或提供的最终服务质量可靠,对此类信息的公开需进行限制,但不公开不是绝对的,当内部事务信息或过程性信息能够产生一定的外部效应,公开能保障一定的公共利益,且大于公共事务管理效率降低所带来的损失时,公开则为必然之事。

基于上述原因,在公共企事业单位信息公开中,同样需要关注其内部管理的效率与"寒蝉效应"出现的可能,但对于权力信息与服务信息,对两者保护的程度并不一致。权力信息是基于公共事务管理职能产生,与行政行为一样对于效率的追求明显较高。对于服务信息而言,在保障公共服务质量的前提下,可基于自愿的基础,放弃对不涉及公共事务管理权的内部管理信息或过程性信息的权益,向社会主体公开。所以,这两类信息属于权力信息相对不予公开的范围,却不会强制要求服务信息对其进行考量。此外,过程性的信息可以被区分为意见性与事实性信息,两者不能一概而论。事实性信息是一种客观存在的信息,不会随着时间或参与过程主体的主观思维而改变,公开并不会影响行政效率,也属于权力信息应当公开的范围。[4]

[1] 参见刘杰:《知情权与信息公开法》,清华大学出版社 2005 年版,第 219 页。
[2] 参见李广宇:《政府信息公开司法解释读本》,法律出版社 2011 年版,第 262 页。
[3] 参见梁艺:《政府信息公开中"内部管理信息"的判定》,载《行政法学研究》2015 年第 1 期。
[4] 参见戚红梅:《我国政府信息豁免公开制度研究》,苏州大学 2013 年博士学位论文,第 121-122 页。

三、豁免公开的判断标准

无论是绝对豁免公开的信息还是相对豁免公开的信息,上文仅框定了一个大致的范围,并不十分精准。信息可否不予公开,首先要确定该信息是否属于前述几种类型,但在实践过程中,对各种信息公开与否有清晰认识并不那么容易,无论是“三安全一稳定”的信息,还是商业秘密、个人信息,抑或过程性信息与内部事务信息,多数都是不确定的法律概念,其内涵和外延难以确定,甚至会不断变化。以国家安全为例,这一概念的内涵因时代、经济、社会的发展而不断变化。随着现代科技的进步,国家安全在传统安全之外又有了新的内涵,除了传统的领土、主权等安全内涵,公共卫生、经济等非传统安全的事项越来越多,[1]尤其在当前社会环境下,我国与西方国家的贸易争端、数据出境的管控等,无不关系着国家安全。正是这些不确定概念所涵盖的范围无法明确,导致公共企事业单位在公开信息时有了相应的操作空间,将其不愿公开或公开后可能造成自身经济利益受损的信息,纳入豁免公开的范围,从而实现信息的保密。所以,对那些被公共企事业单位划入豁免公开范围的信息,必须通过一定的标准予以检验,只有符合豁免标准的信息,才能予以豁免公开。否则,这些范围、边界不清的概念,很可能成为公开主体避免信息公开、实现利益追求的有力借口。

公共企事业单位最终给出豁免理由时,必须说明该信息属于哪种类型的信息,所以很多学者对过程性信息与内部事务性信息进行了深入的研究,得出了对两种信息的认定标准,[2]或对两者的界分得出了较为明确的结论,[3]但某信息是否属于豁免公开范围的决定,并非要

〔1〕 参见王东光:《国家安全审查:政治法律化与法律政治化》,载《中外法学》2016年第5期。

〔2〕 参见杨登峰:《论过程性信息的本质——以上海市系列政府信息公开案为例》,载《法学家》2013年第3期;王敬波:《过程性信息公开的判定规则》,载《行政法学研究》2019年第4期;梁艺:《政府信息公开中“内部管理信息”的判定》,载《行政法学研究》2015年第1期。

〔3〕 参见杨伟东:《内部事务信息的确立、运用和发展:兼论与过程性信息的界分》,载《中外法学》2021年第1期。

完全确定该信息属于某一类具体的信息之后才能作出，只需满足共同的豁免公开标准即可。国际非政府组织“第 19 条”（ARTICLE 19）提出了对信息豁免公开的“三要素检测”标准，分别为目的相关性标准、实质损害性标准以及利益平衡性标准，这一标准同样适用于公共企事业单位的信息公开。

（一）目的相关性标准

信息公开具有保障知情权的目的，其豁免公开同样具有相应的目的，该目的应由法律予以明确。所以，目的相关性标准要求豁免公开的“信息必须与法律中列出的某个合法目的相关”，若该信息与不予公开所要保护的目的不存在任何联系，无法实现对其他利益的保护，则不属于豁免公开的范围，应将其公开。

（二）实质损害性标准

实质损害性标准，是指当某个信息被公开时，有可能造成上述目的实质性损害，才可能被认定为不应公开。若公开对法律所列出的目的无任何损害或对其产生增益的作用，则不得保密。判断是否可能造成实质性损害，不能以公共企事业单位的一面之词为准，也无须复杂、特殊的理论与数据进行分析，只需以一般理性之人的认知能力进行判定即可。

（三）利益平衡性标准

利益平衡性标准的内涵是指某一信息若想豁免公开，必须满足公开信息“给该目的带来的危害必定大于发布该信息所带来的公共利益”[1]，若公开所带来的公共利益大于这一行为造成的损害，则公开并无不妥，此时还坚持豁免公开显然不具备实质正义。

“三要素检测”的标准必须同时满足，才能得出信息可以豁免公开的结论。如仅满足其中一项或两项，不足以覆盖公开所代表的利益，则

〔1〕 托比·曼德尔：《信息自由：多国法律比较》，龚文庠译，社会科学文献出版社 2011 年版，第 48-49 页。

该信息仍需公开。“三要素检测”标准虽然是针对政府信息公开所提出的，但该标准的适用范围并非如此狭窄，完全可以适用于公共企事业单位信息公开。而且，该标准可适用于公共企事业单位所有不予公开的信息，不仅是相对不予公开，还包括绝对不予公开的信息，但这并不意味着“三安全一稳定”相关的信息也变成了需由相应主体进行利益衡量的相对不予公开的信息。对于真正意义上的“三安全一稳定”信息来说，其所代表的公共利益明显大于行政透明度提升、行政监管秩序所形成的公共利益。提升行政透明度，规范权力的行使，加强对提供公共服务单位的监管，这一系列的目的必须在国家安全稳定的状态下实现，甚至可以说它们是促进“三安全一稳定”所必不可少的手段。当这一促进手段有可能威胁到原本追求的终极利益时，必须对其进行遏制。所以，涉及“三安全一稳定”的信息，必然能够同时满足上述“三要素”标准。当公共企事业单位为了实现保密状态下的利益，将不符合豁免公开的信息强行冠以“三安全一稳定”之名时，不一定能够满足此标准。因此，必须对其进行筛检。对于相对不予公开信息来说，它不仅能够检测出不属于酌定不予公开范围的信息，还能够对属于范围内的信息是否可以公开作出准确的判定。此标准不仅有助于公开主体对应公开信息与豁免公开信息限度的把控，也能促进知情权主体对（拒绝）公开决定的理解，增强最终决定的公信力，减少后续纠纷产生的可能。

第三节 肯定式列举的范围

权力信息公开与政府信息公开一致，除特定情况之外，一律公开，其肯定式列举属于对重点公开信息的强调。服务信息的脱条例化路径决定了哪些信息需要公开，应由各行业主管部门或规制机构按照行业情况分别进行规定。所以，权力信息与服务信息的肯定式列举范围存在显著差异。

一、权力信息公开范围

权力信息公开的范围相当广泛，且其否定式列举已划定了信息公开的范围边界，在否定式列举之外的信息均需公开，所以其肯定式的列举无法将所有应公开信息一一列出。何况，肯定式列举只不过是对需公开信息中重要内容的强调，而非只有这些信息才需公开，它基本可以直接适用政府信息公开所明确列举的主动公开事项，此处便不再对《政府信息公开条例》中规定的这些信息进行赘述。当然，由于公共企事业单位并不属于行政机关序列，与行政机关存在天然的差别，因此，这类主体需公开的权力信息与行政机关公开的信息之间也存在一定的差异。

《政府信息公开条例》肯定式列举的信息中包括了主体的基本信息，具体包含"机关职能、机构设置、办公地址、办公时间、联系方式、负责人姓名"。就公共企事业单位的权力信息公开而言，这些基本信息还不够全面。基于目前公共企事业单位信息公开引发的诉讼来看，争议的焦点主要集中在该主体是否属于信息公开的主体，以及该信息所涉及的职能或服务是否属于公开规范所调整的事项。所以，有必要对部分需公开的基础性信息进行明确，以帮助对其他需公开信息的判断，这些基础性信息主要包括：(1)主体性质的信息；(2)公共事务管理职能来源及其范围的信息。前者是帮助公众知晓该主体是否构成公共企事业单位的信息，后者是保障公民知晓该主体管理职能的真实性以及范围的信息，两者都是对权力进行监督以及其他信息公开的基础性信息。

(一)主体性质的信息

政府信息公开无须表明公开主体的性质，因为具体负责政府信息公开的行政机关属性可以通过组织法一目了然，或者基于明确的法律、法规授权而成为行政主体。可是，何种主体是具有公共事务管理职能的公共企事业单位却很难直接判断，尤其在我国，承担公共事务管理职能的事业单位大量存在。所以,主体性质的信息是判断该主体是否构成公共企事业单位的重要参考信息,是判断其是否需要进行信息公开的重要参考依据,它必须在其他信息公开与否的结论作出之前予以明确。

随着社会事务的复杂化,企事业单位改革日益深化,越来越多的传统行政机关或企事业单位的性质发生了变化,还存在很多的事业单位被冠以"局""管理中心"的名称,如气象局、地震局、就业服务管理中心等,导致社会公众根本无法知晓这类主体的性质,而将其作为行政机关对待。此类具有事业单位属性的机构往往根据法律、法规、规章的授权和行政机关的委托承担着大量的行政任务。此外,在实践中难以判断主体性质的典型机构还有开发区或高新区的管委会。各管委会虽然将其承担的一系列管理职能进行了公开,但难以在公开途径查找到这些管委会的地位与性质,无法知晓它们是一级行政机关,还是行政机关的派出机关或职能部门的派出机构,或者事业单位。虽然开发区管委会的性质界定是一个难题,但其权力行使的现实性是存在的,无论是将其界定为派出机构还是事业单位,都应当明确向社会公示,便于相对人知晓。若无法判断其是否属于事业单位,又被排除出行政机关序列,则该类主体的信息公开便落入了真空地带。无论是以政府信息,还是以公共企事业单位信息申请公开,该主体若是不愿公开,便会以其不具备公开主体的资格予以拒绝,将会给权利救济带来障碍。

(二)公共事务管理职能来源及其范围的信息

一般情况下,具有公共事务管理职能的公共企事业单位与行政机关一样,会公开其相应职能的信息,但该主体毕竟与行政机关不同,并不天然属于科层制的行政序列,其职能信息无法与行政机关的职能信息公开一样具有公信力。而且,行政机关信息公开的职能存在错误时,因其错误导致相对人利益受损,则利益受到侵害者依然能够基于对行政机关的信赖而得到保护。公共企事业单位若因自身原因,错误地公开了行政机关未委托的职能信息,使公众误以为其接受了此种职能的委托,委托的行政机关并不因公共企事业单位履行此错误的职能而承担责任,导致这一情形下公民的信赖利益难以得到保护。

公共事务管理职能来源及其范围的信息,是公共企事业单位行使相应管理职能的正当性依据。正所谓“名不正则言不顺”,公共企事业单位在行使一定的公共事务管理职能时,如不将职能来源以及范围的依据公开,则其工作便会受到正当性质疑,难以正常展开。即使能够正常开展,也无法实现有效的监督。因为任何权力都具有扩张的特性,无论是基于对公共事务管理的便利性,还是基于权力行使者自身的私利,都有可能造成自身权力的扩张。[1] 因而,公共企事业单位基于公共事务管理职能而形成的管理性权力,也可能突破权力边界,或者实现裁量权的扩张与程序的破坏。[2] 扩张性会使其在不受制约的情况下,不断为自己增加更多的权力,管委会正是这种情况最好的体现,其甚至可能向一级政府的规模发展。[3] 所以,公共企事业单位的权力或公共事务管理职能的来源与范围,无论是通过法律、法规、规章授权还是直接通过规范性文件的委托,都需要公开,这是对权力监督以及保障其他信息公开的基础。否则,对于哪些事项的信息是基于公共企事业单位公共事务管理职能产生的便难以判断,由其产生的信息是否公开,公开的程度如何都会遭受质疑。

二、服务信息公开范围

服务信息公开虽然与权力信息公开不同,以肯定式列举的范围为准,只有在此范围内的信息才需要强制公开。另外,服务信息公开又与权力信息公开类似,也无法对所有应公开的信息完全列举。造成此种情形的原因在于公共企事业单位分别属于不同的行业领域,各领域公共企事业单位的服务具有特殊性,需公开的信息存在不一致性,这种特

[1] 参见刘素梅:《论行政权力的扩张》,载《苏州大学学报(哲学社会科学版)》2006 年第 2 期。
[2] 参见刘素梅:《论行政权力的扩张》,载《苏州大学学报(哲学社会科学版)》2006 年第 2 期。
[3] 参见马荣丽、赵亮:《开发区及其管委会性质辨析》,载《经济研究导刊》2018 年第 36 期。

殊性或不一致性,会影响肯定式完全列举的效果。而且公共服务的具体内涵是随着时代、经济、技术的发展而不断变化的,无法完全将该不确定的法律概念限定在一个固定的范围中。即便在当今的时间与空间范围内,其公开的服务信息事项能够以某种标准予以确定,但由此而整合起来的所有公共企事业单位将是一个庞大的系统,由其产生的应公开服务信息的数量也无法估算,本书也无法对这些需公开的服务信息进行完全列举。

可以肯定的是,这些必须公开的内容,是与公民的重大利益密切相关的服务信息。虽然其中服务的具体内容与性质,以及如何提供公共服务千差万别,但一些较为基本的信息却大致相似。所以,虽然无法穷尽列举各行业需公开的服务信息,但仍可就其中一些基本的、共性的,公共企事业单位应予公开的重点服务信息进行简要列举。通过梳理已有的各领域内公共企事业单位信息公开的部门规章与规范性文件,结合此类信息公开制度的要求,确定肯定式列举的服务信息至少应包含以下几种基本信息:(1)公共企事业单位基本情况的信息;(2)公共企事业单位提供公共服务的程序与收费标准的信息;(3)财政补贴及其使用情况的信息。

(一)主体基本情况的信息

公共企事业单位基本情况的信息公开可见诸各部门的规定之中,当然基本情况包括哪些,各自规定的详略不同。其中,《高等学校信息公开办法》第7条第1项明确基本情况的信息包括“学校名称、办学地点、办学性质、办学宗旨、办学层次、办学规模,内部管理体制、机构设置、学校领导等基本情况”。《供水、供气、供热等公共企事业单位信息公开实施办法》第8条第1项则规定需公开“企事业单位性质、规模、经营范围、注册资本、办公地址、营业场所、联系方式、相关服务等信息,企事业单位领导姓名,企事业单位组织机构设置及职能等”信息。无论规定的详略是否得当,此类信息始终是不可或缺的,它们是接受公共服务的公民能够知晓服务提供者的性质、从何处接受公共服务以及如何与其联系的前提,是两者之间交流或产生关联的最基本的信息。若此类信息不予公开,公共服务的供给便存在诸多障碍,公共服务的目的也无法实现。

(二)公共服务的供给程序与收费标准的信息

《供电企业信息公开实施办法》第7条第2项、第3项规定需公开办理业务及收费标准的相关信息,主要为"各类用户办理新装、增容与变更用电性质等用电业务的工作流程、办理时限、办理环节、申请资料以及业务办理环节中涉及审核查验事项的范围、明细和依据",以及"供电企业向各类用户计收电费时执行的政策文件以及供电企业向用户提供有偿服务时收费的项目、标准和依据等"信息。虽然提供公共服务的程序与行政程序两者之间存在明显的差异,违反程序的法律后果也不相同,但不可否认的是,程序在服务提供及信息公开中仍扮演着重要角色。公共企事业单位的基本情况是公民如何找到或联系上该主体的信息,而办事程序和收费标准则是关系公民如何获得公共服务、服务过程如何进行以及接受服务所要支付对价的信息,它是关系到公民是否愿意接受公共服务以及接受公共服务之后如何实现自身权益等重要信息。若不对程序性信息与收费标准的信息予以公开,将会导致接受公共服务者对必要信息缺乏了解与认知,引起不安情绪的产生,甚至对公共服务是否符合流程、质量是否达标产生怀疑。[1] 以供水企业为例,如不公开服务的程序事项,则被停水的公民便会陷入何时能够恢复供水的不安之中,也无法知晓供水企业如何恢复供水。若能知晓相应的程序,便能监督供水企业是否履行相关职能及何时履行,促使供水服务在规定的时限内完成。所以,程序性的信息公开不仅为公民接受公共服务提供了方便,还是对实质性正当结果的保障,是对公共企事业单位的监督,防止它走向只注重结果导向的正义,而忽略过程性的正

[1] 参见郭小冬:《略论程序公开原则》,载《理论导刊》2003年第6期。

义。[1] 公共服务的定价机制一般情况下不能完全交由市场决定，其公开透明有助于实现对公共服务主体的监督，且收费标准的信息能够帮助社会公众判断公共服务的性价比，是其是否愿意接受公共服务的重要前提。

（三）财政补贴及其使用情况的信息

各部门制定的现行有效的细化规定中，多数并未规定需公开财政补贴及其使用情况的信息，仅《高等学校信息公开办法》与《教育部关于推进中小学信息公开工作的意见》规定了学校经费来源与使用情况的信息公开。公共企事业单位承担了原本应由政府应当提供的公共服务，而此类服务大多属于基本生活所必需，为保障绝大多数公民都能享受到服务，部分公共企事业单位可能会得到公共财政的补贴。而财政是由为了全体国民的利益而收取的税收组成的，公民有权知道财政经费的列支和使用情况，若缺失必要的公开与监督可能导致财政资金被滥用。以英国为例，2014 年爆出了为监狱提供保安服务的公共企业套取司法部资金的丑闻，2015 年又被爆出“孩子公司”（Kids Company）隐瞒公共财政的情况，导致国家财政资金的巨大浪费。[2] 所以，对公共企事业单位是否受财政补贴及其补贴如何使用等情况的信息需进行公开，便于监督其是否按照应有的用途被使用而未被浪费，也有助于防止公共企事业单位套取国家财政资金，损害全体公民的利益。

（四）与公民重大利益相关的其他信息

以上信息并不是肯定式列举范围的全部内容，其他的需要肯定式列举的信息事项，仍需由对各公共企事业单位所涉行业领域负有监管职责的部门，结合各种公共服务的不同特性，从专业性的角度出发，清

---

〔1〕 参见刘东亮：《还原正当程序的本质——“正当过程”的程序观及其方法论意义》，载《浙江社会科学》2017 年第 4 期。

〔2〕 See Mark Wallace, *Serco and G4S Ripped Us off－the Public Sector Must Start to Play Hardball*, https://www. Theguardian. com/commentisfree/2014/mar/13/serco－g4s－public－sector－hardball－government－taxpayers.

晰界定出与公民重大利益相关的信息,将其纳入肯定式列举的范围。

本章小结

本章主要对公共企事业单位信息公开的范围进行了深入探讨。公开范围确定了哪些信息能够公开,哪些信息不能公开,以及哪些信息在特殊情形下才可以公开。公开范围采用何种方式予以规定是首先需要明确的问题,综观全球各国关于政府信息公开的规定可以发现,否定式的列举成为绝大多数国家青睐的方式,还有部分国家在此基础上,增加了肯定式列举的方式,但肯定式列举的详略程度有所不同。如此选择的原因在于政府信息公开是为了实现对权力的监督与行政透明度的提升,一般情况下行政权力行使的信息都应当公开,需要公开的信息便相当宽泛,无法一一列举,只能以否定式列举的方式为其公开的范围划定边界。作为政府信息公开的延伸,公共企事业单位的权力信息公开同样如此,应与我国政府信息公开范围规定的模式一致。服务信息公开作为行政管理的措施,要实现的是对公民主观权利的保障,其肯定式列举便是强制公开的范围,但作为民事主体基于意思自治而自愿公开可能突破一定的底线,使重大公共利益相关的信息被披露,故仍需设置相应的否定式列举,以实现对自愿公开的限制。所以,两种信息的公开范围都应采取肯定加否定式的列举方式。

无论权力信息还是服务信息的否定式列举,都是对公开范围底线的限制,故而两者的否定式列举具有较大的一致性,仅在相对不予公开范围上略有差异。其中,绝对不予公开的信息所代表的利益比知情权所代表的公开利益位阶要高,主要包括国家安全、公共安全、经济安全与社会稳定方面的信息。"三安全一稳定"的实现是公民其他权利保障以及稳定的行政秩序存在的前提,一旦与知情权保护相抵触,应优先保障前者的实现,故而此类信息处于绝对不予公开的范围。商业秘密、个人信息以及过程性与内部事务信息所代表的利益,与知情权所代表的利益不存在绝对优劣的问题,需在具体个案中予以认定,故而处于相对不予公开的范围。由于以上概念基本属于不确定的法律概念,导致实施过程中出现困难,可能会出现公开主体将相关信息冠以上述概念名称而拒绝公开的漏洞,难以使知情权人信服。而“三要素检测”为不予公开提供了操作的标准,即信息必须满足目的相关性标准、实质损害性标准以及利益平衡性标准,才能不予公开,否则必须公开。

权力信息公开的肯定式列举可直接沿用政府信息公开的规定,但鉴于公共企事业单位主体的特殊性,还需对一些基本信息进行进一步规定。梳理现有的司法案例可知,法院对是否属于公开主体以及相应的职能是否属于公共服务的范围难以判断,因而需公开公共企事业单位主体的性质,以及公共事务管理职能来源与范围的信息。前者有助于让公民知晓该主体是否属于公共企事业单位的范畴,后者则是对其履行公共事务管理职能真实性以及范围的确认。这些信息不予公开,会导致权力的扩张性无序释放,无法实现对权力真正的监督。试想,若连权力的真实性与权力边界都无从知晓,监督谈何实现。何况,这些信息公开更是其他权力信息公开的基础。服务信息则意味着只有肯定式列举的内容才是公共企事业单位应当或者强制要求公开的信息,未在肯定式列举范围内的信息,可以不公开。当然,在肯定式列举范围之外,公共企事业单位还具有基于自身意愿公开相应信息的权利。由于各种行业差异性较大,不同领域内监管机关依据专业性判断的结果也不可能完全一致,故本书无法实现对所有需公开信息的全部列举,但可以肯定的是,需公开的信息是关涉公民重大利益的信息,因此,仍可对一些基本的、具有共性的信息予以规定,包括公共企事业单位的基本情况、办事程序与收费标准以及财政补贴与使用情况的信息。这些信息的公开,是公民能够接受公共服务以及如何接受公共服务的前提,也是防止公共企事业单位以公共服务的名义套取国家财政资金,侵害全体公民利益的有效手段。

第五章

公共企事业单位信息公开的程序

“重实体轻程序”是我国行政法曾饱受诟病的问题，但随着法治化水平的不断提升，程序越来越得到重视，不再只看到其对实体法的工具性价值，其独立价值也得到了广泛的认可；[1]但是，行政程序是与公权力行使同时出现的概念，作为规范、控制行政权有效行使的一种手段，有关行政程序的规定一般都针对公权力机关，如行政机关、司法机关等。正因如此，正当程序原则往往存在于公法领域，在私法领域很少有人关注。那么，是否意味着只有公共企事业单位的权力信息公开才涉及程序性事项，服务信息公开在公民与公共企事业单位之间便无程序价值可言？实质上，程序并不专用于公法领域，私法层面的程序法也十分重要，并早已得到运用。“对弱者权益的保护，就不仅要限制国家权力的扩张，还必须限制强者权利的滥用”[2]，程序便是对其最有效的限制。“理性的、正当的法律程序会极大地提高法律的可预期性，从而在一定程度上消除法律中的不确定性。”[3]所以，权力信息公开与服务信息公开都需要关注程序的设计，它是公开制度有序运转的重要保障。

---

[1] 参见[美]约翰·罗尔斯：《正义论》，何怀宏、何包钢、廖申白译，中国社会科学出版社 2009 年版，第 65-69 页。

[2] 陈醇：《私法程序理论的法理学意义》，载《法制与社会发展》2006 年第 6 期。

[3] 丁健峰：《博弈论视角下的过程偏好与程序正义——一个整合性的解释框架》，载《北京大学学报（哲学社会科学版）》2019 年第 3 期。

公共企事业单位信息公开可分为依申请公开程序与主动公开程序,依申请公开程序主要包含申请的接收与补正、处理以及送达程序,主动公开程序主要包含对收集或产生的信息是否属于公开范围的判断、在多长时限内公开及如何公开的内容,故而也属于对信息的处理与送达,可与依申请公开合并论述。

第一节 申请与补正程序

申请与补正程序是知情权人就想要知晓的信息向公共企事业单位提交申请公开的资料,公开主体对不符合申请要素的资料要求当事人进行增补、修改后重新提交的程序。然而,《制定办法》第 5 条规定公共企事业单位的信息公开是"以主动公开为主,原则上不采取依申请公开的方式",所以在确定上述内容之前,必须回答一个重要的问题,即申请程序是否原则上不存在,或者说申请公开是否属于例外的规定。若是,则申请程序必然也是例外规定,这显然对申请程序的设计具有重要影响,即只对个别需申请公开的信息作特别规定即可,甚至需在申请材料中证明所申请公开的信息是该特殊信息。当申请公开是一般性的规定时,则程序的设计便需对所有信息具有普遍适用性,不能对信息的类型设置特殊要求。

一、申请公开程序并非例外规定

无论是从公共企事业单位信息公开与政府信息公开的关系出发,还是以知情权的内涵进行考察,抑或以成本收益进行衡量,均不难发现申请公开属于公共企事业单位信息公开的一般性规定,而非针对个别情况的例外规定。

(一)权力信息决定了申请公开的一般性

虽然《制定办法》将公共企事业单位信息公开导向了行政管理措

施的性质，规定依申请公开是一种例外的公开方式。在下位法中，《公共交通企业信息公开规定》第4条、[1]《医疗卫生机构信息公开管理办法》第11条、[2]《供水、供气、供热等公共企事业单位信息公开实施办法》第9条[3]似乎也遵循了《制定办法》的规定，将依申请公开予以排除或作为例外情况予以规定，但仍有部分规章及规范性文件将其作为公共企事业单位信息公开的一般规定，如《高等学校信息公开办法》第9条、[4]《供电企业信息公开实施办法》第5条[5]以及《教育部关于推进中小学信息公开工作的意见》[6]、《交通运输公共企事业单位信息公开指导意见》[7]中的相关规定。

通过前文研究发现，只有服务信息公开呈现行政管理措施的性质，权力信息公开仍与政府信息公开相同，是对权力的监督，因而政府信息公开的规定完全可以适用于权力信息公开。《政府信息公开条例》将公开分为了主动公开与依申请公开，两者并不存在一般与例外的区别，均为政府信息公开的方式。而且，信息的主动公开并不排斥申请公开的可能性，当主动公开不及时、不准确时，公民仍可对行政机关提出公开的申请。

如前文所述，否定式列举是绝大多数国家采用的信息公开方式，是

〔1〕《公共交通企业信息公开规定》第4条："公共交通企业公开信息，应当采取主动公开的方式，坚持便民实用、及时全面的原则，满足社会公众信息需求。"

〔2〕《医疗卫生机构信息公开管理办法》第11条："医疗卫生机构的信息公开采取主动公开为主、提供咨询服务为辅的方式。"

〔3〕《供水、供气、供热等公共企事业单位信息公开实施办法》第9条："城市供水、供气、供热等公共企事业单位信息公开的方式，以主动公开为主，原则上不采取依申请公开的方式。"

〔4〕《高等学校信息公开办法》第9条："除高等学校已公开的信息外，公民、法人和其他组织还可以根据自身学习、科研、工作等特殊需要，以书面形式（包括数据电文形式）向学校申请获取相关信息。"

〔5〕《供电企业信息公开实施办法》第5条："供电企业信息公开的内容，分为主动公开的信息和依申请公开的信息。"

〔6〕《教育部关于推进中小学信息公开工作的意见》："……二、准确把握中小学信息公开工作的基本要求……要建立信息依申请公开工作机制……"

〔7〕《交通运输公共企事业单位信息公开指导意见》："……交通运输公共企事业单位应进一步建立健全各项工作制度，使信息公开各个方面、各个环节有规可依、有章可循。（一）主动公开和申请公开制度……建立健全主动公开和申请公开制度……"

划定了政府信息公开范围边界的决定性方式。虽然有部分国家同时采取了肯定式列举的方式,但这种列举更偏向于是一种对重要信息的强调。所以,即使不对肯定式列举进行规定,公民仍可对这些信息申请公开。故而,主动公开与依申请公开并非对公民是否可以行使申请权的划分。因此,与政府信息公开一致的权力信息公开,其申请公开显然并非《制定办法》所言的例外情形,而属于一般性的规定。

(二)知情权蕴含着申请权

将依申请公开方式作为一种例外规定,而不是普遍适用的方式,并不符合实质正义。这种例外规定的情形,实质上将依申请公开的方式交由制定规则的主管部门进行裁量,这些规定有的可能只是规范性文件,效力层级偏低。作为对国务院各部委、直属机构、各省级政府等行政机关具有约束力的内部文件,《制定办法》对公民不具有直接适用的外部效力,只有上述行政机关依据《制定办法》所制定的具体规定才具有外部适用的效力。若各主管部门在制定或修订后的相应规定中,并未单独就某信息规定依申请公开的方式,则意味着公民不具有申请公开的权利,从而将申请公开的方式完全排除在公共企事业单位信息公开制度之外。若只对某些信息规定依申请公开,是否意味着应当主动公开的信息若未赋予知情权主体申请公开的权利,在公共企事业单位并未主动公开时,公民就无法通过依申请的方式实现知情权呢?当各部门的具体规定尚未出台或修订时,公民对公共企事业单位提供公共服务信息的申请权也将处于不确定的状态。

将依申请公开方式作为主动公开方式的例外,实质上是未能关注到知情权与信息公开申请权之间的关系,未能发现知情权本身就蕴含了申请权。若忽视知情权作为权利的自身价值,只将它视为其他权利或目的实现的前提,则会呈现出一种工具性的价值,使公共企事业单位信息公开制度落入法律工具主义的窠臼。作为一项权利,“知情权具有可请求和可主张的积极权利属性”[1],所以向公共企事业单位请求

---

[1] 何生根:《知情权属性之学理研究》,载《法律科学(西北政法学院学报)》2005 年第 5 期。

信息公开的权利本就蕴含在知情权之中。虽然公共企事业单位信息公开需要根据相关法律、法规和国务院有关主管部门或者机构的规定执行，但并不代表没有具体的适用规定时可以剥夺行政法规所赋予的知情权，也不意味着公民申请公开的权利行使取决于该行政机关的规定。因为，若将依申请方式的公开作为一般规定之外的例外规定，意味着将申请信息公开的权利完全交由主管部门制定的细化规定加以安排，势必会导致知情权可主张的权利内容成为下位法的裁量事项，若是如此，则意味着知情权也被拖至下位法裁量的范围，最终出现对知情权的不当限缩。所以，从知情权的权利内涵来说，信息公开申请权是公共企事业单位信息公开所保障的一般性的权利，申请公开的程序也非例外的规定。

（三）成本与收益考量要求赋予公民申请权

制度安排需要考虑多种因素，其中的一项重要因素便是成本与收益的比较。就知情权而言，其实现的程度决定着知情权人的权益保障效果，实现程度越高，权益保障效果越强。其中，成本最低的情形是公共企事业单位自行遵守义务，主动对相关信息进行公开，无须知情权主体、行政机关、司法机关的介入，这样便可直接减少制度成本的消耗。

在知情权的实现出现障碍时，向公开主体请求公开是知情权应有的内涵。若知情权主体不具有申请信息公开的权利，则知情权的实现只能依赖义务主体的自觉以及救济程序的启动。作为公开主体，公共企事业单位具有天然的保密倾向，寄希望于自觉公开并不现实。若启动救济程序，无论是向行政机关申诉还是通过司法程序进行救济，比起直接向义务主体申请信息公开而言，会消耗大量的行政资源或司法资源。行政资源具有稀缺性的特征，[1]在消耗行政资源时要遵循节约与效益并重的原则。[2] 司法资源同样是稀缺的，“一个理性的社会应尽可能限制或减少不必要的诉讼，拓展替代性机制，以节约司法资源，应

〔1〕 参见蒋永甫：《行政资源与公共行政发展趋势》，载《学习论坛》2019年第6期。
〔2〕 参见刘志军、孟华：《论行政资源功能与持续性的实现》，载《学术论坛》1999年第5期。

对社会纠纷解决和治理的需求”[1]。所以，申诉或司法程序的介入，不应当作为知情权出现障碍时的首选解决方案，而是实现知情权的最后保障。而且，信息公开制度的一大特点在于，公民在寻求知情权保障时，其最终结果只是知晓相应的信息。知晓信息在大部分情形下不一定会为其带来经济上的收益，这便使知情权主体缺乏通过消耗一定经济与时间成本的申诉或诉讼行为来实现其权利的动力，知情权保障的制度目的就会落空。解决上述问题的最佳途径便是赋予知情权主体向公共企事业单位申请信息公开的权利，从而控制成本消耗与收益比例。申诉与司法救济作为最终的救济措施所具有的威慑作用，无须启动便能很好地促进知情权与申请权的实现。所以，申请公开的程序是公共企事业单位信息公开中的一般性程序，而非特别规定的程序。

二、申请与补正的内容

申请信息公开须向公开主体提交一定的材料，以便找到对应的信息并通过一定的渠道使申请人知晓。公开主体需对申请的材料进行初步的形式审查，若材料缺少相关内容，需给申请人补正的机会。申请所提交或补正的内容包括多个方面。

（一）个人基本信息

就权力信息而言，它与政府信息公开一样，对权力的监督并不会限制知情权人的身份。所以，申请公开所提供的个人基本信息是对申请人身份的确认，并不会对信息公开与否产生实质性影响。因而，个人信息的填写，并不意味着对申请人资格的要求，仅仅是为了实现公开主体“更准确、更迅速、更符合申请人需求地提供政府信息”[2]，或者是通过个人信息的填写实现“震慑作用和追责便利”[3]，防止知情权的滥

[1] 范愉：《司法资源供求失衡的悖论与对策——以小额诉讼为切入点》，载《法律适用》2011年第3期。

[2] 最高人民法院行政裁定书，(2017)最高法行申7093号。

[3] 赵宏：《从信息公开到信息保护：公法上信息权保护研究的风向流转与核心问题》，载《比较法研究》2017年第2期。

用。虽然服务信息公开是为了保护个体接受公共服务的相关权利,对其知情权的限制较权力信息公开更高,但在实践中,同一公共企事业单位可能既保有权力信息,也产生服务信息,两种信息存在交集。公开主体收到申请时,若无法直接判断该信息是何种信息,则需要进行后续的实质性审查才可以做出正确的判断。所以,两种信息公开对申请者个人的基本信息进行形式审查时具有一致性,否则会对申请公开造成一定的障碍,甚至可能为了拒绝公开权力信息,而对申请人适用服务信息公开的要求,使其成为不公开的借口。所以,对申请公开的个人基本信息而言,两者应相同,主要包括姓名(或名称)、证件号、联系方式等内容。

(二)需公开信息的基本描述

由于信息公开主体对申请人不负有对公开的信息或数据进行加工的义务,仅对其已存在或已处理完毕而形成的信息进行公开。鉴于公共企事业单位在提供公共服务过程中会形成诸多信息,若无一定的指向性,在海量信息中寻找到被申请的信息实非易事。然而,申请人正是因为不知晓具体信息才进行的申请,故而这种指向性的信息无须具体,只需对申请信息的特征进行一定的描述,便于信息检索即可,若是能够提供具体的信息名称或文号更好。

(三)公开方式的选择

为方便申请人接收信息,申请人可以选择适应自身需求的公开方式,如电子邮件、快递、电话等。公开方式选择及其相关信息的填写是公开主体能将信息有效传递至申请人的重要前提,若无此类信息,公开主体采取一般的公开方式,可能无法满足申请人的现实需求。因此,这类信息不仅是公开主体便民服务的体现,更是申请人对信息需求差异性的体现。

(四)其他信息

2019 年《政府信息公开条例》修订之后,对申请公开提交的申请事项只规定了个人基本信息、信息特征的描述以及公开方式、途径的选择,将之前的“三需要”的内容删除了。公共企事业单位的权力信息公开与政府信息公开一致,服务信息中强制性公开的内容,由于有明确的公开规定,也无须提供“三需要”的信息;但自愿公开的内容,是基于平等主体双方之间协商一致的结果,故而可要求提交一些其他的信息,以增加被申请主体公开的可能性,但这些信息并非所有申请材料中所必要的内容。

三、申请与补正的时间规定

一般情形下,权利的行使及其回应需在一定的时间内完成,如果不在一定时间内行使,很可能导致权利丧失或胜诉权消失。接收信息公开申请的主体,若不对补正提出的时间予以明确,则可能导致公开主体对补正程序的滥用,以规避公开时限的限制。同样,申请人也需在一定时间内提交补正材料,否则接收主体对申请程序无法终结。

(一)申请公开无时间限制

权利都有其存续或实现的时间限制,它以诉讼时效、起诉期限或除斥期间的形式出现,以便能够督促公民适时行使权利,[1]防止其在权利簿上睡觉。诉讼时效的规定在于对已形成的法律关系进行保护,[2]超过诉讼时效行使权利并不必然导致权利无法实现,此时取决于义务主体是否愿意继续履行,若不愿继续履行义务,且援引了诉讼时效的规定,则权利主体无法再实现该权利。除斥期间是“对权利人的权利行使环节施加的时间限制”[3],超出该时间仍未行使权利的,则权利消灭。诉讼时效一般以权利受到侵害或知道权利被侵害之时开始计算,除斥期间一般以知道或应当知道权利产生之日开始计算。

---

〔1〕 参见胡安潮:《诉讼时效与权利保护的冲突及思考》,载《北京理工大学学报(社会科学版)》2001年第2期。

〔2〕 参见朱晓喆:《诉讼时效制度的价值基础与规范表达——〈民法总则〉第九章评释》,载《中外法学》2017年第3期。

〔3〕 耿林:《论除斥期间》,载《中外法学》2016年第3期。

知情权同样存在实现的时间限制，即遵循诉讼时效或起诉期限的限制，如政府信息公开纠纷通过行政诉讼解决时，必须遵守《行政诉讼法》关于起诉期限的规定，但这并不意味着对信息公开申请权予以限制。从知情权的权利本身来说，它与其他权利的区别在于很难判断权利主体何时知晓或何时应当知晓该权利受到侵害。其他权利受到侵害时，一般情况下有实质性利益损失的表现，使权利主体能够明确感受到，如健康权受到侵害、债权未能得到及时偿还等，因而裁判者能够从客观现状中作出有效判断。知情权是想要知晓一定信息的权利，信息是否知晓虽能基于一定的行为得出客观判断，但如何判断公民在不知晓信息时其知情权是否受到侵害却属难题。因为该公民不知晓信息的原因，可能在于其对该信息根本没有需求，只能从其是否开始实施寻求知晓信息的行为作出判断，即是否提出了申请或信息更正的请求。在未实施该行为时，无法判断其知情权是否受到侵害，可能仅仅是其对该信息漠不关心，所以不存在超过诉讼时效的问题。

除了一般诉讼时效之外，还有最长诉讼时效。以民事诉讼为例，最长诉讼时效为 20 年。然而，这一最长诉讼时效难以适用于信息公开中的申请行为，无法以信息产生的时间计算最长期限，因为信息产生之时并不意味着知情权受到侵害之时。以现实中的案例来看，“陈某学、吴某令等诉瑞安市移民安置办公室信息公开案”[1]与“金某光诉义乌市人民政府国有资产监督管理委员会政府信息公开案”[2]中，原告申请的信息从产生之日至起诉时均已超过 20 年，法院并未援引最长诉讼时效的规定而不予受理或驳回起诉。原因在于，公民知情权的产生源于对信息知情需求的产生，无论知晓信息的目的是监督权力，还是为了实现自身的其他权利，必须以知情权的客体存在为前提，而客体的产生以其知情需求的出现为准。同一信息对同一个体，在不同时间所呈现的价值与内涵并不一致。即使 20 年以前的信息，对如今的部分个体同样

[1] 瑞安市人民法院行政判决书，(2017)浙 0381 行初 13 号。
[2] 义乌市人民法院行政裁定书，(2016)浙 0782 行初 231 号。

可能产生新的价值,甚至对此时的权力运行是否合法造成一定的影响;也可能对某些个体而言,没有任何价值,无所谓是否知晓该信息。所以,公民是否对信息产生需求是非常主观的状态,需从其是否提出申请公开的行为才能判断。因此,权利主体无论何时都可以对信息提出公开的申请,不以信息产生多久而设置时间上的限制条件。当然,公开申请的提出并不意味着一定可以获得信息,能否获得信息还需受制于公开范围、信息保管或存续时间等因素的限制。

(二)补正的时间要求

接收主体对申请材料的初步审查是形式审查,只需审查是否包含个人基本信息、信息的特征描述、公开方式或途径的选择等内容,以及这些信息是否较为明确与完善。鉴于这些信息都是简单的不需要进行复杂处理的信息,故而无论是接收主体提出补正要求,还是申请人进行补正的时间都不宜过长,参照《政府信息公开条例》对政府信息公开的规定,将其设置为7日较为适宜,以确保信息公开制度的统一性。

第二节 处理程序

收集到信息或接收申请之后,公共企事业单位便开始对其进行处理,主要包括信息的检索、判断信息是否属于公开范围、征求第三方意见、收费等内容。其中信息的检索是由公开主体按照申请材料中所提供的信息特征,在公共企事业单位信息或资料库内查找的过程,并不涉及对信息的加工,无须赘言。重要的是豁免公开信息的区分处理、征求第三方意见以及收费程序。

一、信息区分处理的限度

无论主动公开还是申请公开的信息,公开主体都要对信息的内容进行审查,判断其是否全部属于公开的范围。若属于服务信息强制公开的范围，或不包含权力信息豁免公开的内容，可直接公开。是否属于豁免公开的范围，可按前文所述的“三要素检测”标准进行判断，此处不再重复。然而，信息公开面临着现实与理想不能一一对应的难题，因为信息自身不可能按照可公开与不能公开的类型进行自我分流，豁免公开与应公开的内容可能完全共存于同一信息之中。若将此类信息都按照豁免公开信息进行处理，则有违全面公开的基本要求；若将其全部公开，有可能造成公共利益的损害。所以，应对这些信息进行区分处理，将不能公开的信息进行保密化，从而有利于将其中应公开的信息全面公开。

区分公开已成为信息公开的一项规则，但对该信息如何进行保密化处理并没有直接的法律依据，有必要对其进行一定的限制。否则，区分公开的规定会成为公开主体滥用保密措施的借口，随意进行部分信息的保密化，可能破坏信息载体的安全，导致信息的丢失，[1]有损公开行为的公信力，致使制度空转。[2] 具体的限制可从三方面展开：第一，进行保密处理的信息只能限定于特定范围内的信息，即不属于提供公共服务过程中形成的信息，以及法定豁免公开的信息。《政府信息公开条例》第55条将公共企事业单位公开的范围限定为提供公共服务过程中的信息，所以不是提供公共服务过程的信息当然可以保密处理。此外，就权力信息而言，否定式列举框定了公开的范围边界，非豁免公开范围内的信息必须全部公开；服务信息是以肯定式列举确定公开的范围，其否定式列举与意思自治范围的信息均可归属于豁免公开的范围，只是豁免的强制性程度不同。所以，保密处理不能超出此豁免范围，不能随意扩张保密的边界。第二，为避免信息原来的内涵失真，即使进行部分信息的保密化处理，也不能影响申请人对剩余信息的理解。公开并非仅为了将信息公之于众或告知某一个体，真正的目的在于信

---

〔1〕 参见梁艺：《信息公开中区分处理规则的适用分析与检讨》，载《中国行政管理》2021年第3期。

〔2〕 参见叶必丰：《具体行政行为框架下的政府信息公开——基于已有争议的观察》，载《中国法学》2009年第5期。

息所体现出来的内涵或价值能够被知情权人知晓,由此实现对权力的监督或权利的保障。若该限制性的要求不能得到落实,公开便只会流于形式,实质上却无法实现公开的目的。第三,不能对信息的意义或价值作扩张判断。虽然信息公开是为了实现对权力监督或对公民权利保障的目的,但公开主体不能将其作为是否可以公开的依据。有学者认为,区分处理后若剩余的信息属于毫无意义的信息,则不必再予以公开。[1] 然而,何为有意义的信息却属于主观性的判断,同一信息对不同个体的意义并不一致,公开的义务主体不能越俎代庖,强迫知情权主体接受其价值观或对是否有意义进行认定。

二、征求意见

一般对豁免公开的信息进行"三要素检测"即能判断出是否需要公开,但当涉及第三方主体商业秘密或个人信息时,需在检测之前启动征求意见的程序。第三方主体作为此类信息的所有者,具有一定的信息"自决权"。信息自决权产生于德国法,一般指向的是个人信息或个人隐私相关的信息,[2]多被认为是一种人格权,[3]但信息自决权的本质是信息所有权人在一定程度上决定其信息是否公开以及如何使用的权利,[4]这种掌控信息的权利同样可以适用于商业秘密的所有者。所以,征求第三方意见作为商业秘密与个人信息公开与否决定作出的前置程序必不可少,这是对第三方主体权益保障的必然要求,也是对"信息自决权"的尊重。

然而,个人无法完全按照自身的意志而随意行使权利,毕竟权利并

---

〔1〕 参见杨寅、韩磊:《政府信息公开中的可分割性原则及其司法运用——对赵某不服不予信息公开案的法律分析》,载《行政法学研究》2010 年第 1 期。

〔2〕 参见杨芳:《个人信息自决权理论及其检讨——兼论个人信息保护法之保护客体》,载《比较法研究》2015 年第 6 期;赵宏:《信息自决权在我国的保护现状及其立法趋势前瞻》,载《中国法律评论》2017 年第 1 期。

〔3〕 参见王郁琦:《资讯、电信与法律》,北京大学出版社 2006 年版,第 17 页;姚岳绒:《论信息自决权作为一项基本权利在我国的证成》,载《政治与法律》2012 年第 4 期。

〔4〕 参见甘绍平:《信息自决权的两个维度》,载《哲学研究》2019 年第 3 期。

不是绝对的,它内嵌于整个社会之中,[1]具有一定的边界,不能对他人的权利及公共利益造成不利的影响,[2]否则便会受到否定性的评价。“信息自决权”不具有例外的特权,也需受到其他权利的限制,尤其是公共利益的限制。所以,征求意见的结果并不意味着对最终公开与否决定的作出具有支配力。只有第三方主体同意公开,自愿放弃了自身的权益时,公共企事业单位才可以直接决定公开信息,当然,此公开决定不能影响其他公共利益的实现。当第三方主体不同意公开商业秘密或个人信息时,则需对相关利益进行综合衡量。

政府信息公开涉及的商业秘密不属于行政机关所有,而公共企事业单位信息公开所涉及的商业秘密,不仅会涉及第三方主体,还可能是公开主体自身所有。此时的公共企事业单位便具备了裁判员与运动员的双重角色,仅根据其对自身利益与公共利益的判断,不符合实质正义的要求。为了自身商业秘密不被披露,公共企事业单位难以作出客观公正的衡量,但当公开主体基于社会责任的承担,公开自身商业秘密的信息时并无不妥,也不存在公正性的疑问。然而,当其拒绝公开时,即使基于合法、合理、公平、公正的立场已然与其他利益进行了全面的比较与评价,但该拒绝公开决定的公正性仍会受到质疑,会导致申诉的泛滥。便民原则更是要求信息公开主体为申请人创造一切有利于获得信息的条件,不得增加其不必要的负担。[3] 所以,为了避免对公开决定的质疑,增加公民申诉的负担,拒绝公开自身商业秘密信息的决定不能直接由公开主体做出。公共事业单位应将信息按照“三要素检测”标准对相关利益进行衡量,在此基础上形成公开与否的初步结论之后,再交由主管行政机关评判,得出公开与否的最终结论。唯有如此,才能消解申请人对公开决定是否公正的质疑。

---

〔1〕 参见何志鹏:《权利基本理论:反思与构建》,北京大学出版社 2012 年版,第 34 页。

〔2〕 参见王利明:《民法典:国家治理体系现代化的保障》,载《中外法学》2020 年第 4 期;[德]康德:《法的形而上学原理——权利的科学》,沈叔平译,商务印书馆 1991 年版,第 41 页。

〔3〕 参见肖卫兵:《论便民原则在政府信息公开申请答复中的适用》,载《河北法学》2014 年第 4 期。

三、处理的期限

信息公开的及时性要求公开主体尽快将信息公开,这一要求不仅对申请公开有效,对主动公开同样适用。

(一)主动公开的处理期限

就权力信息公开而言,主动公开的处理期限可适用《政府信息公开条例》关于政府信息主动公开的时限要求,即公开主体必须在20个工作日之内对信息处理完毕,以该信息的形成或变更之日为起算点。若有其他法律、法规作出了特别规定,依照相应规定执行,如各级政府信息公开的年度报告等信息,规定在每年的特定时间公开即可。

服务信息公开则与权力信息公开不同,其主动公开的内容已经是全部强制公开的范围,且属于各行政主管部门依据行业自身的特点所规定的信息,一般情况下也需遵循此类信息的行业特征,限定在特定的时间内公开,而不能对所有的信息都规定相同的处理时限。比如,对各公共企事业单位公共服务价格的调整,一般情况下在价格信息变更之后就应当立即公开,或在价格正式变更之前的一定时间内予以公开。故而,具体的处理期限依各部门对不同信息的规定执行。

(二)申请公开的处理期限

就申请公开而言,公开主体若是能够当场给予答复,应当场答复,若是无法当场答复,则需限制在一定期限内进行答复。考察各国对政府信息公开的处理期限可知,没有一个期限可以适用于所有的国家,如美国规定了20日的处理期限,但是该期限的限制并不严格,而是为其延长设置了诸多情形,甚至可与申请人商议一定的期限;[1]荷兰规定一般情况下是2周;[2]日本则规定了30日的处理期限。[3] 故而,我国信息公开处理期限的规定,仍应立足于我国的现实情况。

---

〔1〕 See 5 U. S. C. § 552(a)(6).

〔2〕 参见《荷兰政府信息法》第6条。

〔3〕 参见《日本行政机关拥有信息公开法》第10条。

鉴于对信息的处理是依据申请人给出的信息特征描述，从接收主体自身的信息或资料库中进行检索，再对查找到的信息进行公开与否的判断与区分处理，并无其他特殊的因素或价值需要考虑。因此，公共企事业单位对信息公开申请的处理行为与政府信息公开不存在明显的差异，其处理期限可与《政府信息公开条例》的规定保持一致，即限定为20日。鉴于公共企事业单位可能没有固定的公开机构，人员也比行政机关少，可能在20日之内无法完成处理，应当允许适当地延长，但延长的期限需予以限制，应与该公共企事业单位信息处理能力相匹配，以防止公共企事业单位以人员、资金缺少为借口，无限延长公开期限。

申请公开处理期限的起算点以公开主体收到申请之日起计算，但并不是收到申请后的所有时间都计算在内，如公民对申请材料的补正、公开主体向第三方征求意见等情形出现时，这些时间不应计入处理期限。

四、申请公开的费用收取

收费程序是一个随着信息公开实践的发展而不断调整完善的、相对独立的程序，[1]我国政府信息公开甚至经历了最初对所有申请都“收取检索、复制、邮寄等成本费用”[2]，到如今只对滥用信息公开申请权的行为收费的发展过程。对公开的申请处理后，收费程序得以启动，其重要性不断凸显，暗含了公开主体对申请行为是权利的正常行使还是滥用的判断。这一程序的确立，对保障知情权的实现与信息公开制度的有序开展发挥了重要作用。正如政府信息公开申请中，行政机关依据申请的频次与数量进行评判，从而对两种申请行为在收费上做出区别对待，进而有效遏制恶意申请行为的出现。然而，《政府信息公开条例》与《制定办法》均未涉及公共企事业单位信息公开的收费问题。那么，此类信息公开是否需要收费？如果收费该怎样收费？是否

〔1〕 参见后向东：《信息公开法基础理论》，中国法制出版社2017年版，第213页。
〔2〕 参见《政府信息公开条例》(2008年版)第27条。

与政府信息公开的做法一样？还是要对权力信息与服务信息进行区分？

可以确定的是，只有权力信息公开才需对收费与否进行规定，服务信息公开无须规定。服务信息分为强制公开与自愿公开，强制公开的信息是加之于各公共企事业单位上的强制性义务，无须申请便应公开。若其不公开本就违反了强制性规定，要求其公开是使被破坏的权利义务关系回归到合法状态，故不存在收费问题。这种强制性公开的情况同样适用于权力信息中应主动公开的信息范围。自愿公开的服务信息是否收费则属于双方意思自治的范畴，故而也不属于法律应规定的事项。因此，收费事项仅限于权力信息中未被明确纳入主动公开范围的信息。

（一）信息公开收费的缘由

无论是行政机关还是公共企事业单位，实施一定的行为均会产生相应的成本，信息公开也不例外。无论是成立专门的信息公开机构，还是进行信息的收集、保管、检索等行为，都会产生一定的费用支出。若无外来资金支撑，这些成本的消耗都需由公开主体自行承担。一般情况下，无论何种物品或信息的使用，都遵循"谁使用，谁付费"的原则，所以，个体申请所引起的公开一般指向其自身，却因此消耗了代表公共利益的行政资源，故而因信息公开获益的申请人应当为此支付公开所产生的成本费用。[1] 这也是为何在《政府信息公开条例》修订之前曾规定政府信息的申请公开需向申请人收取"检索、复制、邮寄等成本费"的原因。

2019 年《政府信息公开条例》修订后，信息公开在一定范围内取消了对申请人的收费，是因为政府财政资金负担了正常申请信息公开所产生的各种费用。政府信息公开是为了监督行政权力的行使，提升政府的透明度，是关涉全体人民公共利益的制度，是公共行政的应有内

---

[1] 参见王军：《信息公开收费制度的立法完善》，载《上海政法学院学报（法治论丛）》2016 年第 2 期。

容。由此导致申请人自身相关利益的实现仅是该公开行为所产生的反射利益。国家机关的存在及运转是由财政负担的,政府信息公开亦应如此。所以,2019 年修订后的《政府信息公开条例》将申请人原本应承担的成本费用取消,将其纳入政府的财政支出,具有正当性;但是,从政府信息公开的实践角度来看,权利滥用频发,利用政府信息公开实现自身经济利益追求的"搭便车"现象不在少数,即使它仍可能具有监督行政权的效用。对于此类超出一定频次与数量范围的申请,由获益者承担部分公开的费用,也是实质正义的要求,避免财政资金被少部分人基于自身的利益追求而浪费,减少干扰行政管理职能运行的现象出现,确保信息公开的正常开展。

因此,从政府信息公开推至公共企事业单位,其是否应当收费需着重考察公开主体是否受财政资助以及申请者是否存在滥用信息公开申请权的行为。从我国公共企事业单位的现状来看,完全由财政负担的很少,所以无法与政府信息公开一样费用全免,其免费的范围应限于权力信息公开中受财政资助或行政机关委托后交付公物的部分。对于信息公开申请权滥用行为的惩罚性收费亦是必然。

(二)申请行为是否滥用的判断

权利概念的内涵经历了从个人本位向社会本位的发展,[1]由此确立了禁止权利滥用在法律体系中的重要地位,它在"扩大法律的涵盖面,减少法律上的漏洞"[2]等方面发挥着巨大作用。对申请公开行为的性质判断非常重要,若无法识别出申请行为是权利的滥用还是权利正常行使,可能导致"司法和执法的专断与腐败,阻碍权利人正常行使法定权利,而且不利于更好地保障他人权利和公共利益"[3],也无法像政府信息公开一样确定是否收取惩罚性的费用。所以,为了确定公共

---

〔1〕 参见梁慧星:《民法》,四川人民出版社 1988 年版,第 322 页。

〔2〕 钱玉林:《禁止权利滥用的法理分析》,载《现代法学》2002 年第 1 期。

〔3〕 刘权:《权利滥用、权利边界与比例原则——从〈民法典〉第 132 条切入》,载《法制与社会发展》2021 年第 3 期。

企事业单位信息公开的收费数额，必须先界定申请行为的性质，用以判断是否需要进行累进式的收费。

权利滥用是一个抽象的概念，很难具象化，如何识别权利的滥用是一个古老而又艰难的问题。学界对权利是否滥用的判断出现过一些争论，最初以权利是否符合诚实信用原则来认定权利滥用，[1]之后才逐渐认识权利滥用行为的认定具有独立的价值，将权利滥用从违反诚实信用原则的行为中剥离出来与违反诚实信用原则相并列，二者不再是从属关系。[2] 权利滥用的形态较为多样化，有学者概括了 19 种类型，[3]还有学者总结了已有的 9 种类型。[4] 彭诚信教授则认为对权利滥用的判断并无统一的标准，其中"权利外观"与"存在两项相互对立的利益"是其必要条件。除此之外，还需从"意思""行为""利益""权利目的"四个要素进行鉴别，且四种要素并不一定要全都满足才构成权利滥用。[5] 正因为从法理层面分析权利滥用的识别标准者属实太多，此处并无意再对其画蛇添足，只对在公共企事业单位信息公开申请的处理过程中权利滥用的具体判断情形予以分析。

权利滥用的主观状态是无法忽略的，其最初的判断标准便是故意损害的存在；[6]但是，主观故意的状态在现实中较难以评判，甚至无从判断，所以权利滥用的标准便"由主观主义向客观主义发展"[7]。对于信息公开申请权滥用的判断，仅从主观或客观单一角度进行分析得出的结论并不准确。从政府信息公开的规定来看，客观判断标准是对申请的数量与频次的考察。虽然超过一定数量与频次的申请很大概率构成权利滥用，但不能完全排除权利正常行使的可能。而主观目的的

---

〔1〕 参见[德]迪特尔·梅迪库斯：《德国民法总论》，邵建东译，法律出版社 2000 年版，第 114 页。
〔2〕 参见汪渊智：《论禁止权利滥用原则》，载《法学研究》1995 年第 5 期。
〔3〕 参见史尚宽：《民法总论》，中国政法大学出版社 2000 年版，第 718-732 页。
〔4〕 参见钱玉林：《禁止权利滥用的法理分析》，载《现代法学》2002 年第 1 期。
〔5〕 参见彭诚信：《论禁止权利滥用原则的法律适用》，载《中国法学》2018 年第 3 期。
〔6〕 参见汪渊智：《论禁止权利滥用原则》，载《法学研究》1995 年第 5 期。
〔7〕 汪渊智：《论禁止权利滥用原则》，载《法学研究》1995 年第 5 期。

发现一直以来都是法律实践中的难点，若每项信息公开申请都需进行主观目的的判断，则公共企事业单位将陷入目的探寻的泥淖，不仅影响正常的信息公开工作，甚至会导致公共服务的停顿、克减乃至终结。为避免公共服务与信息公开都陷入上述无序状态，徒然消耗大量人力、财力成本，公共企事业单位可能不得不倾向于认定申请人存在权利滥用，从而波及正常行使权利之人。因此，对于主观目的发现，需结合一定的客观事实进行印证，才能得出确切的结论。[1] 故公共企事业单位信息公开申请权的滥用与否，应结合客观事实与主观目的共同判断。

1. 申请公开的数量与频次超出一定范围

《政府信息公开条例》对滥用信息公开申请权的判断是基于客观事实的判断标准，规定申请公开的数量与频次超出明显合理的范围即可构成滥用申请权，但何为合理的范围仍是不确定的概念，在具体的细化规定尚未出台前，只能依靠行政机关的裁量来执行。国务院办公厅于2020年发布了《政府信息公开信息处理费管理办法》，该办法对合理范围作了量化的规定，将行政机关的裁量权压缩至零。该办法采用两种方式对不合理的范围进行认定，只要满足任一规定即可。第一种方式以一个自然月内申请信息公开的数量是否超过10件为准，且以“一事一申请”为原则，即一项申请中包含多个公开事项时，以公开事项计算；第二种方式则以申请公开的数量计算，单个公开申请所要公开的信息超过30页时，便属于超出合理范围，但只适用于以纸质件、电子邮件、电子数据等方式进行的公开。就客观事实判断标准而言，这种数量与频次的认定具有合理性，大量、多次申请信息公开的情况在我国屡见不鲜，有学者曾统计上海市某区3年内申请信息公开的数据发现，11个人的申请量便占据了全部的近1/3，其中一人达到了惊人的30.2%。[2] 无论政府信息公开还是公共企事业单位信息公开，申请权

[1] 参见周叔厚：《证据法论》，台北，三民书局2000年版，第22页；张明楷：《诈骗罪与金融诈骗罪研究》，清华大学出版社2006年版，第415页。

[2] 参见肖卫兵：《政府信息公开研究多维视角：流通、开放、实证》，中国政法大学出版社2019年版，第81-82页。

行使的客观表现具有一致性，以申请的数量与频次超出一定范围内的客观事实标准完全能够适用于后者。

具体的频次与数量是否与政府信息公开保持一致，还需国务院办公厅或各行政主管部门对现实情况进行调查之后确定。国务院办公厅并未说明单个自然月超过 10 件和单件公开事项超过 30 页标准的依据，"一刀切"的做法显然不具有合理性。而且，频次与数量是以申请人在一定时间内的申请行为为基础计算的，并未限定被申请对象是同一行政机关。行政系统是一个统一的科层制系统，申请人通过向不同的行政机关申请信息公开同样会对未被申请者造成压力，因而权利滥用者具体到单一的行政机关时，其频次可能并未达到每个月 10 件。而公共企事业单位并非统一的科层制系统，所以需单独评估之后才能确定具体的数值，不可直接使用政府信息公开所规定的 10 件或 30 页这一数值。

2. 申请信息公开的目的与申请的信息无关

仅以数量与频次进行判断虽然能够将权利滥用情形予以量化，方便公共企事业单位作出判断，但这种量化将权利滥用的判断彻底推向了形式化、客观化，以表象取代了实质性内涵，忽视了权利滥用的本质。政府信息公开的权利滥用只采取了客观事实评判的标准，未考察权利人的主观目的，缘由有二：其一，《政府信息公开条例》只规定了数量与频次的判断方式，下位法只能对此进行细化，不能再创设新的权利限制条件；其二，政府信息公开申请不问公民对信息的使用目的，也是造成只有客观事实标准的重要原因。基于对公权力的监督，信息公开申请的"三需要"条件在《政府信息公开条例》修订之后被删除是正确的，但无须对信息公开的目的审查是以权利被正常行使，处于合理范围之内为准。当该权利被滥用，超出合理边界范围时，却不能对其滥用的目的视而不见。

禁止权利滥用要求权利人在不损及他人或社会利益的情况下，追求自己的权利，或者两者之间处于一种利益衡平状态，这便需要对权利行使的后果作出判断，其目的考量不可或缺。2019 年的《政府信息公开条例》将申请信息公开的“三需要”前提删除了,[1]这是对正常行使信息公开申请权的有利修正;但是,当权利存在滥用的情形时,“三需要”或更多目的性评判就成了一项重要的识别手段。《政府信息公开条例》第35条规定,“申请人申请公开政府信息的数量、频次明显超过合理范围,行政机关可以要求申请人说明理由”,此处对理由的审查显然是对公民申请信息公开目的的考察。所以,对信息公开的目的判断并非意味着将“三需要”等目的回归到正常的申请之中,而是当该申请超出一定的频次和数量,可能涉及申请权的滥用时,才启动对“三需要”等目的的判断。当公民申请公共企事业单位信息公开所欲实现的目的与所要公开的信息之间并无实质性的关联,或者该信息公开根本无法实现其所欲达到的目的时,再结合其申请数量或频次超出合理范围的事实,便可直接得出权利滥用的结论。对目的的判断不能仅限于申请人说明的理由,还需结合公共企事业单位与该申请人之间产生的一系列法律关系予以综合认定。

因此,权利行使的频次及其标的数量只是其中的一项判断因素,是客观化的过滤系统,低于此数值的申请完全不应被认定为权利滥用,超过此频次或数量的申请也不能完全排除权利正常行使的可能,只能是有较大概率构成申请权的滥用,此时必须结合主观目的进行分析。

(三)正常申请公开行为的收费标准

申请政府信息公开是免费的,因其有国家财政的支撑,而大多数公共企事业单位并无此专项资金的支持,即便少部分企事业单位有财政补贴,但这些财政资金的拨付使用一般都限于提供公共服务的目的,较少涵盖到信息公开事项。何况,财政资金的拨付有差额与等额之分,多数公共企事业单位的财政资金并不能如行政机关一样充足,基本都是

[1] 《政府信息公开条例》(2008年版)第13条:“除本条例第九条、第十条、第十一条、第十二条规定的行政机关主动公开的政府信息外,公民、法人或者其他组织还可以根据自身生产、生活、科研等特殊需要,向国务院部门、地方各级人民政府及县级以上地方人民政府部门申请获取相关政府信息。”

靠自身经营实现收支平衡或略有盈余。无论是权力行使还是公共服务提供原本都是由行政机关承担,都具有公共的特性,政府财政都可以为两种信息公开提供财政上的支持;但行政机关基于各种考量将服务交由公共企事业单位完成,基于财政的有限性做出了不同的选择,未完全覆盖这些信息公开。所以,公共企事业单位信息公开不能与政府信息公开一样,完全免费,应当以该企事业单位的信息公开事项是否得到政府财政的支持为准,而不是以权力信息与服务信息的标准进行划分。从公开收费的缘由可知,政府信息公开从最初的收费到目前的免费,主要还是意识到了财政在其中扮演的重要角色,不应将行政机关本来行使职能的成本转嫁给申请人。

公共企事业单位的运行若完全由政府财政支持,并无其他资金来源,此时应当与政府信息公开一样,在一定范围内免费向申请人公开,超出相应频次与数量范围时,需按累进式标准收费。按这种标准收费的典例是事业单位性质的管委会,以及行政机关为完成一些项目而成立的事业单位或企业,如为实现拆迁事项而成立的拆迁项目部等。对于无政府财政支持的公共企事业单位的信息公开,若是免费,申请信息公开的成本将由公开主体自行承担,这显然与其在提供公共服务之外追求经济利益的目的不符。国内专门对信息公开支出与收费的实证研究尚处于空白阶段,仅有个别学者有所涉及。以上海市为例,在《政府信息公开条例》实施前后的2007年与2008年,政府信息公开的支出均超过了千万元。[1] 所以,在无财政专项资金支持的情况下,寄希望于公共企事业单位将自身所得的有限利润投入信息公开之中,并不现实,也不合理。这一做法的后果是,该项制度只存在于形式层面,实质上并不会得到有效的执行,甚至会逼退愿意提供公共服务的社会资本,导致民营化难以实现。

虽然,公共企事业单位在提供公共服务之外具有一定的经济利益

---

〔1〕 参见肖卫兵:《政府信息公开研究多维视角:流通、开放、实证》,中国政法大学出版社2019年版,第83页。

追求,但并不意味着其可以从信息公开事项上赚取利益,对申请公开应当如2008年的《政府信息公开条例》第27条第2款的规定一样,由申请者承担信息检索、复制、邮寄等成本费用即可,而不得收取其他的费用或从中牟利。只需保证信息公开事项得以正常运转,不会出现公共企事业单位自行承担大量费用的情形即可。当然,成本的覆盖应当将财政补贴计算在内。

(四)滥用信息公开申请权的收费标准

公民因法律的规定而享有权利,但法律"同时也告诫权利人权利应正当行使,否则将得到法律的否定性评价"[1]。对权利滥用的限制最早出现于罗马法,随后在民法领域得以发展,[2]再后来禁止权利滥用扩展至其他领域。我国《宪法》第51条正是禁止权利滥用在宪法层面的体现。[3]《民法典》第132条也对此有所规定,即"民事主体不得滥用民事权利损害国家利益、社会公共利益或者他人合法权益"。所以,作为权利谱系的一种,信息公开申请权的滥用情形也会受到否定性的评价。正常申请是权利的正确行使,不应对其附加过多的负担,否则会对权利的行使构成障碍。而滥用权利不仅是对自身权利的不负责任,还会对外部造成影响,促使公共企事业单位忙于应付信息公开的申请,减少对公共服务资源的投入,空耗社会资源。此时仅仅对申请者收取公开的成本费用显然不足以遏制这种现象的出现,需增加一定的"惩罚性"收费。

若在权利滥用的情形下,申请者的成本消耗始终是零或者与权利正常行使一致,则会促使其变本加厉地滥用信息公开申请权。因为无论是否滥用,其成本消耗均不会比正常情况付出更多,而不滥用的话,其他的法律关系将会维持现状,没有任何的利益增加。滥用权利之后,

---

[1] 钱玉林:《禁止权利滥用的法理分析》,载《现代法学》2002年第1期。

[2] 参见高慧铭:《论基本权利的滥用禁止》,载《清华法学》2015年第1期。

[3] 《宪法》第51条:"中华人民共和国公民在行使自由和权利的时候,不得损害国家的、社会的、集体的利益和其他公民的合法的自由和权利。"

却带来了其他的可能性,也许会引起其他法律关系的变化,进而带来收益。当滥用申请权比权利正常行使可能带来更多的收益却无须负担更多的成本时,作为一个理性的经济人必然会选择滥用。低成本甚至零成本,以及可能带来的高收益是信息公开申请权滥用的重要原因。理性经济人一般情况下会追求利益最大化,根据成本与收益的变动不断调整自身的行为,[1]在收益不确定的情况下,滥用权利的成本越高,理性经济人越不会采取突破权利边界的行为。所以,可以通过提高权利滥用的成本来抑制该行为的发生,即根据申请权被滥用的程度,收取不同程度的惩罚性费用,从而做到事前预防。这也是对权利滥用规制成本最小的手段,符合比例原则的要求。而且,政府信息公开申请权滥用的规制措施已经为公共企事业单位信息公开指明了方向,即规定超额累进方式的收费标准。

第三节　公开途径的选择

无论是否公开相关信息都须向申请人告知其决定,决定或公开的信息需经一定的途径送至申请人,故而送达程序是公共企事业单位信息公开的最后一步,也是公民是否能够有效知晓信息的最后一环。这一程序包含了两项重要内容,分别为公开途径的选择与送达的时限。"多数情况下,信息公开送达时限规则与诉讼程序法所确立的通行的送达时限规则是一致的"[2],所以,此处不对送达时限重复研究,主要关注公开途径的选择。若公开的途径不具有普遍性与及时性的特征,信息对公众的可及性较差,则很难实现真正的公开。

---

〔1〕 参见倪秋菊、倪星:《政府官员的"经济人"角色及其行为模式分析》,载《武汉大学学报(哲学社会科学版)》2004 年第 2 期。

〔2〕 后向东:《信息公开法基础理论》,中国法制出版社 2017 年版,第 217 页。

一、政府信息公开途径概览

《政府信息公开条例》只规定了政府信息公开的公开途径，未涉及公共企事业单位的信息公开，其中对主动公开与依申请公开做出了不同的规定。就主动公开而言，要求行政机关“建立健全政府信息发布机制”，并在第23~25条详细列举了政府信息多种多样的公开途径与场所，包含了强制性与自愿性相结合的公开途径。其中，强制性要求有政府公报、政府网站、互联网政务媒体、新闻发布会、报刊、广播、电视，场所包括国家档案馆、公共图书馆、政务服务场所等。行政机关可自行选择的公开途径或场所包括公共查阅室、资料索取点、信息公告栏、电子信息屏等。

政府信息依申请公开的送达途径更灵活，“应当根据申请人的要求及行政机关保存政府信息的实际情况，确定提供政府信息的具体形式；按照申请人要求的形式提供政府信息，可能危及政府信息载体安全或者公开成本过高的，可以通过电子数据以及其他适当形式提供，或者安排申请人查阅、抄录相关政府信息”[1]。具体的送达方式可见表5-1。

表5-1　政府信息公开途径

公开类型	公开途径		
主动公开	强制性要求	互联网途径	政府网站、互联网政务媒体
		传统媒体途径	政府公报、新闻发布会、报刊、广播、电视
		公共场所	国家档案馆、公共图书馆、政务服务场所
	非强制性要求	公共查阅室、资料索取点、信息公告栏、电子信息屏	

[1]《政府信息公开条例》第40条。

续表

公开类型	公开途径
依申请公开	原则上：按申请人要求方式公开； 例外情况：危及信息载体安全或者公开成本过高时，采用电子数据或其他方式公开，或由申请人查抄、摘录

二、制约信息公开途径选择的因素

虽然《政府信息公开条例》并未直接说明制约信息公开的因素有哪些，但从政府信息依申请公开的规定来看，影响公开途径选择的因素主要包括信息的保管方式、信息载体安全以及公开成本。

保管方式的选择与确保信息载体安全是实现信息客观存在而不丢失或损毁的重要手段，信息只有存在才具有公开的可能，方可实现权力监督以及申请人相应的利益诉求。若选择的公开途径与保管方式不协调，甚至影响公开主体对信息的保管或收集，不仅会增加成本支出，甚至会导致信息载体的安全性下降，最终造成信息灭失，使信息公开的最终愿望落空。信息公开的成本控制是制约公开途径选择的另一项重要因素。无论通过何种途径公开信息，都会产生一定的成本支出，虽然政府信息公开有财政资金的支撑，但并不意味着可以随意挥霍，当某一公开途径的成本明显过高或得不到有效控制时，这种公开途径的正当性便会受到质疑，甚至还会导致信息公开的质量大大降低。[1]

可以说，保管方式、载体安全以及成本控制都是比例原则在信息公开途径选择上的具体应用。比例原则要求公开途径的选择必须能够实现相应的目的，威胁信息载体安全以及有碍信息保管的公开途径显然不符合适当性原则的要求，因而被排除在外。狭义比例原则要求公开途径的选择与目的的达成合乎比例，所以公开途径的成本必须被控制

[1] 参见朱晓峰等：《基于公平偏好的微政务信息公开质量激励效率演化研究》，载《情报科学》2018 年第 5 期。

在一定的范围之内,才能保证不突破狭义比例原则。

三、公共企事业单位信息公开的途径

公共企事业单位信息公开途径的选择也应遵循比例原则,其中保管方式与载体安全的判断无法彻底分开,它们对个案的依赖性更强。就成本控制而言,虽然每项具体公开的信息存在一定差异,如《制定办法》第6条规定“应当根据实际情况灵活确定公开渠道,并对加强日常管理维护提出要求。在确定公开渠道时,应当坚持务实管用、因地因事制宜的原则,防止‘一刀切’”。所以,公共企事业单位信息公开的途径并非固定、统一的,应当根据企事业单位自身条件与性质等具体情况,选择适合自身的信息公开途径,这并不意味着无法对信息公开途径的选择进行研究,至少可以对不同种类的公开途径的成本进行定性分析,尤其是公共企事业单位与政府信息公开途径之间的对比。

(一)主动公开途径的选择

相对于政府信息公开而言,公共企事业单位信息公开的成本控制应当更为严格,因为政府信息公开可以选择的各种途径有庞大的国家财政资金支撑,公共企事业单位却没有,或者即使有也是有限的,大多数的公开成本必须由自己承担。《制定办法》第5条第2款规定“以开通热线电话或者网站互动交流平台、接受现场咨询等为主,注重与公共企事业单位客户服务热线、移动客户端等的融合,避免不当增加公共企事业单位负担”,从中也能够看出信息公开主管部门对信息公开成本的考量,意识到公共企事业单位信息公开无法做到政府信息公开的程度,若强行采纳政府信息公开的途径,必然无法承担如此大的送达成本。所以,公共企事业单位只能从中选取公开范围最广,同时成本也最低的途径。

信息传递的方式随着科技发展而不断更新换代,从最初的印刷技术促使纸质媒介的信息传递,到电子技术发展促使了广播、电视信息的传递,再到互联网信息技术的出现,实现了信息的网络传播。随着信息技术的普及,网络已为现代社会无法或缺,它在储存信息或实现信息公开方面有着无可比拟的优势,其覆盖面完全超过了传统的信息公开方式,公开的速度也大大超越之前所有的信息公开途径。更为重要的是,它还具有“低成本、易复制、便搜索、利交互、大储存”[1]的巨大优势。而且,随着科技发展使现代社会信息的传播不再局限于传统的新闻媒介,也不再仅仅是单纯文字与语言的方式,“信息接收终端日趋多元,传播生态日益丰富”[2],信息传播“朝向大众化、数字化、碎片化的趋势发展”[3],公民的生活方式与习惯发生了转变,其信息接收大部分来源于网络。所以,主动公开最方便、成本低廉、覆盖面最广的途径是通过公共企事业单位的官方网站公开。故而,互联网交流平台、移动客户端应成为公开的首选途径,但大数据时代的到来亦会加深“数字鸿沟”的问题。[4] 我国互联网的普及率仅有 75.6%,农村地区则更低,为 61.9%,[5]所以,仍有部分弱势群体无法获得上网的条件,或不具备网络搜寻、申请、操作的能力。因此,在公共企事业单位的办公或营业场所设置专门的公告栏或显示屏等传统公开途径也成为必要,以保障弱势群体知情权的实现。

(二)依申请公开途径的选择

在政府信息公开中,依申请公开一般情况下按照申请者要求的方式公开,但仍需顾及公开成本及信息载体的安全性。公共企事业单位的依申请公开则相反,多数情况下需要收取公开的成本费用。在收费

[1] 陈书华:《构建在互联网之上:建设新型主流媒体的必然选择》,载《新闻前哨》2021 年第 4 期。

[2] 洪杰文、丁世杰、杨非:《“互联网+”背景下受众的新闻信息接收行为研究》,载《新闻界》2016 年第 18 期。

[3] 王硕:《新媒体时代青少年信息接收现状探究》,载《青年记者》2017 年第 12 期。

[4] 参见乔睿:《5G 时代信息传播方式变革与信息生态风险对策》,载《当代传播》2021 年第 1 期。

[5] 参见国家统计局:《中华人民共和国 2022 年国民经济和社会发展统计公报》,国家统计局官网,http://www.stats.gov.cn/xxgk/sjfb/zxfb2020/202302/t20230228_1919001.html,最后访问日期 2023 年 8 月 26 日。

且告知申请者的前提下，只要申请者愿意承担其公开的成本费用，且该公开的途径不会危及信息载体的安全与保管，公共企事业单位都可以按照其要求的方式公开。公开途径的选择必须以存在相应的公开渠道为前提，例如，采用纸质文件邮寄的方式公开是以存在快递或邮政公司及邮递路线为前提。将公共服务交给公共企事业单位承担所看中的正是其能够有效降低成本并提高服务效率，[1]若无专门的公开渠道，要求公共企事业单位为单一的信息公开申请建立专门的渠道，不符合公共服务供给对成本与效率的考量及公共企事业单位自身发展的要求，也不符合比例原则的要求。

此外，各公共企事业单位应当设置默认的公开途径，并明确告知申请人如未选择获取信息的方式，将会采取何种默认的方式公开。所以，需在信息公开的申请材料上要求申请人留下电子邮箱或电话，也可以是住址，当申请者未明确选择公开的途径时，便可以通过网络邮箱、电话或邮寄的方式送达。如“杨某平诉中国移动通信集团广东有限公司惠州分公司信息公开案”[2]中，被告是通过电话进行的口头公开回复，法院认为被告“本身非政府机关而是营利性的企业单位，其从便利性、经济性角度”出发，此种回复方式并无不妥，无须像政府信息公开一样有严格的要求。正因为便利性与经济性的考虑，传统的现场口头公开方式亦不可或缺，这种公开方式的前提是申请人于公共企事业单位场所进行现场申请，即《制定办法》中所规定的公共企事业单位“接受现场咨询”。口头公开方式无须任何媒介的介入，能有效降低成本，亦可使申请人当场、及时获得信息，无须长时间等待，有利于提升申请人获知信息的便利性，但此种公开方式只限于服务信息，而不能适用于权力信息。毕竟后者与政府信息公开类似，如果缺少必要的形式，不便于形成对其行为的监督。

[1] 参见蒋大兴：《国企为何需要行政化的治理——一种被忽略的效率性解释》，载《现代法学》2014年第5期。

[2] 惠州市中级人民法院行政判决书，(2017)粤13行终191号。

本章小结

本章主要对公共企事业单位信息公开应遵循的程序进行了深入研究。程序正义对信息公开实体正义的实现发挥着重要作用,它“开始于高度不确定状态,但其结果却使参加者难以抵制,形成一种高度确定化的效应”[1],保障公开的有序进行。信息公开按其流程划分可分为申请与补正、处理、送达三大程序,无论主动公开还是依申请公开,都不会偏出这三大程序范围。

由于《制定办法》将申请公开作为公共企事业单位信息公开的例外规定,所以,首先需明确申请公开是否真的是对特定信息的例外程序,还是一项针对所有信息公开的一般程序。从公共企事业单位信息公开与政府信息公开的关系、知情权的内涵以及成本与收益的考量出发,申请公开并非例外规定,故而此程序适用于所有类型的信息,而非特定信息。申请所提交或补正的信息包括个人基本信息、申请公开信息的基本描述、公开方式的选择。非强制公开的服务信息是否公开属于意思自治的范围,申请人请求公开此类信息时,亦可提供其他的信息以增加公开的可能性。基于知情权的特殊性,公民是否对某信息产生知情的需求是随时间、空间、外部环境而变化的,故而难以判断某一个体对具体信息的知情需求何时产生,导致其知情权是否被侵害难以发现。一般以公民提出公开申请之时作为判断的标准,故而就何时提出申请便不应设置时间的限制,但作出补正要求的决定及申请人进行补正的时间一般不得超过7天,因为对申请材料的审查是一种形式审查,不必给予更长的时间,且可与政府信息公开保持一致。

处理程序包括对信息是否属于公开范围的甄别以及区分处理,征

---

[1] 季卫东:《法律程序的意义——对中国法制建设的另一种思考》,载《中国社会科学》1993年第1期。

求商业秘密及个人信息所有者是否公开的意见，以及信息公开的收费。鉴于公开全面性的要求，应当对同一信息中能够公开与不能公开的部分进行区分处理，但该区分处理必须保持在一定的限度范围内。第一，进行保密处理的信息只限于法定豁免公开的信息以及不属于提供公共服务过程中形成的信息；第二，不能影响到申请人对剩余信息的理解；第三，不能扩张对信息意义或价值的判断。基于对商业秘密及个人信息的保护，此类信息公开时，需征求信息所有者的意见，体现对其“信息自决权”的尊重。若被征求意见者同意公开，只要不影响其他公共利益便可直接公开，若被征求意见者不同意公开，则需对公开所代表的公共利益与保密所代表的私益进行综合衡量后，再作出公开与否的决定；但是，当该商业秘密属于被申请公开的主体自身所有时，为避免拒绝公开决定的公正性受到质疑，防止申诉的不当适用，应在公开主体衡量之后，再征求行政机关的意见，才能作出最终的决定。主动公开与申请公开的处理期限均为 20 日，前者以信息形成或变更之日起算，后者以收到申请之日起算，但应当将补正、征求意见等程序所需时间排除。此外，还需评价此次信息公开的处理是否收费，如何收费。首先，对于应主动公开的信息，若公开主体未能很好履行该项义务，则申请公开不予收费。其次，对于未列为强制公开的服务信息，公共企事业单位收费与否属于意思自治范畴，由公开主体与申请者自行协商。只有未列为主动公开范围的权力信息公开，才需对收费问题予以明确。信息公开收费与否，主要依据公共企事业单位信息公开有无专项财政资金的支持。若信息公开费用全部由财政负担，则信息公开收费的情形可与政府信息公开一致，若没有财政补贴或补贴不足，则不能免费。因为信息公开事项需要大量的经济支撑，公共企事业单位不具有将其收益投入信息公开中的动力，如不收费，只会导致信息公开流于形式，但收费也不意味着可以从中牟取利益，需将收费限定于信息搜索、处理、公开所支出的成本范围。可是，若仅以成本收取费用，又不足以消除申请人滥用信息公开申请权的现象，故而须区分对待，对滥用者增收一定的“惩罚性”费用，即采取累进式的收费方式。

公共企事业单位信息公开因缺乏财政支持,其信息公开的途径无法与政府信息公开保持一致。主动公开的途径应首选互联网交流平台、移动客户端,因为此种方式的公开覆盖范围广、速度快、成本低廉。为实现对未通网络地区或不具备上网能力的弱势群体的保护,通过营业或办公场所公告栏、显示屏进行公开等传统公开途径亦不可少。申请公开在一般情况下属于收费项目,不似政府信息公开那样免费,所以在不影响信息载体安全与保管方式的情形下,可以按照申请人要求的方式公开,前提是该途径的公开具有可能性。还需设置默认的公开途径,并告知申请人,以便其申请时即使未指定公开途径,也不妨碍公开效果。此种默认途径以电子邮件、电话以及邮寄的方式为宜。此外,公民现场申请公开服务信息时,考虑到公开的经济性与便利性,可以采取口头告知方式送达信息。

第六章

公共企事业单位信息公开的权利救济

困扰法院审判的两个问题是信息公开所致纠纷法院能否介入及责任如何认定等。要实现公共企事业单位信息公开的平稳运行，必须有一定的外部约束，保证法律责任的落实。学界对此很少关注，在此前的司法实践中，对于法院能否介入公共企事业单位信息公开所致纠纷的解决，法院并未明确回应，而《政府信息公开条例》修订后，法院开始倾向于将其推向申诉。现代法治理念强调"有权利必有救济"，而救济的最后一道屏障一般是司法救济。由于公共企事业单位的信息公开事项是由行政法规规定的，且最初是参照政府信息公开执行的，所以其权利受损的司法救济路径趋向于行政诉讼；但是，在我国的行政诉讼制度中，并不是任何主体都有资格成为被告。根据《行政诉讼法》的规定，只有行政机关，法律、法规和规章授权的组织才具有行政诉讼被告的资格，若没有授权，公共企事业单位显然不在此范围之内。而且，《行政诉讼法》对受案范围也作了明确规定，并不涵盖公共企事业单位信息公开。因而，单从规范层面来看，公共企事业单位信息公开已被排除在行政诉讼的救济大门之外。所以，在 2019 年《政府信息公开条例》修订之前，公共企事业单位信息公开领域似乎成了"有权利必有救济"这一理念适用的真空地带。也许是受到司法救济所面临的各种障碍的影响，2019 年对《政府信息公开条例》的修订，增加了公共企事业单位信息公开纠纷解决的申诉条款，似乎为其避开司法救济留下了想象空间。

即便在如此情形下，公共企事业单位信息公开的权利救济问题仍未引起学界关注。部分学者只是在相关研究中肯定了该条款对解决纠纷的重要价值，却并未研究如何适用的问题，依然将目光聚焦于“参照”到“依照”的改变会带来何种影响。

研究公共企事业单位信息公开纠纷的解决机制，首先应当对申诉条款予以回应，明确其具体如何适用；同时，司法救济能否介入以及如何介入的问题亦不可回避。不可否认的是，在将公共企事业单位当作一个整体对待时，行政复议与行政诉讼存在介入的障碍；但是，当权力信息依照《政府信息公开条例》公开时，公共企事业单位与行政机关，法律、法规授权组织具有了同质性，此时是否存在行政复议与行政诉讼适用的可能性均需拨开迷雾。服务信息虽然不具备行政诉讼程序的适用空间，但其他司法程序能否介入亦需考量。

第一节 申诉条款的适用

根据《政府信息公开条例》第 55 条第 2 款的规定，公共企事业单位未按要求公开信息时，“公民、法人或者其他组织可以向有关主管部门或者机构申诉，接受申诉的部门或者机构应当及时调查处理并将处理结果告知申诉人”。申诉制度在我国的法律制度体系中处于边缘地位，不仅没有专门的法律规范对其进行规定，学界也没有足够的关注。通过知网以“申诉”为关键词或主题搜索，出现的大多是关于刑事申诉的文献，以至于它几乎成为刑事申诉的代名词，很少有非诉讼程序中的申诉制度研究，导致其在实践中沦为与信访制度功能相当、缺乏独立价值的制度。所以，申诉在公共企事业单位信息公开的纠纷解决中究竟扮演着什么样的角色以及如何具体适用等问题，亟须理论供给。

一、申诉的功能定位

在行政申诉发展的早期阶段，受理案件的主体是行政机关，受案范围也都“指向行政机关的不良行为”[1],结果便是将其等同于行政复议制度。[2] 虽然之后的理论发展将申诉与复议予以区分,但目前在实践中仍存在行政申诉“是行政复议制度的延续和扩展,是行政复议制度的补充”[3]的观点,这一理念也延续到了信息公开的申诉。在“谢某录诉南阳市人民政府行政复议案”[4]中,谢某录因向第三人国网河南省电力公司南阳供电公司申请信息公开而发生纠纷,遂向南阳市人民政府寻求救济,但混淆了申诉与复议两种制度,采取的是行政复议而非申诉,所以二审法院对其进行了阐释。若将申诉等同于行政复议或作为行政复议的延伸,《政府信息公开条例》的规定便具有了将公共企事业单位界定为行政机关的功效,其结果便是公共企事业单位信息公开的纠纷适用行政复议与行政诉讼的相关规定不再具有障碍,而这恰恰又与申诉制度引入的缘由相违背,导致其正当性受到质疑。因此,申诉是一项立于行政复议之外的、具有独立价值的制度,但该制度的功能是监督还是权利救济并未明晰。

(一)行政申诉功能的演变

1. 权力监督功能

在规范层面,申诉权由《宪法》第 41 条第 1 款所确立,它赋予公民“对于任何国家机关和国家工作人员的违法失职行为,有向有关国家机关提出申诉、控告或者检举的权利”。因此,申诉权是一项宪法性权利,是一种监督国家机关或国家工作人员的政治性权利。[5] 基于《宪法》规定,以申诉所涉司法机关与行政机关的不同,“可将申诉制度分为司法申诉制度与行政申诉制度两种”[6],“即诉讼上的申诉和非诉

---

〔1〕 申艳红:《社会危机防治行政法律规制研究》,武汉大学出版社 2013 年版,第 260 页。
〔2〕 参见王莉:《行政视野中公民申诉权保障问题研究》,载《江西社会科学》2005 年第 8 期。
〔3〕 彭君、王小红:《作为基本权利的申诉权及其完善》,载《法律适用》2013 年第 11 期。
〔4〕 河南省高级人民法院行政判决书,(2020)豫行终 1455 号。
〔5〕 参见黄明东主编:《教育政策与法律》,武汉大学出版社 2007 年版,第 368-369 页。
〔6〕 袁兵喜:《我国行政申诉制度的构建及完善》,载《河北法学》2010 年第 10 期。

讼上的申诉”[1]。在司法申诉制度中，以最为重要且典型的刑事申诉为例，它是一种诉讼权利但不是诉权，是请求司法机关对其认为错误的审判进行再次审理的申请权，[2]是为启动再审提供信息的程序，但并不必然导致再审程序的启动。公共企事业单位信息公开的申诉是向行政机关提起的，所以，应重点关注行政申诉的性质及其功能。从《宪法》第41条的条文可以看出，对国家机关或其工作人员违法失职行为的申诉，更多地体现的是一种监督功能，蕴含了立法者对申诉制度权力监督效用的期待。

2. 权利救济功能

在之后的发展过程中，行政申诉不仅脱离了行政复议的束缚，其适用范围也得以扩大，不再将监督对象或申诉的内容限于“国家机关和国家工作人员的违法失职行为”，而是逐渐扩张到了一些具有公共性质的组织。由此开始，申诉的权利救济功能凸显，逐渐成为该项制度的主要功能。当时的公共性质的组织基本都属于“特别权力关系”领域，尤以公务员与行政机关、师生与学校的关系最为典型。此时，行政申诉虽然脱离了行政复议而具有了自身价值，但仅仅是形式上的剥离。因为，在这些特别权力关系领域，遭受权力侵害者无法通过正常的司法程序或行政复议途径实现了对自身权利的救济，其权利处于不设防状态，“特别权力”极易被滥用，这与“有权利必有救济”的理念与原则相左，因而有必要扩展申诉功能的适用领域，以便诸如教师及学生等特别权力关系主体可通过行使申诉权来实现权利救济。更有学者认为，“行政申诉属于公务员申诉”，应该“是行政机关的公务员不服所在行政机关对他作出的行政处分或其他人事处理决定时，依法……提出申请……对行政处分或其他人事处理决定的正确性进行审查的制度”[3]。虽然这一观点找寻到了行政申诉独立于行政复议与信访存在

[1] 申艳红：《社会危机防治行政法律规制研究》，武汉大学出版社2013年版，第259页。
[2] 参见张建伟：《刑事申诉的重新定位及其诉讼化难题》，载《吉林大学社会科学学报》2020年第4期。
[3] 杨登峰主编：《行政法与行政诉讼法》，武汉大学出版社2010年版，第271页。

的意义与价值，但将其适用范围过于限缩在了公务员领域。

之后，基于申诉的救济功能，这一制度终于突破公共性质，不再局限于行政争议或“特别权力关系”领域，而是被应用于私法之中，如《产品质量法》《老年人权益保障法》等法律规范将申诉制度拓展至消费者与老年人权益保障的平等民事关系领域，[1]成为民事关系主体之间解决纠纷、实现权利的重要手段。

（二）承担权利救济功能的信息公开申诉制度

在法律规范中增加申诉条款以应对权利救济的空白是我国立法上一直以来的通行做法，它是弥补我国行政权力以及“特别权力”关系中救济措施不足的重要制度，[2]《政府信息公开条例》在公共企事业单位信息公开中沿用了这种传统做法。申诉制度的控权目的与行政诉讼相比虽有云泥之别，但不能彻底否定其所具有的对权力监督的功能。行政申诉“不断向公共服务行业和非公权力机构扩展，加强了社会监督和消费者权益保护，提高了相关行业和企业的社会责任和法治化程度，实现了公共治理在公私领域中的不断融合”[3]。在面向公共企事业单位信息公开时，申诉不仅意味着对申请人知情权受到侵害之后提供救济，同时包含了对义务主体公开“权力”的监督，实现了控权目的，防止信息公开的“权力”被滥用。从行使申诉权的实践角度来看，几乎不存在纯粹因监督权力行使而启动申诉的情形，它与行政复议以及行政诉讼一样，虽然蕴含了权利救济与权力监督的双重功能，但受案范围仅限于权利受侵害的事项。

虽然公共企事业单位的信息由权力信息与服务信息构成，两种信息遵循不同的公开路径，但并不会导致申诉适用的不同。聚焦于申诉的本质，可以发现不管是哪种性质的申诉，最终的目的都是诉诸相关机关解决纠纷当事人之间的争议。申诉的“处理结果不限于撤销或纠正

---

[1] 参见《产品质量法》第22条，《老年人权益保障法》第73条。

[2] 参见申艳红：《社会危机防治行政法律规制研究》，武汉大学出版社2013年版，第261页。

[3] 范愉：《申诉机制的救济功能与信访制度改革》，载《中国法学》2014年第4期。

不当行政行为,更重要的是对申诉人的合理诉求进行救济……当代申诉机制在承担监督功能的同时,救济功能不断加强,逐渐发展成为一种便利、灵活和有效的解纷机制"[1]。作为公民解决争议、保障权利的救济渠道,申诉与诉讼、复议具有相同的权利救济功能,监督已不再是其主要功能。它的本质是"公民不服一定的公共组织的处理或不利处分决定而向特定公共组织申述理由,要求重新作出公正处理的权利,目的就是保护个人自身的正当权利,矫正非正义,实现社会正义"[2]。从解决纠纷的目的来看,行政机关都是"以事实为依据,以法律为准绳"对提出申诉的公民作出公正处理,目前的规范也并未对申诉作出明确的适用区分与限制。所以,在公共企事业单位信息公开领域,申诉制度的适用无须对权力信息与服务信息过多区分,只要该项制度能够为公民提供权利救济即可。虽然权力信息公开是为了实现对权力的监督,但其知情权已客观化,对客观化的知情权的保障与救济,完全能够实现权力监督的功能,故而不必特别强调申诉对权力信息公开的监督功能。

二、申诉权行使的条件

(一)申诉权行使条件的规范疏漏

《政府信息公开条例》虽然为化解公共企事业单位信息公开权利救济的混乱状态做出了努力,将其统一为申诉,但是,当进一步聚焦于法律条文,却发现该申诉条款并不能如立法者所设想的那样提供明确的救济。根据该条例第 55 条第 2 款规定,只有"公共企事业单位未依照相关法律、法规和国务院有关主管部门或者机构的规定公开……信息",才能申诉。因此,在这一制度体系下,符合申诉构成要件的规定权交给了相关法律、法规以及国务院有关主管部门或机构。然而,2019年《政府信息公开条例》修订后,仅寥寥几部有关公共企事业单位信息公开的细化办法出台或修订,尚未覆盖至所有的公共企事业单位领域,

[1] 范愉:《申诉机制的救济功能与信访制度改革》,载《中国法学》2014 年第 4 期。
[2] 范履冰、阮李全:《论学生申诉权》,载《高等教育研究》2006 年第 4 期。

若是如此，是否意味着在未出台规定的领域内，申诉适用的前提不存在？

其实，明确了申诉对信息公开争议的权利救济功能，其保障公民知情权的作用便水到渠成。只要权利人认为自身的知情权未得到满足，便可以通过申诉来实现对信息公开的重新处理。《政府信息公开条例》第55条第2款并非要求各类规范均对申诉的具体应用情形予以规定，而是要求明确知情权的范围，当在此范围内的知情权受到侵犯时，便可以进行申诉。所以，公共企事业单位信息公开的申诉制度无须同服务信息那样，由不同行业领域内的行政机关依据其专业性予以规定，而完全可以与行政复议及行政诉讼一样，统一规定。即使如此，《政府信息公开条例》也并未对其予以明确。

（二）立足于权利救济功能的行使条件

仅以规定的有无来判断申诉权是否可以行使无法实现对权利的全面救济，甚至对公民权利救济的功能可能不如未增设申诉条款时。因而，不能以有无相关规定为前提，需从申诉制度本质及公共企事业单位信息公开的目的出发，确立申诉行使的要件。

1. 申诉权人已向公共企事业单位提出过申请

申诉有“进一步告诉”的字面意思，[1]意味着在向行政机关申诉之前，申诉人已就其权利与相关主体产生了一定的交流，即在此前已经对其权利的实现做出过努力。对申诉概念的众多界定虽然各有差异，但其中最基本的内涵却是一致的，即被申诉对象在处理权利人相关事项时，无法满足权利人的要求或对其造成权益侵害之后，申诉人寻求主管机关进行复查、重新处理的活动。[2]

这便将其与投诉、举报完全区分开来，后两者无须权利人对其权利的实现已做出过努力，只要受到侵害，哪怕损害跟自身无关，均可直接

〔1〕 参见张建伟：《刑事申诉的重新定位及其诉讼化难题》，载《吉林大学社会科学学报》2020年第4期。

〔2〕 参见潘世钦、刘小干、颜三忠主编：《教育法学》，武汉大学出版社2010年版，第287页。

行使投诉、举报的权利。聚焦到公共企事业单位的信息公开,申诉意味着权利人已经实施了申请信息公开的行为。对于主动公开的信息,若公共企事业单位未按规定公开或公开了错误的信息,权利人不能直接向行政机关申诉,而是应当先就该信息向公开主体提出申请或者要求其修正,只有未按其要求公开或修正错误信息时,权利人才可以行使申诉权。对于主动公开的信息,若公民也享有投诉、举报的权利,则意味着在公共企事业单位对应主动公开的信息未予公开时,公民无须向其主张知情权便可直接向行政机关投诉、举报。所以,申诉与政府信息公开行政诉讼的处理方式具有一致性,一旦政府主动公开的信息事项侵犯了公民的知情权,公民需先向行政机关提出更正的申请,否则法院对此不予受理。

2. 向公共企事业单位提出的申请是关于信息公开的事项

申诉虽要求权利人在此前已向公共企事业单位提出申请,但并非所有的申请都会引起申诉,它必须限于法律规范已规定了申诉权的事项。在2019年之前,《政府信息公开条例》未赋予公民就信息公开事项的申诉权利,因而不具有申诉的可能性,直到2019年修订之后公民才拥有了申诉权。然而,任何双方主体之间的联系并不是单一的,公共企事业单位与知情权人之间不仅因信息公开发生关联,可能还有因公共服务供给而产生的关系以及非公共服务的合同关系,甚至还有雇佣、内部管理等特殊关系。在其他的法律关系中,接受公共服务的公民、被雇佣的劳动者都可能被法律赋予了一定的申诉权,如高校学生以及老师可因与学校的管理关系发生纠纷而申诉,消费者因公共服务的产品质量问题而申诉等。这些接受申诉的主体与信息公开中接受申诉的行政机关可能不一致,即使一致,也不能以其他纠纷的存在而承认其信息公开申诉的正当性,每种申诉提出的"必须是法所预定的对象"[1]。因而在公共企事业单位信息公开中申诉权行使的前提,只能是两者之间信息公开所产生的纠纷,而不是其他法律关系所引起的纠纷。虽然

---

〔1〕 [日]盐野宏:《行政法》,杨建顺译,法律出版社1999年版,第265页。

信息公开是因公共服务这一基础关系所产生的，但并不意味着基础关系可以代替次生关系。信息公开已具有独立价值，否则会将公共服务供给关系中产生的纠纷导向信息公开制度，引发信息公开申请权、申诉权等一系列权利的滥用。

3. 知情权受到侵害或可能受到侵害

已就信息公开事项向公共企事业单位提出过申请，并不必然导致申诉的启动。当公民的申请已得到企事业单位的满意答复或已完成了对错误信息的更正，知情权已完全实现时，再进行申诉行为显然不具有正当性，也无法得到行政机关的支持。申诉对于公共企事业单位信息公开而言，其目的在于对公民知情权被侵害之后提供救济。所以，其构成要件之一或者说适用的前提，便是公民在信息公开活动中的知情权受到侵害，而这种侵害并非要求必须实际发生，只需公民认为自身的知情权受到侵害即可，即公民就信息公开未得到企事业单位的回复，或者回复无法使其满意。当申诉人的知情权没有受到侵害的表观时，申诉权便无法行使。

4. 需在纠纷发生后的一定时间内提出

申诉是否需要在特定的时间内提出才具有效力？一般情况下，提出申诉没有严格的时限要求，只有发生少数因时间原因影响申诉人重要实体权利实现或公共利益的情形，才会规定具体的申诉时间限制。如选举制度中，应在选民名单公布之日起 5 日内提出申诉，如不在此时间内申诉，选举不会因此而停止。在选举结束后，若再允许其提出申诉，将会对已形成的选举结果造成影响，甚至可能导致重新选举，耗费大量成本。从现有关于行政申诉的法律规范来看，除选举制度的申诉之外，基本上未直接规定提出申诉的时间，只规定了行政机关必须在一定时间内作出处理决定。如此安排的原因在于，申诉是公民向申诉处理机关告知自己权利已受损害的事实陈述，公民一般不会对其权利受到侵害的情形视而不见，总会在尽可能快的时间内行使申诉权，且是否行使一般也不会影响行政机关的正常工作。只有当超出一定时间行使申诉权会对被申诉人以及行政机关处理申诉造成障碍或使成本无端增加时,才会对其行使附加一定的时间要求。

在信息公开领域,信息具有一定的时效性,公开的义务主体因信息保存的时间越长承担的费用越高,既可能会定期销毁或删除相关信息,也有可能基于法律的规定而转移或提交信息给相关机关,导致申诉的目的无法实现。此时若是允许提出申诉,将使公共资源空耗,在此情形下,需对申诉提出的时间作出一定限制。具体限制条件可参照行政诉讼的起诉期限。

三、申诉受理主体的确定

目前已有的各种申诉规定,无论是针对行政争议还是民事纠纷提出的申诉,都明确了申诉的受理部门,即使法律层面未作规定,其下位法也都予以了明确,如“对于公布的选民名单有不同意见的,可以在选民名单公布之日起五日内向选举委员会提出申诉”[1],“向市场监督管理部门及有关部门申诉,接受申诉的部门应当负责处理”[2],“可以向学校所在地省级教育行政部门提出书面申诉”[3],“本办法所称申诉受理机构,是指工业和信息化部电信用户申诉受理中心和省、自治区、直辖市电信用户申诉受理机构”[4]等。然而,公共企事业单位信息公开的申诉条款只规定了受理申诉的是主管部门,并未细化是哪一具体主管部门。如此规定的缘由可能在于当时对公共企事业单位信息该如何公开尚未明朗,而且公共企事业单位存在不同的行业领域之分,无法彻底明确具体的申诉受理部门;但是,在政府信息公开领域的主管部门似乎不止一个,也不是传统业务上条块划分的两种。《政府信息公开条例》第 3 条规定,“……国务院办公厅是全国政府信息公开工作的主管部门……县级以上地方人民政府办公厅(室)是本行政区域的政府信息公开工作主管部门……实行垂直领导的部门的办公厅(室)主

[1] 《全国人民代表大会和地方各级人民代表大会选举法》第 29 条。
[2] 《产品质量法》第 22 条。
[3] 《普通高等学校学生管理规定》第 62 条第 1 款。
[4] 《电信用户申诉处理办法》第 3 条第 2 款。

管本系统的政府信息公开工作”。所以,就信息公开的主体而言,存在两种主管部门,一为传统的业务主管部门,二为信息公开主管部门。双重主管部门给申诉的适用造成了困惑,即申诉受理的主管部门是单纯的信息公开主管部门还是公共服务的业务主管部门?

公共企事业单位信息公开的主体同样面临这一问题。公共企事业单位有无信息公开的主管部门虽未明确规定,但从“全国政府信息公开工作主管部门根据实际需要可以制定专门的规定”之内容来看,国务院办公厅也是公共企事业单位信息公开的最高主管部门,它实际上也发布了《制定办法》以指导具体公开办法的制定。既然如此,在各级政府层面,政府办公厅(室)也同样可以成为公共企事业单位信息公开的主管部门。此外,无论是权力委托还是基于行政监管,公共企事业单位与公共服务的业务主管部门之间的关系是一种垂直关系,亦可与政府信息公开工作中垂直领导的行政机关一样,其业务主管部门的办公厅(室)也可成为信息公开的主管机构。规范层面并未对这两种主管部门进行区分,所以,业务主管部门与信息公开主管部门均可成为受理申诉的主体,这一做法与《政府信息公开条例》第 51 条规定政府信息公开的侵权“可以向上一级行政机关或者政府信息公开工作主管部门投诉、举报”具有异曲同工之妙,也是纠纷解决与权利救济多元化的具体体现,方便对公民权利提供全方位的保护。具体到个案,究竟谁作为申诉的受理部门应交由公民自行选择,由最先受理者负责处理。

四、申诉的处理

受理申诉的主体应当如何处理申诉,一直是实践中的难题,即使较为成熟的刑事申诉制度,仍无具体的规范为其指明方向。申诉受理主体的“整个审查过程一般体现为书面化和秘密性两个基本特征,有着浓厚的行政审查色彩。在审查过程中,申诉主体无法参与并了解审查过程及知晓审查内容,继而丧失进一步陈述其理由的权利”[1]。行政

---

[1] 陈卫东、赵恒:《刑事申诉听证制度研究》,载《法学杂志》2016 年第 1 期。

申诉更不必说，仅高等学校的学生与教师申诉能引起学界的关注，但同样没有具体的规范为其作出指引。因此，公共企事业单位信息公开申诉的受理主体是进行全面、实体审查还是部分、程序性的审查？是否需要申诉人与被申诉人共同参与？是“背靠背”式的参与还是“面对面”式的三方共同参与？双方当事人在申诉处理程序中有无相应的程序性权利？申诉处理结果以何种方式作出，是要求公共企事业单位重新对信息公开申请作出处理，还是要求其直接公开？这些内容的明确是确保申诉制度得以完善的重要前提。

（一）书面审查与言词审查相结合

行政机关对公共企事业单位信息公开的申诉应采用何种方式进行审查？以较为成熟的高等学校学生与教师的申诉为例，共有两种处理方式。一为书面审查，由高等学校专门处理申诉的机构对校方和申诉人提交的处分决定相关的书面材料（包括听证记录）为依据进行审理。二为言词审查，不单独以当事人双方的书面材料为依据，还需通过一定的程序允许双方参与到申诉的处理过程中来，通过双方的辩论发现真实的情况，由此作出最终的处理决定。[1]

书面审查因缺少审查主体与当事人双方的直接交流，不具有辩论的对抗性，因而对真实情况的查明不如当面（言词）审查，故而在诉讼程序中一般适用于事实情况较为明晰，只对法律适用存在疑惑或困难的案件，[2]或者适用于情节较为轻微的案件。[3] 信息公开纠纷是能否知晓信息的纠纷，一般情况下属于较为轻微的案件。产生纠纷的原因在于申诉人的信息公开申请或对错误信息的更正请求未能得到公共企事业单位的支持，且通过现有司法案例的考察发现，前者为纠纷的主

〔1〕 参见孙波：《美国公立高校学生申诉权保障的理论与实践——兼论我国高校学生申诉权的保障与校内申诉制度的完善》，载《政治与法律》2016 年第 6 期。

〔2〕 参见马贵翔、胡巧绒：《书面审与言词审的界线分析——以刑事正式审判为视角》，载《甘肃政法学院学报》2012 年第 6 期。

〔3〕 参见贾志强：《“书面审”抑或“开庭审”：我国刑事速裁程序审理方式探究》，载《华东政法大学学报》2018 年第 4 期。

要原因。公共企事业单位拒绝信息公开一般采取的是将其界定为豁免公开的信息，是否属于“三安全一稳定”的信息原本就属于行政机关应予以考量的内容，属于其职权范围内的事项，且依据一定的客观标准便能形成结论，故而对此类信息性质的查明并不存在任何障碍。因而对事实的查明并不难，对此情形采取书面审理的方式已然能够达到权利救济的目的，而且可以节约当事人双方均参与申诉程序而产生的大量费用。[1]

诚然，因绝对豁免公开引起的争议在申诉中较容易查明事实，但在此之外仍有其他原因产生的纠纷，如因主动公开以及公开信息错误而产生的纠纷等。在这些纠纷中，双方当事人之间的冲突可能较豁免公开的争议更为激烈，申诉受理机关也未提前介入，对相关事实的查明更为困难。此时采取书面审查的方式不利于真实情况的查明，也不利于对纠纷的实质性化解与权利的保障，需采取言词审理的方式，在充分了解双方当事人对争议事实的陈述与辩论之后，才能做出正确的处理决定。

（二）赋予当事人陈述与申辩的权利

申诉虽然是行政机关对双方当事人的争议作出决断，其程序甚至可能如同行政行为的作出一样具有相当程度的灵活性，而不同于司法程序的严谨，[2]但其处理结果能影响双方当事人的权益，因而必须赋予当事人必要的程序性权利。言词审理的方式中，双方当事人具有陈述、辩论的权利是当面审理的必然要求，无须过多赘述。而以书面方式处理申诉时，虽然是行政机关基于书面材料对案件事实以及法律适用作出认定，但仍应赋予双方当事人陈述、申辩的权利。

行政机关在作出行政行为时需听取相对人的陈述与申辩，从而确

---

〔1〕 参见马贵翔、胡巧绒：《书面审与言词审的界线分析——以刑事正式审判为视角》，载《甘肃政法学院学报》2012 年第 6 期。

〔2〕 参见秦前红：《发挥行政裁决解决民事纠纷的“分流阀”作用》，载《中国党政干部论坛》2019 年第 7 期。

保最终决定的正确性。[1] 这种程序性的权利不仅是正当程序原则的内在要求,更是比例原则的具体适用。若不赋予行政相对人陈述与申辩的权利,作出的行政行为极有可能偏离事实,即使行政行为确保了正确性,也缺少了对相对人内心情感的照顾。法律并非"没有感情的智慧",为了追寻正义,需要将情感融入其中。[2] 当事人需要对事实以及法律适用表达自身的诉求与观点,若是这种情况不能满足,则极易造成后续救济程序的随意启动,导致公共资源的浪费。[3] 申诉程序要求行政机关对双方当事人的争议行为作出决断,虽然具有一定程度的司法属性,但与行政行为的作出仍具有高度相似性。因而需在申诉处理过程中赋予双方当事人陈述与申辩的权利,有效照顾到当事人在纠纷中发表意见的情感诉求,确保申诉决定作出的正确性,尽量使双方都能对结果满意,做到案结事了。

(三)申诉处理决定的效力

司法救济应是权利救济的最后一道防线,除非法律另有规定,这对公共企事业单位信息公开申诉的处理结果亦应适用。因公共企事业单位信息公开所生纠纷而直接提起行政复议与行政诉讼是否可行有待深入探讨,但经申诉之后再以受理申诉的部门为被申请人或被告,此时行政复议或行政诉讼便具有了介入纠纷处理的可能性。虽然对申诉的处理结果是否可以通过诉讼寻求救济并未在《政府信息公开条例》《教育法》《老年人权益保障法》等法律规范中以明示的方式规定,但在《全国人民代表大会和地方各级人民代表大会选举法》中明确了对申诉处理的结果不满可以诉讼。[4] 行政机关对申诉的处理虽然犹如法院对案

---

〔1〕 参见宋华琳、郑琛:《行政法上听取陈述和申辩程序的制度建构》,载《地方立法研究》2021年第3期。

〔2〕 参见郭景萍:《法律情感逻辑形成、运行与功能的三维机制》,载《社会科学研究》2013年第1期。

〔3〕 参见汤德宗:《行政程序法论》,台北,元照出版有限公司2005年版,第64-65页。

〔4〕 《全国人民代表大会和地方各级人民代表大会选举法》第29条:"对于公布的选民名单有不同意见的,可以在选民名单公布之日起五日内向选举委员会提出申诉。选举委员会对申诉意见,应在三日内作出处理决定。申诉人如果对处理决定不服,可以在选举日的五日以前向人民法院起诉,人民法院应在选举日以前作出判决。人民法院的判决为最后决定。"

件的审判一般,披上了一层司法性质的面纱,准确来说是一种准司法行为,但尚不足以等同真正的司法行为,本质上仍是一种特殊的“行政行为”。所以,公共企事业单位信息公开的申诉若未被法律规定为终局性的权利救济方式,则其处理决定并不具有最终的效力,仍可通过行政复议或者司法救济的手段对其予以改变,否定其效力。

能否对行政机关提起行政复议或行政诉讼,取决于申诉的处理结果是否对当事人的权益造成实际影响。如果有,则可以提起复议或诉讼;如果没有,则不具有提起复议或诉讼的正当性。[1] 这一观点也被相关法院所认同,如在“韩城市顺通电梯工程服务有限公司诉陕西省市场监督管理局工商行政监管案”[2]中,陕西西韩兴隆煤矿有限公司(以下简称兴隆煤矿)向陕西省市场监督管理局(上诉人)投诉韩城市顺通电梯工程服务有限公司(被上诉人)的电梯质量问题,上诉人在回复兴隆煤矿时,将被上诉人的产品定性为假冒伪劣产品。虽然该案的争议焦点之一是被上诉人是否因投诉的回复而具有原告资格,但法院对原告资格认定的判断亦可适用于申诉。法院认为“判断其是否具备原告主体资格的条件为,其与被诉《回复》之间是否具备行政法律上的利害关系”,“决定其是否具备可诉性的条件仍然是其对当事人的权利义务是否产生实际影响”。因此,在信息公开纠纷中,公民因知情权得不到满足而向行政机关申诉,若处理结果无法使公民或公共企事业单位满意,必然对公民的知情权或公共企事业单位基于信息而产生的权益受到影响,此时的争议便转化为了行政机关与当事人之间的争议,不再是单纯的信息公开纠纷。所以,可基于处理结果对申诉受理部门提起行政复议或行政诉讼。

当然,上述观点仅适用于服务信息公开所产生的争议,因为此时双方当事人是具有平等地位的民事主体。对于权力信息公开而言,只有申诉的提出之人才具有发起行政复议或行政诉讼的资格。此时的公共

---

〔1〕 参见解立军:《教师申诉制度与其他救济制度的关系》,载《中小学管理》2015 年第 10 期。
〔2〕 西安铁路运输中级法院行政判决书,(2019)陕 71 行终 342 号。

企事业单位具有的公共事务管理职能源自规章授权或者行政机关的委托,他们要么已成为行政主体,要么相应的职能源于授权机关,所以不能成为行政复议与行政诉讼的发起人,申诉受理机关所作的处理决定对其具有终局的效力,而对申诉人不具有终局效力。

第二节 行政复议的适用

信息公开申请人可以通过先申诉,继而对申诉处理结果的不满启动行政复议程序,使该项救济手段正常介入公共企事业单位信息公开纠纷的解决中来;但归根结底这种介入是间接的适用,实质上并不是对信息公开纠纷的处理,而是对行政机关申诉处理行为是否满足合法性与合理性的判断。即使提出复议之人最终获得了复议机关的支持,也仅代表对申诉处理结果的否定,无法直接干涉最基本的信息公开纠纷。既然如此,公民是否可以在信息公开纠纷发生时直接选择复议程序而非申诉进行救济,即是否可以使行政复议程序提前介入,直接处理信息公开纠纷,实现对信息知情权的救济,而非以间接的方式介入?[1]

一、行政复议直接介入的问题

学界研究信息公开,将公共企事业单位当作一个统一的、具有一致性的整体对待,认为公共企事业单位信息公开的目的也是单一的,不是监督权力就是加强行政监管。这种认识导致了公共企事业单位的信息公开纠纷无法直接通过行政复议途径解决的通说形成。因为,公共企事业单位一般情况下是行政机关监管的对象,是行政相对人,不符合行政复议被申请人的资格要件。公民与企事业单位因信息公开发生的纠

---

〔1〕 虽然行政复议与行政诉讼是否能够直接介入公共企事业单位面临共同的障碍,但此处仍将两者分开论述,毕竟司法程序不仅存在行政诉讼的可能,还可能存在民事诉讼的适用空间。因此,将行政诉讼专门置于司法程序一节中一同论述。

纷若被界定为民事争议，也不符合行政复议的受案范围。以权力监督为目的的理论虽然发现了公共企事业单位与行政机关的类同之处，在信息公开时表现出明显的公共性质，与政府信息公开具有一致性，但是当聚焦于其是否能够通过行政复议进行权利救济时，则将其私法性质无限放大，忽视了部分公共企事业单位仍可能具有一定的公法属性，导致其被排除在行政复议的范围之外。而且，公共企事业单位与行政机关一般情况下并无隶属的、上下级关系。这些观点得到了法院的支持，如在“季某诉北京市民政局行政复议案”[1]中，被告北京市民政局在收到原告提出的复议申请后，直接以北京市久敬庄接济服务中心是事业单位，不能作为复议的被申请人，不符合受理条件而不予受理；“马某诉天津市通信管理局不履行法定职责案”[2]中，法院认为“天津市通信管理局……是受工业和信息化部垂直管理的基层行政机关。被上诉人中国移动通信集团天津有限公司系企业法人，非法律、法规授权的组织……要求被上诉人天津市通信管理局履行行政复议职责没有法律依据”。

除了简单从企事业单位主体资格角度判断其无法成为复议被申请人之外，有的行政机关从更深层次的行政行为角度否定了复议适用的可能，毕竟，我国的行政复议制度是以行政行为为中心构建的。正如有学者对行政复议所下的定义：“行政复议，是行政复议机关对公民、法人或者其他组织认为侵犯其合法权益的行政决定(具体行政行为)，基于申请而予以受理、审查后所作的行政决定。”[3]所以，如果信息公开行为不属于行政行为的范畴，便无法适用该程序进行救济。如“刘某巍诉教育部行政复议案”[4]中，教育部不仅以“被申请人四川大学不是行政机关，不是适格的行政复议被申请人”，同时认定四川大学做出的《关于2017年第9号信息公开申请的回复》“不属于具体行政行为，

---

[1] 北京市朝阳区人民法院行政判决书，(2015)朝行初字第318号。

[2] 天津市第一中级人民法院行政判决书，(2015)一中行终字第0105号。

[3] 叶必丰：《行政法与行政诉讼法》，高等教育出版社2007年版，第224页。

[4] 北京市高级人民法院行政判决书，(2018)京行终1672号。

也没有侵犯申请人的合法权益,申请人的请求事项不属于行政复议的受案范围”,所以不予受理。法院肯认了教育部的理由,认为“现行法律、法规、规章以及其他规范性文件,并未明确规定教育部具有对高等学校的信息公开行为进行行政复议的法定职责”。更有观点认为《政府信息公开条例》增加申诉条款“这一规定的实质,是进一步明确,公共企事业单位信息公开问题不通过行政复议和行政诉讼渠道解决,而是由承担监管职责的行政机关负责解决”[1]。然而,这种观点仍是建立在公共企事业单位信息公开作为行政管理措施的基础上得出的结论。

综上,行政复议难以介入公共企事业单位信息公开纠纷的解决,主要原因在于公共企事业单位不具备主体资格,与行政机关不存在隶属关系,无上级复议机关,作出的信息公开行为也非行政行为。

二、法律、法规授权组织信息公开权利救济的启示

(一)行政复议介入的合法性质疑

《行政复议法》从纠纷一方主体的资格以及受案范围两方面明确了行政复议介入行政争议的前提。就发生纠纷的主体资格而言,被申请人应当是行政机关(包括被撤销的),法律、法规、规章授权组织,[2]不属于上述主体者,无法通过行政复议解决。《政府信息公开条例》第55条所规定的公共企事业单位显然不是行政机关,也非法律、法规授权组织,因为第54条已将法律、法规授权组织纳入其中。《行政复议法》于2023年修订之前,被申请人的范围并不包含规章授权组织,[3]所以,当时的公共企事业单位即使受到规章授权,仍无法通过复议解决纠纷。然而,2023年《行政复议法》修订后已明确规定复议被申请人包括规章授权组织,此时被规章授权的公共企事业单位与法律、法规授权

[1] 后向东:《中华人民共和国政府信息公开条例(2019)理解与适用》,中国法制出版社2019年版,第228页。

[2] 参见《行政复议法》第2条。

[3] 参见《行政复议法》(2017年)第15条。

组织并无区别,似乎已经具备了被申请人的资格,但仔细深究,便会发现问题所在。

《政府信息公开条例》将法律、法规授权的具有管理公共事务职能的组织等同于行政机关,且《政府信息公开案件规定》也将其信息公开的纠纷纳入了行政诉讼的受案范围,由法律、法规授权组织作为被告。[1] 因为其受到行政机关一样的对待,同样可以通过行政复议的途径实现争议解决和权利救济,2023 年修订的《行政复议法》亦明确了政府信息公开行为的可复议性。[2] 法律、法规授权组织信息公开纠纷可以通过行政复议与行政诉讼途径解决的规定并未引起学术争议,在学界看来这似乎理所应当,但当我们深究这两种救济方式对授权的要求时,便会对其直接介入信息公开纠纷的合法性提出疑问。

虽然法律、法规授权组织符合形式上的被申请人资格,其政府信息公开也属于行政复议所规定的受案范围,但是法律、法规授权组织成为被申请人的前提应当是其在被授权范围内的职能产生纠纷,此时才可以通过行政复议或行政诉讼解决,若产生纠纷的职能不在被授权范围内,则无法将其纳入行政复议之中。法律、法规授权组织被授予的权力是公共事务管理职能,而非信息公开的职能,对公共事务管理职能所产生的权利侵害,当然可以通过行政复议途径进行救济,而信息公开这一职能却存在一定的疑问。如果信息公开也属于被授权的范围,当然可以通过行政诉讼或行政复议进行权利救济。《政府信息公开条例》第 54 条可否被解释为对信息公开职能的授权呢?如果可以,第 55 条必然也可以成为对公共企事业单位的授权。

在司法实践中,有法院对信息公开的授权作出了明确表述,如"杨某、高某盛等诉天津市滨海新区国有资产监督管理委员会信息公开案"[3]中,法院认为"国有资产监督管理部门作为政府的直属特设机

[1] 参见《政府信息公开案件规定》第 4 条。
[2] 参见《行政复议法》第 11 条第 14 项。
[3] 天津市滨海新区人民法院行政判决书,(2015)滨行初字第 188 号。

构……不具有社会公共管理职能，但根据《中华人民共和国政府信息公开条例》的授权……具有信息公开的法定职责”。授权的前提在于存在权力，信息公开行为虽然包含了对信息公开申请的受理、审查、检索、答复与公开等一系列行为，具有对信息是否属于豁免范围的判断权，但归根结底这些行为或“权力”的存在都服务于信息公开的职责，离开了职责，职权和管理手段就失去了存在的根据。[1] 所以，虽然条例对信息公开行为的本质有所回避，但学界在研究时均认为信息公开是一项义务。作为义务，显然无法授权。而且，若能够将《政府信息公开条例》第 54 条的规定解释为法规授权的行为，则第 55 条同样应解释为授权行为，而这与《制定办法》对公共企事业单位信息公开的定位完全不符。

所以，《行政复议法》虽然将政府信息公开纳入受案范围中，但法律、法规授权组织在未得到关于政府信息公开的授权时，在此行为上不具备行政主体的资格，也无法成为行政复议的被申请人。

（二）行政复议介入的违法性化解

既然无法实现对信息公开的授权，则需另辟蹊径，从信息公开与法律、法规授予公共事务管理权之间的关系寻求突破，才能为当前实践做法寻求合法性依据，填补立法上的漏洞。实质上，信息公开蕴含在公共事务管理职能当中，属于公共事务管理权行使时必不可少的一项义务，它可以因管理职能的授权而一同转移，因其产生的纠纷亦可归属于公共事务管理职能的纠纷。

1. 权力与义务的一致性决定了信息公开与公共事务管理职能的不可分割

虽然单独从信息公开这一义务来看无法实现授权，但如果从权力与义务的整体角度予以分析，便会发现信息公开与行政管理或公共事务管理权的不可分割性。权力与义务可以存在于同一行为之中，以审

---

[1] 参见姜明安主编：《行政法与行政诉讼法》（第 6 版），北京大学出版社、高等教育出版社 2015 年版，第 94 页。

判权为例，它是国家司法机关所行使的对争议进行裁判的权力，但从公民行使诉权的角度来看，只要符合受案范围，法院就必须对公民行使诉权的行为予以回应，因而对案件裁判的行为又成了与诉权相对应的义务。权力与义务统一的现象随着社会科技的发展以及多元共治、社会治理理论的更新而越发常见，这一情形甚至可以存在于个人或其他组织。以机长为例，在飞行器飞行时机长的角色具有行政机关的特性，所具有的管理权也表现出行政权的特征，〔1〕面临飞行危险时，当机立断，果敢应对也是机长所必须履行的管理义务，这种义务甚至可以追溯到公共交通管理者对乘客安全的保障义务。〔2〕最为典型者还是互联网平台的经营与管理者。互联网监管属于行政监管的难点，行政机关也缺乏相应的能力与技术以实现对平台内容的全方位监管，因此平台管理者成为监管的重要助力，由其通过自身的技术优势监管平台用户及内容，这一监管方式已基本成为互联网监管的重要手段。互联网平台管理者的监管权力同时也是其所必需履行的义务，否则便会面临法律上的否定性评价与责任的承担。

政府信息公开的目的在于监督行政权，提升行政透明度，公共企事业单位的权力信息公开同样如此。有权力必有监督，有监督必有信息公开，所以政府信息公开与权力的存在相伴而生，是权力行使的内在要求与应有之义，是其无法分割的一部分。故而，可以直接得出有权力必有政府信息公开，无权力则无政府信息公开的结论。《政府信息公开条例》将该权力限定在了行政管理职能与公共事务管理职能，所以无论何种主体，基于何种原因具有了这两种管理职能所生之权力，必然会产生信息公开的监督需求，其管理职能所蕴含的、相伴而生的信息公开义务便会自然而然出现，属于行政行为履行过程中正当程序的一环。犹如行政处罚行为作出前，行政机关需履行“告知当事人拟作出的行政处罚内容及事实、理由、依据，并告知当事人依法享有的陈述、申辩、

〔1〕参见赵维田：《论三个反劫机公约》，群众出版社1985年版，第122页。

〔2〕参见卫小丹：《论机长权力的义务化约》，载《民航管理》2019年第7期。

要求听证等权利"[1]的义务一样。两者唯一的区别是一个发生在行政管理职能履行之后,一个发生在处罚行为作出之前。

2. 信息产生的依附性决定了管理职能中蕴含着信息公开

信息的产生具有依附性是信息公开职能蕴含于行政管理或公共事务管理职能的关键性前提。传播学意义上的信息依附性是指信息必须依附一定的媒体介质才能表现出来,而此处所探讨的并非这种含义,是信息产生时的依附性,并非产生之后的存储与外在表现。信息虽然可以在不同的个人、组织等主体之间传播或者被其收集,但单独从信息的产生来看,是伴随着信息所映射事件一起形成的,因而其产生具有一定的附随性或依附性,依附于产生信息的事件。如果脱离了相关的事件,信息便不会产生,更不会存在制作与获取的可能性,没有收集的行为,也不会拥有信息,更无公开的可能。《政府信息公开条例》所要求公开的政府信息是行政机关履行行政管理职能或法律、法规授权组织履行公共事务管理职能所产生或收集的信息,而不包括这两类主体所拥有的其他信息。授权组织的公共事务管理职能来自法律、法规,在未授权之前,相应的管理职能由行政机关行使,故而信息公开职能也由行政机关执行。当该管理职能授权给了其他组织之后,基于管理职能产生的信息同样不会留在原来的行政机关,而是随同授权行为转移至被授权组织,相关信息也由其产生或收集而来,如此才会规定由其公开。行政机关因不再行使该项权力或职能,必然不会再产生这类信息,仍要求其对信息进行公开显然不具有可能性。

3. 信息公开的及时性与真实性促使信息公开随管理职能一同转移

信息的产生与收集依附于管理职能,被授权的职能所产生或收集的信息必然存在于法律、法规授权组织。当然,行政机关可以基于监管或领导的地位,从该组织处收集或接收其提交的相关信息,从而也具有了公开的可能性,但此种可能性并不具有必然性。一般情况下,将一定职能通过法律、法规授权给其他组织,是基于行政效率或专业性考量,

---

[1] 《行政处罚法》第44条。

处于领导或监管地位的行政机关无法做到每时每刻都能知晓被授权组织履行职能的信息,被授权组织也无法事无巨细地汇报所有工作,通常采取的是阶段性的汇报。所以,行政机关根本无法掌控被授权组织的信息动态,由行政机关公开信息不具有可能性,即使具有公开的可能性,也不意味着就此排除被授权组织的信息公开。而且,行政机关根本无法做到及时公开,甚至可能在信息传递过程中出现错漏,这也是《政府信息公开条例》第 10 条会作出如下安排的原因,即"行政机关获取的其他行政机关的政府信息,由制作或者最初获取该政府信息的行政机关负责公开……派出机构、内设机构负责与所履行行政管理职能有关的政府信息公开工作。两个以上行政机关共同制作的政府信息,由牵头制作的行政机关负责公开"。

综上所述,政府信息公开由管理职能所产生,也随着管理职能的授权一同转移,可称之为"附随转移"。无管理职能,便无政府信息,更无公开的可能,有管理职能便可由此产生信息以及信息公开。因此,信息公开可以说本就是行政管理或公共事务管理职能所蕴含的内容,是一项义务,也是附属于行政权或公共事务管理权的一项义务,是权力性行为不可分割的一部分。正因如此,对于法律、法规授权组织信息公开所生纠纷的行政诉讼与行政复议救济才具有正当性。

三、行政复议介入权力信息公开纠纷之合法路径

在分析行政复议是否可以介入公共企事业单位信息公开时,应对主体以及公开行为的性质进行单独分析,不能从个案情形以偏概全、以点及面,彻底否定所有信息公开纠纷中复议程序的适用。而且《制定办法》第 8 条第 1 款并未完全将行政复议与行政诉讼的方式排除在外,而是为其留下了可能介入的通道。[1] 有原则就有例外,只要公共企事

[1] 《公共企事业单位信息公开制定办法》第 8 条第 1 款:"公共企事业单位信息公开的监督方式,以向各级主管部门申诉为主,原则上不包括申请行政复议或者提起行政诉讼。法律、行政法规另有规定的,从其规定。"

业单位信息公开的纠纷符合行政复议的受案范围,即可启动复议程序予以救济。

《政府信息公开条例》第 55 条的规定无法被解释为授权行为,公共企事业单位不符合《行政复议法》所要求的"法律、法规授权组织"的特征,不能通过此路径成为行政复议的被申请人,但这并不意味着行政复议在公共企事业单位信息公开领域无用武之地。《行政复议法》在 2023 年修订之前并未将被申请人涵盖至行政机关委托的组织以及规章授权组织,而《行政诉讼法》则规定由委托的行政机关以及规章授权组织为被告。两种权利救济制度之间存在一定的不协调,为使两种制度能够更好地发挥权利救济功能,学界呼吁两者的受案范围以及被申请人、被告的情形尽量做到有效衔接。所以,有学者认为行政复议可以与行政诉讼一样,即"规章授权的组织作出具体行政行为的,该组织是被申请人。行政机关委托的组织作出具体行政行为的,委托的行政机关是被申请人"[1]。这一呼吁也在 2023 年《行政复议法》修订之后得以实现。所以,公共企事业单位可以通过规章授权或行政机关委托其行使权力或管理职能而使行政复议直接介入其中。上文对法律、法规授权组织政府信息公开纠纷解决方式的深入分析,为此类情况中行政复议介入扫清了障碍。法律、法规未对信息公开事项授权,也无法授权,但因该事项蕴含在公共管理职能中,是权力行使必不可少的一部分,故而产生了"附随转移"的效果,由其产生的纠纷亦可归属于被授予的权力,从而可以进入行政复议的受案范围。公共企事业单位与法律、法规授权组织唯一的区别仅在于权力来源不同,为实现对权力的监督,与其伴生的信息公开义务同样受到规章授权或被委托的公共事务管理职能的牵制。

其实,即使《行政复议法》未被修订,委托的路径也早已被《行政复议法实施条例》所打通,其第 14 条规定"行政机关设立的派出机构、内设机构或者其他组织,未经法律、法规授权,对外以自己名义作出具体

[1] 应松年主编:《当代中国行政法》(第 7 卷),人民出版社 2018 年版,第 3030 页。

行政行为的，该行政机关为被申请人”。我国行政管理实践中，受行政机关委托的公共企事业单位一般也都是行政机关所设立，如各拆迁项目组（部）等，因而也可以适用该条的规定，其信息公开行为虽不在法律、法规授权范围内，却仍可以设立的行政机关为被申请人。

第三节　司法程序的适用

除法律明文规定排除司法救济的情形之外，诉讼程序一般应是权利救济的“最后一道屏障”，但在公共企事业单位信息公开所产生的纠纷中，却存在不同的声音。那么，司法程序究竟能否介入这一类型的纠纷解决中呢？如果能，应以何种方式介入？这些问题必须得到明确的回答。

一、司法程序直接介入的问题

虽然在2023年《行政复议法》修订后，将政府信息公开纳入复议前置的范围，但明确规定为“申请政府信息公开，行政机关不予公开”时才应复议前置。在政府信息公开中，还有公开内容错误、公开方式不符合要求等其他争议，从《行政复议法》的文义来看，它们并不属于复议前置的范围。那么，公共企事业单位信息公开的争议是否也可以直接通过诉讼解决呢？

自《政府信息公开条例》施行以来，对于司法救济程序能否介入公共企事业单位信息公开的纠纷的问题一直争议不断。争议的主要原因在于立法的结构安排以及行政诉讼被告主体资格的限制。公共企事业单位信息公开的规定一直置于《政府信息公开条例》的附则之中，曾经以“参照执行”的方式建立了其与政府信息公开之间的“连接点”[1]。正因如此，公共企事业单位信息公开争议在适用司法救济时也趋向于

[1] 参见彭錞：《公共企事业单位信息公开：现实、理想与路径》，载《中国法学》2018年第6期。

参照政府信息公开。政府信息公开纠纷被《政府信息公开案件规定》纳入了行政诉讼的范围内,[1]却未对公共企事业单位信息公开作出明确的规定。因而,无论学术界还是司法实务界都沿着参照的路径,将行政诉讼也作为公共企事业单位信息公开的权利救济方式,却忽视了行政诉讼被告资格要求为其设置的障碍。在我国行政诉讼的被告首先须为行政主体,若不具有行政主体的资格,便无法成为被告,[2]《行政诉讼法》直接将其明确为行政机关、法律、法规、规章授权组织。[3]

从公共企事业单位信息公开的实践案件来看,基本都是以行政诉讼的程序进行的。部分法院会严格把握行政诉讼被告资格的要求,完全拒绝该类型的争议进入行政诉讼的受案范围,维护了法体系的统一性,却不利于实质性化解争议。其实,将公共企事业单位信息公开拒绝在行政诉讼大门之外者,在分析公共企事业单位是否具有行政主体资格时,犯了以偏概全的错误,不对其信息公开进行单独分析,而是以其中的私法性质覆盖至整体,从而彻底否定它作为行政诉讼被告的资格。

有部分法院以公共企事业单位符合《政府信息公开条例》的规定而承认其被告地位。例如,在"戴某案"[4]中,虽然二审法院认为"槐荫征收中心受槐荫区城乡建设委员会委托,承担国有土地上房屋征收与补偿具体工作,并非法律、法规、规章授权的组织",因而驳回了上诉,但是其一审认定却很有意思,认为被告既不是行政机关、法律、法规授权的具有管理公共事务职能的组织,也不是提供公共服务的公共企事业单位,因而不符合被告的主体资格要求。这一判决理由似乎在向

[1] 1989年的《行政诉讼法》规定的受案范围并未包含政府信息公开,2014年对该法进行第一次修正后才将政府信息公开纳入其中,而在此之前对政府信息公开案件的规定是通过2010年发布的《政府信息公开案件规定》实现的。

[2] 参见孟鸿志主编:《行政法与行政诉讼法学》,科学出版社2009年版,第284页;何海波:《行政诉讼法》,法律出版社2011年版,第201页;姜明安主编:《行政法与行政诉讼法》,北京大学出版社、高等教育出版社2015年版,第450页。

[3] 《行政诉讼法》第2条:"公民、法人或者其他组织认为行政机关和行政机关工作人员的行政行为侵犯其合法权益,有权依照本法向人民法院提起诉讼。前款所称行政行为,包括法律、法规、规章授权的组织作出的行政行为。"

[4] 济南市中级人民法院行政裁定书,(2017)鲁01行终522号。

公众阐明，当被告是提供公共服务的公共企事业单位时，便具有了被告资格。这一思路被处理同一类型案件的部分法院所采纳，在“崔某章案”[1]中，二审法院认为槐荫区房屋征收服务中心提供的社会公共服务与人民群众利益密切相关，因而属于2008年《政府信息公开条例》第37条所规定的主体，进而承认了其被告的主体资格。这种以符合信息公开主体要求而直接承认被告资格的做法，也得到了一些法院的认可。该做法完全回避了行政诉讼被告资格要求的规定，直接进行裁判，或者对“参照”一词作粗浅的解释，认为司法救济也可以参照政府信息公开，同样可提起行政诉讼。基于审判中心主义，这些法院的确在保障公民权利与实质性解决争议方面实现了一定的司法价值，但缺乏受理案件的理由说明与解释，破坏了法律体系的统一性。以上两种裁判思路，要么追求实质法治而忽略形式法治，要么反其道而行之。实质法治与形式法治并非鱼与熊掌的关系，而应可以兼得。

直到2019年《政府信息公开条例》将“参照”改为“依照”之后，行政诉讼的救济仍影响着学界对公共企事业单位信息公开中权利救济的思考方式。目前有学者已趋向于认同将公共企事业单位信息公开作为行政监管逻辑下的措施，若是如此，行政诉讼无法介入公共企事业单位与公民之间的信息公开纠纷便会成为共识。该学者认为在监管逻辑下，应当放弃司法救济的方式，只能通过申诉的途径进行权利救济。[2]造成这种观点形成的原因，正是此前学界将视线一直聚焦于行政诉讼上，而该司法程序一直处于“非法”介入的状态。在抛弃这一救济方式之后，权利似乎便无从保障了，只能从司法程序以外寻找救济途径；但是，仍有学者坚持行政诉讼是公共企事业单位信息公开权利救济的方式，[3]却并未阐明行政诉讼如何介入才具有合法性。

---

[1] 山东省高级人民法院行政判决书，(2017)鲁行终1424号。

[2] 参见黄泽萱：《监管逻辑视角下公共企事业单位信息公开的制度建构》，载《法学》2021年第1期。

[3] 参见王娅：《国有企业信息公开诉讼的制度困境与优化逻辑》，载《北京理工大学学报(社会科学版)》2020年第4期。

二、司法程序直接介入的正当性

司法救济途径在公共企事业单位信息公开的纠纷中真的无用武之地吗？答案是否定的，从信息性质、主体性质的区分来看，司法途径有适用的余地，就申诉与诉讼的关系而言，两者也无“排斥反应”，可以同时存在。

（一）申诉与司法救济并非排斥关系

在行政法的发展过程中，最初在公务员与行政机关、教师、学生与高校之间等“特别权力关系”领域发生的纠纷，是无法通过行政诉讼途径进行救济的。申诉为“特别权力关系”领域填补了权利救济的漏洞，故而造成了有申诉便无司法救济适用空间的假象。这一假象也影响到了公共企事业单位信息公开的权利救济，即在2019年《政府信息公开条例》修订之前，主流观点认为其可以通过司法救济，而在增加申诉条款之后，排除司法救济的声音得到部分学者的认可，并在实务中不断扩大，如“尹某婷诉中国政法大学信息公开案”[1]、“韩某华诉郑州市儿童福利院信息公开案”[2]、“孙某诉南通市崇川区住房建设服务中心信息公开案”[3]等。

随着行政法理论的发展与不断完善，“特别权力关系”理论逐渐式微，虽然在一定范围内仍只允许以申诉的方式进行救济，如公务员对人事处理的决定等，但司法救济的范围逐渐拓宽，已然开始向之前的“特别权力关系”领域渗透，如受教育者可以“对学校、教师侵犯其人身权、财产权等合法权益，提出申诉或者依法提起诉讼”[4]。在产品质量保障、老年人权益保障等民事领域，申诉与司法救济同样可以一并存在，权利被侵害者可以选择以申诉的方式，也可以通过诉讼的方式实现权

---

〔1〕 北京市第一中级人民法院行政裁定书，(2020)京01行终382号。

〔2〕 河南省高级人民法院行政裁定书，(2020)豫行终2777号。

〔3〕 江苏省南通经济技术开发区人民法院行政裁定书，(2020)苏0691行初93号。

〔4〕《教育法》第43条第4项。

利救济。[1] 此外,《政府信息公开条例》第55条第2款是以“可以”,而非“应当”一词做出的规定,所以是一种赋权性的规定。既然是公民的一项权利,公民当然可以选择申诉,也可以不选择申诉而通过其他途径实现权利救济,只要不违反法律规定,不涉及权利滥用,便是权利自由的应有之义。

可见,申诉与诉讼两种权利救济方式不具有排斥性,两者可以共存于同一制度中。所以,即使《政府信息公开条例》规定了公共企事业单位信息公开权利救济的申诉方式,只要在法律层面未明确禁止诉讼的适用,就意味着司法救济途径未被彻底放弃。

(二)信息性质的区分决定司法救济存在的适用空间

受限于之前公共企事业单位信息公开立法以及政府信息公开的影响,学界从未将司法救济方式的目光从行政诉讼转移到民事诉讼上,也受限于对公共企事业单位整体观以及信息公开性质与目的单一性的影响,从未将司法救济的方式进行区分,一直以来都是以一元的行政诉讼方式为寻求救济的可能性;但公共企事业单位在信息公开中表现出多重面向的性质,公开的信息也被区分为权力信息与服务信息,在两种信息公开过程中发生的纠纷可区分为公法性质与私法性质的纠纷。若司法救济能够介入,两种性质的纠纷在司法程序中应适用不同的诉讼程序。退一步而言,即使公法性质的权力信息公开纠纷实在无法通过行政诉讼的途径实现权利救济,那么私法性质的服务信息公开纠纷所产生的权利侵害,不能被民事诉讼的救济渠道排除在外。

从规范层面考察,《消费者权益保护法》赋予了消费者知情权,[2] 更赋予了消费者在与经营者发生消费权益争议时,向法院提起诉讼的

[1] 参见《产品质量法》第22条、第47条,《老年人权益保障法》第73条、第75条。

[2] 《消费者权益保护法》第8条:“消费者享有知悉其购买、使用的商品或者接受的服务的真实情况的权利。消费者有权根据商品或者服务的不同情况,要求经营者提供商品的价格……等有关情况。”

权利。[1] 所以在消费过程中若知情权无法得到满足,消费者完全可以向法院提起诉讼。在公共企事业单位不具有权力性质时或在具体的法律关系中不表现为权力性质时,买卖双方此时属于平等的民事主体,而且公共企事业单位向公民提供公共服务,在绝大多数情况下并不是免费的。此时,公民向公共企事业单位购买其提供的公共服务,实质上也属于消费行为,必然受到《消费者权益保护法》的调整,其知情权自然受到保护。公民对所购买的公共服务相关信息的知情权无法满足时,当然可以基于《消费者权益保护法》第 39 条的规定而提起民事诉讼。虽然公共企事业单位服务信息公开的范围并不仅限于购买的商品,比消费者知情权的范围更宽,但两者显然属于同一范畴。由此可知,公共企事业单位信息公开纠纷的权利救济至少存在民事诉讼适用的空间,至于行政诉讼是否具有适用的可能,将于后文继续深入展开,此处仅证明司法救济途径并非完全不能适用。

综上,目前的法律并未明确将司法程序排除在公共企事业单位信息公开的权利救济之外,申诉也不具有排除司法救济的功能。虽然《行政诉讼法》对行政诉讼的被告作出了一定的限制,但当规范层面尚未明确公共企事业单位在信息公开中扮演了什么样的角色时,直接以其不符合行政诉讼被告的资格而拒绝司法救济介入为时尚早。所以,司法救济介入公共企事业单位信息公开的纠纷并不存在合法性的障碍,不能选择性逃避对司法救济的回应。

三、权力信息公开中行政诉讼的适用

《政府信息公开条例》制定于 2007 年,当时的《行政诉讼法》尚未修订,仍沿用 1989 年的版本,只规定了法律、法规授权的组织因作出具体行政行为可以成为被告,[2]并未规定规章授权组织的行政诉讼被告

---

[1] 《消费者权益保护法》第 39 条:“消费者和经营者发生消费者权益争议的,可以……向人民法院提起诉讼。”

[2] 参见《行政诉讼法》(1989 年)第 25 条第 4 款。

资格。这也就能够理解当时的《政府信息公开条例》第 36 条为何只规定了法律、法规授权组织，而未将规章授权组织一同纳入其中；但是，随着 2014 年《行政诉讼法》的修订，规章授权组织已被纳入行政诉讼的被告范围，被赋予了一定的行政主体地位。而 2019 年修订的《政府信息公开条例》仍未将规章授权组织纳入其中，不知是直接沿用前一版本有所忽略，还是有意为之。虽然该条例未对规章授权组织作出规定，但在进行理论研究时，这一类型的组织无法忽略，同样情形还包括被行政机关委托的组织。信息公开作为较晚出现的制度，《政府信息公开案件规定》对行政诉讼该如何应对作出了指引，但是，该《政府信息公开案件规定》将法律、法规授权组织纳入调整范围，偏偏有意或无意忘却了公共企事业单位的信息公开，似乎释放了一种信号，即公共企事业单位信息公开的案件并非行政诉讼案件。

因行政协议所生纠纷的诉讼与公共企事业单位信息公开纠纷十分相似，幸运的是行政协议案件受到了学界较多的关注，也许可以从中发现解决方案。虽然行政协议被《行政诉讼法》纳入行政诉讼受案范围，《最高人民法院关于审理行政协议案件若干问题的规定》（法释〔2019〕17 号）也对此类案件的审理进行了细化，但同一主体与公民之间的某一行为，既可能成为行政协议，也可能属于民事协议。以土地收购储备中心与被征收人签订补偿协议为例，因补偿协议所产生的纠纷不一定都能通过行政诉讼程序解决。“如果土地收购储备中心被法规、规章授予相应的行政职权，或者受政府的委托，与被征收人签订安置补偿协议，那么该协议系行政协议，双方发生的纠纷属于行政诉讼受案范围。否则，双方所签协议就属民事协议，发生的争议应通过民事诉讼途径解决。”〔1〕对土地收购储备中心所签协议纠纷司法救济的思路，同样可以适用于公共企事业单位信息公开所产生的纠纷。尤其是公共企事业单位信息公开的目的以及公开义务主体所表现出来的性质具有不同的面

〔1〕 谭红、孔冰冰：《对行政协议纠纷案件受案范围的理解与适用》，载《法律适用》2019 年第 8 期。

向时,司法救济方式应当也是多元的,并非单一的行政诉讼或民事诉讼。在分析公共企事业单位信息公开纠纷适用司法救济时,不能仅从整体性或概念性的公开行为或决定进行认定,需从具体个案中分析企事业单位表现出的性质,以及该具体行为所呈现出来的性质。当在个案中企事业单位表现出行政机关委托或规章授权的权力性质,公开行为也呈现出行政行为的特征时,适用行政诉讼便无不可。

(一)规章授权或行政委托的解释进路

虽然有学者提出"行政主体理论是秩序行政的产物,秩序的维护要以限制公民权利为代价,要特别强调主体的资格以及权力的来源。而信息公开属于给付行政范畴,是受益和提供信息服务的,所以没有必要受行政主体理论的桎梏"[1];但基于现行法的规定,学界普遍认为,公共企事业单位虽然由《政府信息公开条例》规定了需进行信息公开,但与行政机关不同,它不具有行政主体资格,应被排除在行政诉讼的范围之外。在一般情况下,公共企事业单位的确游离在行政主体之外,但仍可基于规章授权或行政机关委托成为行政主体或受行政主体委托的组织。《行政诉讼法》规定的行政诉讼被告本就包含了规章授权的组织,[2]此外,还规定了对于受行政机关委托的组织因行政行为所产生的争议,委托的行政机关为被告。[3] 所以,当因规章授权或行政机关的委托而行使相应的行政权力或公共事务管理职能时,由该权力产生的争议当然可以通过行政诉讼的方式对公民权利进行救济。问题的关键在于以上授权或委托,在多数情况下并不会明确信息公开的事项如何分配,信息公开的职能若不构成规章授权或行政委托,则不具有行政诉讼的适用空间。

通过前文的分析已经可以知晓,基于行政权或公共事务管理权行使所形成的信息,是依附于该权力事项而产生的,会随着权力在不同主

---

〔1〕 余凌云:《行政法讲义》,清华大学出版社 2014 年版,第 347 页。

〔2〕 参见《行政诉讼法》第 2 条。

〔3〕 参见《行政诉讼法》第 26 条。

体之间的转移而一同转移。所以,当包含着权力行使的事项通过规章授权或被行政机关委托给了公共企事业单位时,由此事项而形成的信息也必然在公共企事业单位中产生,行政机关因不再行使该权力或职能,必然不会再产生此类信息。在行政机关未执行或处理相关事务时,仍要求其对信息进行公开显然不具有可能性。因而与行政复议介入公共企事业单位信息公开一样,行政诉讼的权利救济方式,完全可以适用于规章授权或行政机关委托的公共企事业单位信息公开所产生的争议。因此,行政诉讼对信息公开介入的前提在于行政或公共事务管理职能的存在,故只有权力信息公开导致的权利侵害才可以适用此种方式的司法救济。

(二)完善行政诉讼受案范围的立法进路

"附随转移"的解释进路是以解释论为基础的立场,除此之外,为适应行政诉讼理论的发展趋势,尚可从立法论角度出发,实现行政诉讼的类型化,使其介入权力信息公开的权利救济中。

1. 以行政行为为核心的行政诉讼受案范围之局限

"附随转移"的解释前提是信息公开蕴含在权力行使之中,辅以《政府信息公开案件规定》将政府信息公开纳入受案范围,才确立了公共企事业单位信息公开纠纷解决适用行政诉讼。若回归到《行政诉讼法》的规定以及信息公开行为自身,则会存在一定的问题,毕竟公共企事业单位并未受到规章或行政机关对信息公开的明确授权或委托,《行政诉讼法》也未要求将此信息公开纳入受案范围。其原因在于我国行政诉讼的被告资格受制于行政主体理论,行政主体又陷入与行政诉讼的被告资格循环论证的悖论,[1]其实,归根结底还是因为行政诉讼的受案范围受制于行政行为理论。

行政行为理论的引进,在我国最早是为了区分民事行为,所以含义非常广,几乎包含了所有的管理国家的活动。随着时间的推移,行政法

---

〔1〕参见王青斌:《行政诉讼被告认定标准的反思与重构》,载《法商研究》2018年第5期。

学彻底从行政学中剥离出来，行政法学理论亦得到了长足的发展。正如所有学科的发展规律一样，在学科发展的初期，概念的界定都是模糊、宽泛的，随着认识的不断加深，研究越发的精细化，对相关概念的界定也会越来越限缩与精细化。行政行为的概念在学界也经历过这种变化，范围越来越窄，但对于行政行为的范围应限缩到何种程度却有不同的认识。章剑生教授早期认为行政行为应当限定在最狭窄的范围内，是一种单方性的具体行政行为，〔1〕不包括双方行为，因而将行政协议排除在了行政行为的范围之外。然而，"随着时间发展，学界发现现有理论难以解释行政合同、行政指导、行政事实行为这些新事物，而且司法实践也屡屡突破行政诉讼法规定的受案范围，从而为新学说的产生孕育了空间"〔2〕。因此，为了适应时代的变化，目前行政行为又开始向广义的方向发展。行政行为之所以会向广义的方向发展，归根结底在于行政诉讼受案范围的局限。因为"行政行为的概念和行政诉讼管辖的范围密切联系"〔3〕，当坚持狭义的行政行为概念之时，行政主体的很多行为都无法被行政诉讼、行政复议所覆盖，因而造成了权利救济与权力监督的真空地带。为了将这些行为都纳入行政诉讼的受案范围，不得不对行政行为的范围进行扩张，以实现权利救济与权力监督的零漏洞，但这一目标始终未能完全实现。

行政诉讼的主要目的究竟是维护客观的法秩序还是保护个人的权利一直争论不休。以行政行为为核心的行政诉讼主要关注客观法秩序的维护，其代表性的人物是奥托·迈耶；另一方以主观公权利保护为基石的代表性人物是耶利内克。在我国行政诉讼法律制度的发展史上，制度的主要目的也经历过多次转换。从最初 1982 年到 2000 年，主要目的是维护客观法秩序；2000 年至 2008 年以保护权利为主；2008 年至 2015 年，则十分注重协调和解化解纠纷；2015 年后恢复以行政行为为

〔1〕 参见章剑生：《现代行政法基本理论》，法律出版社 2008 年版，第 133 页。

〔2〕 杨海坤、蔡翔：《行政行为概念的考证分析和重新建构》，载《山东大学学报（哲学社会科学版）》2013 年第 1 期。

〔3〕 王名扬：《法国行政法》，北京大学出版社 2016 年版，第 104 页。

中心,但也扩大了对权利的保护。[1] 虽说在2015年之后恢复了以行政行为为中心的行政诉讼制度,但实际上,行政行为一直都居于我国行政法与行政诉讼法的中心位置,未曾动摇过。当行政行为居于中心位置时,即使想对权利进行无漏洞地保护,也不切实际,因为行政诉讼制度的功能已被行政行为这一概念导向了维护客观法秩序的中心方向。

若仅是如此,至少对客观法秩序的维护能做到无漏洞的状态,但实际上《行政诉讼法》还规定了必须是具有利害关系者才具有原告的资格,[2]由此又回归到主观权利保障的目的上。当行政诉讼制度仍以行政行为为中心时,若硬要将行政诉讼转向权利保护,只会适得其反。这就是为何有学者认为以保护权利为目的的受案范围窄于以客观秩序维护为目的的受案范围,[3]因为此处的权利保护是在框定了客观秩序维护的基础上寻找权利救济的情形。行政法律关系存在各种形态,并非只有行政行为是唯一依据,仍存在其他的法律要件。[4] "私人和行政主体之间的权利变动并不是仅通过行政行为这种法行为形式来进行的。实际上,在相当广泛的范围内使用着契约这种手段。"[5]当以行政行为为中心构建行政诉讼制度时,这种由契约引发的争议便无法得到司法救济,只能涌向信访。所以,在我国《行政诉讼法》修订之时,增加了行政协议的受案范围,以实现对权利的保护与纠纷的实质性解决。

行政诉讼"构造断裂"的状态,[6]导致其目的一直处于摇摆不定中,在实现客观秩序维护与主观权利保障方面都无法做到尽善尽美,[7]

---

[1] 参见郭修江:《以行政行为为中心的行政诉讼制度——人民法院审理行政案件的基本思路》,载《法律适用》2020年第17期。

[2] 《行政诉讼法》第25条第1款:"行政行为的相对人以及其他与行政行为有利害关系的公民、法人或者其他组织,有权提起诉讼。"

[3] 参见邓刚宏:《行政诉讼受案范围的基本逻辑与制度构想——以行政诉讼功能模式为分析框架》,载《东方法学》2017年第5期。

[4] 参见[日]盐野宏:《行政法》,杨建顺译,法律出版社1999年版,第81页。

[5] [日]盐野宏:《行政法》,杨建顺译,法律出版社1999年版,第134页。

[6] 参见薛刚凌:《行政诉讼法修订基本问题之思考》,载《中国法学》2014年第3期。

[7] 参见薛刚凌、杨欣:《论我国行政诉讼构造:"主观诉讼"抑或"客观诉讼"?》,载《行政法学研究》2013年第4期;邓刚宏、马立群:《对行政诉讼之特质的梳理与反思——以与民事诉讼比较为视角》,载《政治与法律》2011年第6期。

诉讼模式也无法细化。[1] 在行政行为的认定作为行政诉讼受案范围判断的前提时,无法做到对客观法秩序与主观公权利全方位地兼顾,甚至对其中任何一项的实现都存在一定的漏洞,导致需要通过司法解释的方式才能实现将政府信息公开纳入行政诉讼受案范围,而同样具有权力监督功能的公共企事业单位的权力信息公开,却一直处于行政诉讼无法介入或违法介入的状态。

2. 以公法争议作为受案范围标准实现权力信息公开的行政诉讼介入

正因为行政行为在行政诉讼制度构建中的局限,德国已经"改变了以往将行政救济与行政行为相互绑定的做法",仅将行政行为作为"德国行政诉讼中判断诉讼类型的重要标志"[2]。随着行政法理论的发展,抛弃以行政行为为中心构建的行政诉讼制度已成为一种趋势,"世界各国(地区)基本建立起了行政争议和法益作为行政诉讼司法准入的标准"[3],如德国的"非宪法性质的公法争议"[4]等。

虽然有学者也意识到目前的行政诉讼制度存在诸多问题,提出了完善受案范围的对策,即以其是否为行政争议进行判断,[5]但其对行政争议的理解仍是建立在行政行为基础上的一种争议,未能摆脱目前行政诉讼受案范围建立在行政行为上的窠臼。行政争议或公法争议的真正内涵并非以是否存在行政行为进行区分,行政行为的存在只是公法争议上的一种类型,还应包括其他的各种非行政行为的争议。只有行政诉讼不再以行政行为作为制度构建的核心,转而将其作为诉讼类

---

[1] 参见曾哲、索肖娟:《类型化视域下行政诉讼模式新论》,载《福建行政学院学报》2019年第2期。

[2] 赵宏:《行政法学的主观法体系》,中国法制出版社2021年版,第98页。

[3] 于立深:《审判中心视角下的行政诉讼制度构造》,载《法学论坛》2020年第3期。

[4] 《德国行政法院法》第40条第1款:"一切未被联邦法律划归为属其他法院管辖的非宪法性质的公法上争议,对之均可提起行政诉讼。州法律范畴的公法争议,也可由州法律划归其他法院管辖。"

[5] 参见邓刚宏:《行政诉讼受案范围的基本逻辑与制度构想——以行政诉讼功能模式为分析框架》,载《东方法学》2017年第5期。

型划分中的一项标准,才能实现主观权利保护与客观秩序维护的无缝衔接,而不再出现顾此失彼的状况。

行政诉讼类型化是一项浩大、烦杂的工程,它是行政法体系化中的一环,本书无意对其进行全面的展开,此处只需明确其可以扩大行政诉讼受案范围,以公法争议作为行政诉讼受案范围的标准即可。"对于公共权威的权力之法律限制谓之公法。"[1]公共企事业单位信息公开作为行政法规规定的一项制度,其中的权力信息公开更是对相关权力或公共事务管理职能进行监督的一项制度,由此发生的纠纷完全属于公法上的争议范畴,行政诉讼当然可以合法介入其中。

四、服务信息公开中民事诉讼的适用

以上论述都集中于权力信息公开,而公共企事业单位信息公开还包含了服务信息公开,由其发生的纠纷是否也可以通过行政诉讼进行解决? 权力信息公开主体蕴含着公共事务管理职能的行使,具有行政机关的相似性,甚至该职能本就源于行政机关,信息公开意味着对其进行监督。此种信息公开虽然是公民与公共企事业单位这两种在外观形式上平等的民事主体之间的纠纷,而实质上公共企事业单位处于规章授权或受行政机关委托的地位,体现为实质意义上的不平等,其信息公开所发生的纠纷属于公法上的争议范畴。服务信息公开的主体因不存在行政权力或公共事务管理职能的规章授权或行政委托,两者之间的平等关系被打破是社会公权力造成的信息不对称所致。服务信息公开是扭转两者主体地位不平等状态的工具,以使双方回到平等的民事主体地位。归根结底,在服务信息公开中,公民与公共企事业单位不仅是名义上的平等民事主体,实质上也是如此,而行政机关处于监管地位,无法通过"附随转移"或"公法争议"的途径实现行政诉讼的介入。既然如此,是否可通过其他类型的诉讼方式实现权利救济呢?

其他类型的诉讼显然指的是民事诉讼,而非刑事诉讼。通过前文

---

[1] [美]E.博登海默:《博登海默法理学》,潘汉典译,法律出版社 2015 年版,第 13 页。

关于消费者购买公共服务与消费者购买普通商品之间的关系，阐明了消费者在其购买商品的知情权受到侵害时，可以提起民事诉讼，确立了民事诉讼在服务信息公开中的适用空间，但是否所有的服务信息公开争议都可以通过民事诉讼实现权利救济呢？

《民事诉讼法》第 3 条规定，“人民法院受理公民之间、法人之间、其他组织之间以及他们相互之间因财产关系和人身关系提起的民事诉讼”。公共企事业单位在不具有或不表现出权力性质时，是普通的民事主体，必然属于法人及其他组织的范围，它与公民、法人或其他组织发生信息公开纠纷时，双方都符合民事诉讼当事人的主体资格要件。若想要启动民事诉讼程序，还需考察当事人是否具有启动该程序的钥匙——诉权，它是争议双方所具有的能够向法院提起诉讼的权利，无诉权便无提起民事诉讼的可能。[1] 而诉权主要由受案范围体现，《民事诉讼法》将民事诉讼的受案范围确定为“人身关系”与“财产关系”所发生的纠纷。所以，最终要确定的是双方主体在服务信息公开中所发生的关系是否属于人身关系或财产关系，即知情权是否属于人身权或财产权的一种。

由于知情权权利属性的复杂性，服务信息公开指向的是公民权利保障与加强行政监管，并非表现为民主权利或政治权利属性，而是与普通商品买卖中消费者知情权一样的社会权属性。知情权所指向的信息可能具有一定的经济价值，但知情权本身并不具有财产属性，故无法归为财产权，因其发生的关系也非“财产关系”。《民法典》人格权编虽然未明确列举知情权，但第 990 条第 2 款规定“除前款规定的人格权外，自然人享有基于人身自由、人格尊严产生的其他人格权益”。人身自由可分为自然存在与社会存在两种自由，[2] 生命权、健康权等权利属于自然存在的自由范畴，知情权应属于社会存在的自由范畴。随着社

---

[1] 参见沈亚萍：《民事诉讼受案范围与基本人权保护——以诉权保障为中心》，载《武汉大学学报（哲学社会科学版）》2014 年第 2 期。

[2] 参见［俄］E. A. 苏哈诺夫主编：《俄罗斯民法》（第 2 册），王志华、李国强译，中国政法大学出版社 2011 年版，第 720-721 页。

会、科技的发展与进步，社会环境愈加复杂，更受限于知识爆炸性的增长，人类个体根本无法了解所有的知识，若对社会生活的各种信息的认知处于未知状态，自由便无法真正实现。所以，知情权是现代社会生存发展与自由的必要权利，已然蕴含在《民法典》第990条第2款的规定之中，“它具有民法上人格权的性质”[1]。因其发生的关系便属于《民事诉讼法》所要求的人身关系，此类争议便属于民事诉讼的受案范围。因此，民事诉讼的适用空间并不限于《消费者权益保护法》所规定的知情权争议情形，而是涵盖了所有服务信息公开所产生的纠纷。

综上所述，无论是基于解释论立场，还是立法论的立场，公共企事业单位信息公开并非不能通过诉讼的方式实现权利救济，而是无法通过单一的诉讼类型实现全部的权利救济，需按其信息性质划分为不同的诉讼救济方式。因权力信息公开所发生的纠纷需通过行政诉讼的途径解决，而服务信息公开的纠纷则可通过民事诉讼解决。

本章小结

本章主要就公共企事业单位信息公开产生的纠纷如何解决，权利如何救济予以深入研究，主要包括申诉、行政复议与诉讼三种救济方式，但三者的适用范围各有差异。

申诉最初主要针对国家机关及其工作人员，权力监督的功能占据主要位置，权利救济功能没有彰显。随着行政法理论的发展，申诉制度在“特别权力关系”领域甚至民事领域逐渐凸显出权利救济的功能，在公共企事业单位信息公开中引入该制度主要也是为了发挥其权利救济的作用。当然，对权力信息公开知情权的救济，也能实现其权力监督的功能。申诉的提出必须满足一定的条件，即申诉权人已向公共企事业单位提出过申请、向公共企事业单位提出的申请是关于信息公开的事

[1] 李国际、夏雨：《知情权的宪法保护》，载《江西社会科学》2007年第2期。

项、知情权(可能)受到侵害,且必须在信息公开纠纷发生之后的一定时间内,只有如此,才能提出申诉。申诉的受理主体包括信息公开的主管部门与业务主管部门,由申诉之人自行选择向谁提出。对申诉应采取书面审理与言词审理相结合的方式。对公共利益的判断本就是行政机关履行职责的内涵之一,故对于因绝对豁免而产生的争议,其事实的查明并不困难,可采用书面审理,其他难以查明事实的纠纷,可采用言词审理的方式。在处理申诉的过程中,需赋予当事人陈述、申辩的权利。申诉处理的结果并不具有绝对的效力,对于服务信息公开引起的纠纷而言,双方均为民事主体,都可通过其他途径继续寻求救济;而在权力信息公开争议中,公共企事业单位由于规章授权或受行政机关委托,此时处于行政序列之中,故行政机关的申诉处理决定对其具有拘束力,而申请人则可以继续通过其他方式寻求救济。

行政复议与行政诉讼难以介入公共企事业单位信息公开的纠纷解决中来,主要原因在于,从整体来看,公共企事业单位并不具备行政主体的资格。然而,反观法律、法规授权组织的信息公开,它们被授予的是公共事务管理职能,而不是信息公开的义务,且信息公开作为一项义务也无法被授权,但信息公开纠纷却能与政府信息公开的争议得到相同对待。深究发现,信息的产生与收集具有依附性,是依附于行政管理职能或公共事务管理职能之上的。有该管理职能才会有信息,当该职能被授权时,信息的产生与收集行为必然会一同转移。为避免信息公开不及时,或者信息在经过传递后失真,公开的最佳主体应是信息最初产生与收集者,这与政府信息公开的规定具有一致性,且信息公开作为对权力监督的措施,是蕴含在权力之中、不可分割的,是公共事务管理职能的必然内容。由信息公开产生的纠纷必然也可归属于公共事务管理职能,故而行政诉讼与复议才有介入的可能。所以,法律、法规授权组织的信息公开职能在该组织获得公共事务管理职能授权时,产生了"附随转移"的效果。规章授权或行政机关委托的公共企事业单位与法律、法规授权组织的唯一区别在于权力或管理职能的来源不同,故信息公开同样可以产生"附随转移"的效果,完全可以与法律、法规授权组织一样，使行政复议与行政诉讼介入其中。

行政诉讼的适用除了可以通过“附随转移”进行解释之外，还可以基于对行政诉讼受案范围的优化与完善来实现。行政行为作为行政诉讼制度的核心已不再适应理论的发展与时代的变迁，德国等多个国家也早已将行政行为与行政诉讼脱钩，行政行为现已成为行政诉讼类型化中的一项标志。公法上的争议作为行政诉讼的受案范围标准，能够有效实现对客观法秩序与主观公权利的保护，使其不再顾此失彼。公共企事业单位信息公开作为行政法规规定的制度，权力信息公开更是为了实现对权力的监督，故而其所产生的纠纷属于公法上的争议，由此可实现行政诉讼的介入。

服务信息公开的主体不具备权力因素，无法实现信息公开“附随转移”的效果，其信息公开是为了扭转社会公权力所造成的不平等局面，保护公民的权利，实现两者实质上的平等。由此导致的纠纷是平等民事主体之间的争议，无法归为公法上的争议，不具有行政诉讼的适用空间。服务信息公开中的知情权具有社会权的属性，是个体在当今社会生存、发展以及实现自由所必不可少的一项权利，属于其他人格权益，故而属于人格权范畴。因其发生的关系便属于《民事诉讼法》所要求的人身关系，可以通过民事诉讼的方式实现对权利的救济。

结　　语

随着 2019 年《政府信息公开条例》对公共企事业单位信息公开规定的修订,以及《法治政府建设实施纲要(2021—2025 年)》中提出要“加快构建具有中国特色的公共企事业单位信息公开制度”,我国公共企事业单位信息公开制度的构建已然提上了日程。作为法治政府建设的重要一环,以及公民、法人和其他组织在接受公共服务过程中的权益的保障,公共企事业单位的信息公开具有必然性。然而,学界对政府信息公开研究的兴趣远远高于公共企事业单位信息公开,且随着政府数据开放及数据权利研究热点的形成,对公共企事业单位信息公开的关注进一步减少。目前仅有的研究也都聚焦于公共企事业单位信息公开与政府信息公开之间的关系上,或将公共企事业单位信息公开界定为政府信息公开制度在公共企事业单位中的延伸,或将公共企事业单位信息公开彻底剥离出政府信息公开,而界定为行政管理措施的一种。亦有学者借鉴域外私人主体或政府(控制)公司的信息公开情形,将该情形套用在公共企事业单位信息公开上。

公共企事业单位作为《政府信息公开条例》所创设的一个法律概念,其不同于域外的私人主体或政府(控制)公司,而是具有中国特色的一类主体,其信息公开也具有鲜明的中国特色。在企事业单位改革尚未彻底完成之时,公共企事业单位所呈现出来的性质与特征有所差异,有的呈现出明显的行政性,而有的则不具有行政性。所以,公共企事业单位信息公开并非简单的政府信息公开的延伸,也不能将其简单归结为行政管理措施,而应立足于当前环境,承认其具有“权力信息”公开与“服务信息”公开的双重性。这些信息需公开是为了实现对相关主体知情权的保障，尤其是在现代社会，信息已成为社会主体生活、发展的重要资源。公共企事业单位提供的公共服务更是基本生活的必需品，对相关主体信息知情的需求十分重要。而且，对公共事务管理权力的监督必然要求将权力信息予以公开，而为了保障公民、法人和其他组织在公共服务中的权利，实现对公共企事业单位的监管，服务信息公开亦成为必要。无论是制度构建的路径，还是基本原则的确立，抑或公开主体、范围、程序及救济途径的确定都需围绕这两种类型的信息公开予以展开，而不能只偏向于一端。

随着企事业单位改革的不断深入，改革终有完成之时，到那时，行政性的公共企事业单位也许已被纳入行政机关，其信息公开将彻底由政府信息公开相关规定所规范。当然，改革完成之前，亦可通过对《政府信息公开条例》的修订，将规章授权、接受行政委托的组织的信息公开与法律、法规授权组织的信息公开共同规定。此外，本书仅探讨了公共企业与公共事业单位之间信息公开的共性内容，并未将其拆分开来研究。不可否认的是两种主体之间存在天然的差异，二者的信息公开也必然会契合主体特征而具有一定的区别。这些区别表现在哪些方面，如何对待还需进一步的深入研究。另外，随着大数据技术与数据权利的发展，以及《个人信息保护法》实施过程中产生的新的问题，公共企事业单位信息公开也必然会与数据权利、个人信息保护产生更多交集或冲突，如何处理它们之间的关系同样是值得关注的问题，而不能仅将视线聚焦于政府信息公开或数据开放之上。因此，公共企事业单位信息公开领域尚有诸多值得研究的地方，对其理论的深入研究与供给必须跟上。

随着《法治政府建设实施纲要（2021—2025 年）》对公共企事业单位信息公开制度的强调，具有中国特色的制度构建与理论研究将不断走上新的台阶。只有更贴合我国的话语体系，更符合我国现实需求的公共企事业单位信息公开制度，才能更具有生命力。

参考文献

一、著作类

(一)中文著作

[1]曹康泰主编:《中华人民共和国政府信息公开条例读本》,人民出版社2007年版。

[2]陈清秀:《法理学》(修订2版),台北,元照出版有限公司2018年版。

[3]陈新民:《行政法学总论》,台北,三民书局1997年版。

[4]程焕文、潘燕桃主编:《信息资源共享》,高等教育出版社2004年版。

[5]辞海编辑委员会编:《辞海》,上海辞书出版社1979年版。

[6]国务院法制办公室编:《中华人民共和国政府信息公开条例注解与配套》,中国法制出版社2008年版。

[7]何海波:《行政诉讼法》,法律出版社2011年版。

[8]何志鹏:《权利基本理论:反思与构建》,北京大学出版社2012年版。

[9]后向东:《信息公开的世界经验:十六国信息公开法译介与评析》,中国法制出版社2016年版。

[10]后向东:《美国联邦信息公开制度研究》,中国法制出版社2014年版。

[11]后向东:《信息公开法基础理论》,中国法制出版社2017年版。

[12]后向东:《中华人民共和国政府信息公开条例(2019)理解与适用》,中国法制出版社2019年版。

[13]黄健荣等:《公共管理新论》,社会科学文献出版社2005年版。

[14]黄明东主编:《教育政策与法律》,武汉大学出版社2007年版。

[15]姜明安主编:《行政法与行政诉讼法》,北京大学出版社、高等教育

出版社 2015 年版。

[16]李广宇:《政府信息公开诉讼:理念、方法与案例》,法律出版社 2009 年版。

[17]李广宇:《政府信息公开司法解释读本》,法律出版社 2011 年版。

[18]李鸥:《事业单位改革与管理》,天津大学出版社 2007 年版。

[19]梁慧星:《民法》,四川人民出版社 1988 年版。

[20]梁慧星:《法学学位论文写作方法》,法律出版社 2006 年版。

[21]林爱珺:《知情权的法律保障》,复旦大学出版社 2010 年版。

[22]刘建军:《单位中国:社会调控体系重构中的个人、组织与国家》,天津人民出版社 2000 年版。

[23]刘杰:《知情权与信息公开法》,清华大学出版社 2005 年版。

[24]马国贤:《中国公共支出与预算政策》,上海财经大学出版社 2001 年版。

[25]马怀德主编:《公立高校信息公开研究》,中国法制出版社 2012 年版。

[26]孟鸿志等:《中国行政组织法通论》,中国政法大学出版社 2001 年版。

[27]孟鸿志主编:《行政法学》(第 2 版),北京大学出版社 2007 年版。

[28]苗静:《辅助原则研究》,中国经济出版社 2013 年版。

[29]莫于川主编:《中华人民共和国政府信息公开条例释义》,中国法制出版社 2008 年版。

[30]潘世钦、刘小干、颜三忠主编:《教育法学》,武汉大学出版社 2010 年版。

[31]申静:《政府信息公开的例外研究》,法律出版社 2016 年版。

[32]申艳红:《社会危机防治行政法律规制研究》,武汉大学出版社 2013 年版。

[33]史尚宽:《民法总论》,中国政法大学出版社 2000 年版。

[34]舒国滢主编:《法理学导论》(第 2 版),北京大学出版社 2012 年版。

[35]苏成雪编著:《传媒与公民知情权》,新华出版社 2005 年版。

[36]苏力:《法治及其本土资源》,中国政法大学出版社 1996 年版。

[37]汤德宗:《行政程序法论:论正当行政程序》,台北,元照出版有限公司 2005 年版。

[38]王敬波主编:《世界信息公开法汇编》,法律出版社 2017 年版。

[39]王军:《美国行政机关:认定标准及变迁》,上海人民出版社 2019 年版。

[40]王利明:《人格权法研究》,中国人民大学出版社 2012 年版。

[41]王名扬:《法国行政法》,北京大学出版社 2016 年版。

[42]王郁琦:《资讯、电信与法律》,北京大学出版社 2006 年版。

[43]王越:《系统理论与人工系统设计学》,北京理工大学出版社 2019 年版。

[44]王泽鉴:《法律思维与民法实例:请求权基础理论体系》,中国政法大学出版社 2001 年版。

[45]翁岳生编:《行政法》(上册),中国法制出版社 2009 年版。

[46]吴锦良:《政府改革与第三部门发展》,中国社会科学出版社 2001 年版。

[47]肖卫兵:《政府信息公开研究多维视角:流通、开放、实证》,中国政法大学出版社 2019 年版。

[48]邢鸿飞、徐金海:《公用事业法原论》,中国方正出版社 2009 年版。

[49]杨登峰主编:《行政法与行政诉讼法》,武汉大学出版社 2010 年版。

[50]杨仁寿:《法学方法论》(第 2 版),中国政法大学出版社 2013 年版。

[51]周翼虎、杨晓民:《中国单位制度》,中国经济出版社 2002 年版。

[52]叶必丰:《行政法与行政诉讼法》,高等教育出版社 2007 年版。

[53]应松年主编:《当代中国行政法》(第 7 卷),人民出版社 2018 年版。

[54]余凌云:《行政法讲义》,清华大学出版社 2014 年版。

[55]章剑生:《现代行政法基本理论》,法律出版社 2008 年版。

[56]章剑生:《现代行政法专题》,清华大学出版社 2014 年版。

[57]张龙:《行政知情权的法理研究》,北京大学出版社 2010 年版。

[58]张明楷:《诈骗罪与金融诈骗罪研究》,清华大学出版社 2006 年版。

[59]张文显主编:《法理学》,法律出版社 1997 年版。

[60]张玉瑞:《商业秘密的法律保护》,金城出版社 2002 年版。

[61]张志铭:《法律解释的操作分析》,中国政法大学出版社 1998 年版。

[62]赵宏:《行政法学的主观法体系》,中国法制出版社 2021 年版。

[63]赵维田:《论三个反劫机公约》,群众出版社 1985 年版。

[64]周汉华主编:《政府信息公开条例专家建议稿——草案·说明·理由·立法例》,中国法制出版社 2003 年版。

[65]周汉华主编:《我国政务公开的实践与探索》,中国法制出版社 2003 年版。

[66]周叔厚:《证据法论》,台北,三民书局 2000 年版。

[67]周佑勇:《行政法原论》(第 3 版),北京大学出版社 2018 年版。

[68]周佑勇:《行政法基本原则研究》(第 2 版),法律出版社 2019 年版。

[69]朱柏铭编著:《公共部门经济学》,浙江大学出版社 2003 年版。

[70]朱柏铭编著:《公共经济学理论与应用》(第 2 版),高等教育出版社 2013 年版。

[71]庄序莹:《公共管理的经济学基础分析》,复旦大学出版社 2005 年版。

(二)译著

[1][德]埃贝哈德·施密特-阿斯曼等:《德国行政法读本》,于安等译,高等教育出版社 2006 年版。

[2][美]E. 博登海默:《博登海默法理学》,潘汉典译,法律出版社 2015 年版。

[3][美]查尔斯·沃尔夫:《市场,还是政府:市场、政府失灵真相》,陆俊、谢旭译,重庆出版社 2009 年版。

[4][法]狄骥:《法律与国家》,冷静译,中国法制出版社 2010 年版。

[5][德]迪特尔·梅迪库斯:《德国民法总论》,邵建东译,法律出版社 2000 年版。

[6][俄]E. A. 苏哈诺夫主编:《俄罗斯民法》(第 2 册),王志华、李国强译,中国政法大学出版社 2011 年版。

[7][德]弗里德里希·卡尔·冯·萨维尼、[德]雅各布·格林:《萨维尼法学方法论讲义与格林笔记》,杨代雄译,法律出版社 2008 年版。

[8][英]H. L. A. 哈特:《法律的概念》,许家馨、李冠宜译,法律出版社

2018 年版。

[9][德]哈特穆特·毛雷尔:《行政法学总论》,高家伟译,法律出版社 2000 年版。

[10][德]卡尔·拉伦茨:《法学方法论》,陈爱娥译,商务印书馆 2003 年版。

[11][德]康德:《法的形而上学原理:权利的科学》,沈叔平译,商务印书馆 1991 年版。

[12][德]克劳斯·罗克辛:《德国刑法学总论:犯罪原理的基础构造》(第 1 卷),王世洲译,法律出版社 2005 年版。

[13][美]罗斯科·庞德:《法理学》(第 1 卷),邓正来译,中国政法大学出版社 2004 年版。

[14][美]迈克尔·舒德森:《知情权的兴起:美国政治与透明文化(1945—1975)》,郑一卉译,北京大学出版社 2018 年版。

[15]托比·曼德尔:《信息自由:多国法律比较》,龚文庠等译,社会科学文献出版社 2011 年版。

[16][德]乌尔里希·贝克:《世界风险社会》,吴英姿、孙淑敏译,南京大学出版社 2004 年版。

[17][澳]休·史卓顿、[澳]莱昂内尔·奥查德:《公共物品、公共企业和公共选择:对政府功能的批评与反批评的理论纷争》,费昭辉等译,经济科学出版社 2000 年版。

[18][苏联]雅维茨:《法的一般理论——哲学和社会问题》,朱景文译,辽宁人民出版社 1986 年版。

[19][日]盐野宏:《行政法》,杨建顺译,法律出版社 1999 年版。

[20][美]约翰·罗尔斯:《正义论》,何怀宏、何包钢、廖申白译,中国社会科学出版社 2009 年版。

二、论文类

(一)中文论文

[1]毕洪海:《国家与社会的限度:基于辅助原则的视角》,载《中国法律评论》2014 年第 1 期。

[2]陈蓓、张天亮:《高校校务公开机制初探》,载《学校党建与思想教育》2001年第10期。

[3]陈醇:《私法程序理论的法理学意义》,载《法制与社会发展》2006年第6期。

[4]陈书华:《构建在互联网之上:建设新型主流媒体的必然选择》,载《新闻前哨》2021年第4期。

[5]陈卫东、赵恒:《刑事申诉听证制度研究》,载《法学杂志》2016年第1期。

[6]程洁:《资格限制还是经济约束:政府信息公开申请主体的制度考量》,载《清华法学》2017年第2期。

[7]程民选、王罡:《关于公益性国有企业的理论探讨》,载《当代经济研究》2014年第3期。

[8]邓刚宏、马立群:《对行政诉讼之特质的梳理与反思——以与民事诉讼比较为视角》,载《政治与法律》2011年第6期。

[9]邓刚宏:《行政诉讼受案范围的基本逻辑与制度构想——以行政诉讼功能模式为分析框架》,载《东方法学》2017年第5期。

[10]丁健峰:《博弈论视角下的过程偏好与程序正义——一个整合性的解释框架》,载《北京大学学报(哲学社会科学版)》2019年第3期。

[11]丁翔、张海波:《大数据与公共安全:概念、维度与关系》,载《中国行政管理》2017年第8期。

[12]董玲:《浅议校务公开的重要性》,载《华北电力大学学报(社会科学版)》1999年第4期。

[13]范履冰、阮李全:《论学生申诉权》,载《高等教育研究》2006年第4期。

[14]范愉:《司法资源供求失衡的悖论与对策　以小额诉讼为切入点》,载《法律适用》2011年第3期。

[15]范愉:《申诉机制的救济功能与信访制度改革》,载《中国法学》2014年第4期。

[16]冯周卓、黄震:《原生与次生:社会稳定风险的分类与治理》,载《北京师范大学学报(社会科学版)》2014年第5期。

[17]付子堂、宋云博:《对“法的目的”传统理论之批判与反思》,载《政法论丛》2014 年第 2 期。

[18]高富平:《个人信息保护:从个人控制到社会控制》,载《法学研究》2018 年第 3 期。

[19]高慧铭:《论基本权利的滥用禁止》,载《清华法学》2015 年第 1 期。

[20]高秦伟:《私人主体的信息公开义务美国法上的观察》,载《中外法学》2010 年第 1 期。

[21]高秦伟:《对公众获取公用企业信息的法律分析》,载《行政法学研究》2010 年第 4 期。

[22]高志宏:《公共利益法律关系的主体论及其功能实现》,载《南京社会科学》2017 年第 6 期。

[23]耿宝建、周觅:《新条例制度环境下政府信息公开诉讼的变化探析》,载《中国行政管理》2020 年第 2 期。

[24]耿林:《论除斥期间》,载《中外法学》2016 年第 3 期。

[25]管君、余凌云:《第三部门作为被申请人的行政复议受理标准问题研究》,载《行政法学研究》2012 年第 2 期。

[26]郭道晖:《知情权与信息公开制度》,载《江海学刊》2003 年第 1 期。

[27]郭景萍:《法律情感逻辑形成、运行与功能的三维机制》,载《社会科学研究》2013 年第 1 期。

[28]郭泰和:《立法扩展与实践局限:公共企事业单位信息公开诉讼的路径选择——以〈政府信息公开条例〉“参照”规定的实现为视角》,载《行政法学研究》2014 年第 3 期。

[29]郭小冬:《略论程序公开原则》,载《理论导刊》2003 年第 6 期。

[30]郭修江:《以行政行为为中心的行政诉讼制度——人民法院审理行政案件的基本思路》,载《法律适用》2020 年第 17 期。

[31]何生根:《知情权属性之学理研究》,载《法律科学(西北政法学院学报)》2005 年第 5 期。

[32]何源:《国有企业法律属性的困境与出路——基于行政组织私法化的新视角》,载《南京大学学报(哲学 · 人文科学 · 社会科学)》2021 年第 1 期。

[33]洪杰文、丁世杰、杨菲:《“互联网+”背景下受众的新闻信息接收行为研究》,载《新闻界》2016年第18期。

[34]后向东:《论“信息公开”的五种基本类型》,载《中国行政管理》2015年第1期。

[35]后向东:《构建新时代中国特色政府信息公开制度》,载《中国行政管理》2018年第5期。

[36]胡安潮:《诉讼时效与权利保护的冲突及思考》,载《北京理工大学学报(社会科学版)》2001年第2期。

[37]胡改蓉:《论公共企业的法律属性》,载《中国法学》2017年第3期。

[38]胡税根、王汇宇、莫锦江:《我国事业单位改革政策发展研究》,载《北京行政学院学报》2018年第2期。

[39]黄群慧:《论国有企业的战略性调整与分类改革》,载《人民论坛·学术前沿》2013年第22期。

[40]黄泽萱:《监管逻辑视角下公共企事业单位信息公开的制度建构》,载《法学》2021年第1期。

[41]季卫东:《法律程序的意义——对中国法制建设的另一种思考》,载《中国社会科学》1993年第1期。

[42]贾志强:《“书面审”抑或“开庭审”:我国刑事速裁程序审理方式探究》,载《华东政法大学学报》2018年第4期。

[43]蒋大兴:《国企应从公司法中撤退——从“商事公司”向“公共企业”演进》,载《中国工商管理研究》2013年第12期。

[44]蒋大兴:《国企为何需要行政化的治理——一种被忽略的效率性解释》,载《现代法学》2014年第5期。

[45]江国华:《立法模式及其类型化研究》,载刘茂林主编:《公法评论》(第4卷),北京大学出版社2007年版。

[46]蒋红珍:《从“知的需要”到“知的权利”:政府信息依申请公开制度的困境及其超越》,载《政法论坛》2012年第6期。

[47]蒋红珍:《面向“知情权”的主观权利客观化体系建构:解读〈政府信息公开条例〉修改》,载《行政法学研究》2019年第4期。

[48]蒋永甫:《行政资源与公共行政发展趋势》,载《学习论坛》2019年

第 6 期。

[49]焦海涛:《滥用市场支配地位的性质定位与规范修正》,载《中国政法大学学报》2022 年第 1 期。

[50]鞠连和:《论新公共管理理论的价值与局限》,载《社会科学战线》2009 年第 10 期。

[51]李柏杨:《情感,不再无处安放——法律与情感研究发展综述》,载《环球法律评论》2016 年第 5 期。

[52]李国际、夏雨:《知情权的宪法保护》,载《江西社会科学》2007 年第 2 期。

[53]李海平:《论基本权利对社会公权力主体的直接效力》,载《政治与法律》2018 年第 10 期。

[54]李淮、蔡瑶:《美国国家安全信息豁免公开的双重路径》,载《河南财经政法大学学报》2020 年第 5 期。

[55]李可:《原则和规则的若干问题》,载《法学研究》2001 年第 5 期。

[56]梁艺:《政府信息公开中"内部管理信息"的判定》,载《行政法学研究》2015 年第 1 期。

[57]梁艺:《公共企事业单位信息公开的适用检视与修正——对〈政府信息公开条例〉参照条款及其修订的评价》,载《河北法学》2020 年第 9 期。

[58]梁艺:《信息公开中区分处理规则的适用分析与检讨》,载《中国行政管理》2021 年第 3 期。

[59]刘东亮:《还原正当程序的本质——"正当过程"的程序观及其方法论意义》,载《浙江社会科学》2017 年第 4 期。

[60]刘飞:《试论民营化对中国行政法制之挑战——民营化浪潮下的行政法思考》,载《中国法学》2009 年第 2 期。

[61]刘权:《权利滥用、权利边界与比例原则——从〈民法典〉第 132 条切入》,载《法制与社会发展》2021 年第 3 期。

[62]刘仁春:《公共企业:政府弥补市场失灵的一项政策工具》,载《广西师范大学学报(哲学社会科学版)》2005 年第 3 期。

[63]刘素梅:《论行政权力的扩张》,载《苏州大学学报(哲学社会科学版)》2006 年第 2 期。

[64]刘艺:《知情权的权利属性探讨》,载《现代法学》2004 年第 2 期。

[65]刘泽军:《行政法学视野中的高等学校校务公开制度》,载《中共福建省委党校学报》2006 年第 6 期。

[66]刘志坚:《立法能力:概念厘清和原理论要》,载《甘肃社会科学》2020 年第 4 期。

[67]刘志军、孟华:《论行政资源功能与持续性的实现》,载《学术论坛》1999 年第 5 期。

[68]陆海波、孟鸿志:《公共企事业单位信息公开的路径选择——新型冠状病毒肺炎疫情引发的法律思考》,载《河海大学学报(哲学社会科学版)》2020 年第 2 期。

[69]罗辉:《试论公共企业的性质》,载《经济研究参考》2006 年第 48 期。

[70]吕艳滨:《依申请公开制度的实施现状与完善路径——基于政府信息公开实证研究的分析》,载《行政法学研究》2014 年第 3 期。

[71]吕政:《苏联解体前后的考察与评论》,载《海南大学学报(人文社会科学版)》2022 年第 6 期。

[72]马贵翔、胡巧绒:《书面审与言词审的界线分析——以刑事正式审判为视角》,载《甘肃政法学院学报》2012 年第 6 期。

[73]马怀德、林华:《论高校信息公开的基本原则》,载《甘肃社会科学》2014 年第 3 期。

[74]马荣丽、赵亮:《开发区及其管委会性质辨析》,载《经济研究导刊》2018 年第 36 期。

[75]马英娟:《公共服务:概念溯源与标准厘定》,载《河北大学学报(哲学社会科学版)》2012 年第 2 期。

[76]梅扬:《行政裁决制度的性质定位与困局破解》,载《华中科技大学学报(社会科学版)》2021 年第 5 期。

[77]莫于川:《行政公开法制与服务型政府建设——略论〈政府信息公开条例〉确立的服务宗旨和便民原则》,载《法学杂志》2009 年第 4 期。

[78]倪秋菊、倪星:《政府官员的"经济人"角色及其行为模式分析》,载《武汉大学学报(哲学社会科学版)》2004 年第 2 期。

[79]牛红亮、刘静:《基于经济学视角的政府信息公开》,载《情报理论与实践》2011 年第 2 期。

[80]彭诚信:《论禁止权利滥用原则的法律适用》,载《中国法学》2018 年第 3 期。

[81]彭錞:《公共企事业单位信息公开:现实、理想与路径》,载《中国法学》2018 年第 6 期。

[82]彭錞:《公共企事业单位信息公开的立法定位与制度选择》,载《环球法律评论》2019 年第 4 期。

[83]彭錞:《公共企事业单位信息公开的审查之道:基于 108 件司法裁判的分析》,载《法学家》2019 年第 4 期。

[84]彭君、王小红:《作为基本权利的申诉权及其完善》,载《法律适用》2013 年第 11 期。

[85]綦好东、王斌、王金磊:《非上市国有企业信息公开披露:逻辑与事实》,载《会计研究》2013 年第 7 期。

[86]戚红梅:《我国政府信息豁免公开制度研究》,苏州大学 2013 年博士学位论文。

[87]钱玉林:《禁止权利滥用的法理分析》,载《现代法学》2002 年第 1 期。

[88]乔睿:《5G 时代信息传播方式变革与信息生态风险对策》,载《当代传播》2021 年第 1 期。

[89]秦前红:《发挥行政裁决解决民事纠纷的"分流阀"作用》,载《中国党政干部论坛》2019 年第 7 期。

[90]秦小健:《政府信息公开的宪法逻辑》,载《中国法学》2016 年第 3 期。

[91]沈亚萍:《民事诉讼受案范围与基本人权保护——以诉权保障为中心》,载《武汉大学学报(哲学社会科学版)》2014 年第 2 期。

[92]石斌:《"人的安全"与国家安全——国际政治视角的伦理论辩与政策选择》,载《世界经济与政治》2014 年第 2 期。

[93]宋华琳、郑琛:《行政法上听取陈述和申辩程序的制度建构》,载《地方立法研究》2021 年第 3 期。

[94]宋烁:《政府数据开放宜采取不同于信息公开的立法进路》,载《法学》2021 年第 1 期。

[95]宋元林:《构建高校校务公开机制的思考》,载《高校理论战线》2002 年第 11 期。

[96]孙波:《美国公立高校学生申诉权保障的理论与实践——兼论我国高校学生申诉权的保障与校内申诉制度的完善》,载《政治与法律》2016 年第 6 期。

[97]孙光宁:《目的解释方法在指导性案例中的适用方式——从最高人民法院指导性案例 13 号切入》,载《政治与法律》2014 年第 8 期。

[98]孙宇辉、仓定芳:《政府、事业不分出现的新问题》,载《人才开发》1999 年第 8 期。

[99]谭红、孔冰冰:《对行政协议纠纷案件受案范围的理解与适用》,载《法律适用》2019 年第 8 期。

[100]王东方:《重大疫情防控中个人隐私信息公开的限度及优化路径》,载《情报杂志》2020 年第 8 期。

[101]王东光:《国家安全审查:政治法律化与法律政治化》,载《中外法学》2016 年第 5 期。

[102]王峰、陶学荣:《政府公共服务职能的界定、问题分析及对策》,载《甘肃社会科学》2005 年第 4 期。

[103]王贵松:《信息公开行政诉讼的诉的利益》,载《比较法研究》2017 年第 2 期。

[104]王红霞:《论法律实施的一般特性与基本原则——基于法理思维和实践理性的分析》,载《法制与社会发展》2018 年第 4 期。

[105]王剑制:《校务公开——学校民主管理的重要举措》,载《教学与管理》1999 年第 9 期。

[106]王敬波、李帅:《我国政府信息公开的问题、对策与前瞻》,载《行政法学研究》2017 年第 2 期。

[107]王敬波:《过程性信息公开的判定规则》,载《行政法学研究》2019 年第 4 期。

[108]王军:《美国私主体承担信息公开义务的司法判定——行政作用

范围的收缩及其对我国的启示》,载姜明安主编:《行政法论丛》2012 年第 15 卷,法律出版社 2014 年版。

[109]王军:《信息公开收费制度的立法完善》,载《上海政法学院学报(法治论丛)》2016 年第 2 期。

[110]王军:《公共企事业单位信息公开:依据、路径与标准》,载《中国行政管理》2018 年第 11 期。

[111]王莉:《行政视野中公民申诉权保障问题研究》,载《江西社会科学》2005 年第 8 期。

[112]王利明:《论个人信息权的法律保护——以个人信息权与隐私权的界分为中心》,载《现代法学》2013 年第 4 期。

[113]王利明:《民法典:国家治理体系现代化的保障》,载《中外法学》2020 年第 4 期。

[114]王名、蔡志鸿、王春婷:《社会共治:多元主体共同治理的实践探索与制度创新》,载《中国行政管理》2014 年第 12 期。

[115]王青斌:《行政诉讼被告认定标准的反思与重构》,载《法商研究》2018 年第 5 期。

[116]王书成:《论比例原则中的利益衡量》,载《甘肃政法学院学报》2008 年第 2 期。

[117]王硕:《新媒体时代青少年信息接收现状探究》,载《青年记者》2017 年第 12 期。

[118]王锡锌:《政府信息公开语境中的"国家秘密"探讨》,载《政治与法律》2009 年第 3 期。

[119]王锡锌:《滥用知情权的逻辑及展开》,载《法学研究》2017 年第 6 期。

[120]王学辉、赵昕:《隐私权之公私法整合保护探索——以"大数据时代"个人信息隐私为分析视点》,载《河北法学》2015 年第 5 期。

[121]王娅:《政府信息公开视阈下的"透明"论析》,载《华中科技大学学报(社会科学版)》2018 年第 4 期。

[122]王娅:《国有企业信息公开诉讼的制度困境与优化逻辑》,载《北京理工大学学报(社会科学版)》2020 年第 4 期。

[123]汪渊智:《论禁止权利滥用原则》,载《法学研究》1995 年第 5 期。

[124]卫小丹:《论机长权力的义务化约》,载《民航管理》2019 年第 7 期。

[125]肖卫兵:《论便民原则在政府信息公开申请答复中的适用》,载《河北法学》2014 年第 4 期。

[126]解立军:《教师申诉制度与其他救济制度的关系》,载《中小学管理》2015 年第 10 期。

[127]谢远扬:《信息论视角下个人信息的价值——兼对隐私权保护模式的检讨》,载《清华法学》2015 年第 3 期。

[128]熊光清:《从辅助原则看个人、社会、国家、超国家之间的关系》,载《中国人民大学学报》2012 年第 5 期。

[129]徐炜:《美国国有企业监管体制研究——以美国联邦政府公司为例》,载《比较管理》2012 年第 2 期。

[130]徐扬、田雷:《从“弱国家的神话”到“社会中的国家”:美国早期国家研究的新趋势》,载《史学理论研究》2017 年第 3 期。

[131]徐旖瑶、朱仁显:《公益性事业单位的公共责任及其实现机制》,载《东南学术》2018 年第 1 期。

[132]薛刚凌、杨欣:《论我国行政诉讼构造:“主观诉讼”抑或“客观诉讼”?》,载《行政法学研究》2013 年第 4 期。

[133]薛刚凌:《行政诉讼法修订基本问题之思考》,载《中国法学》2014 年第 3 期。

[134]颜烨:《公共安全治理的理论范式评述与实践整合》,载《北京社会科学》2020 年第 1 期。

[135]杨登峰:《病患个人医疗信息的保护与公开——以〈政府信息公开条例〉“参照”条款和个人隐私条款为路径》,载《北方法学》2017 年第 4 期。

[136]杨登峰:《论过程性信息的本质——以上海市系列政府信息公开案为例》,载《法学家》2013 年第 3 期。

[137]杨芳:《个人信息自决权理论及其检讨——兼论个人信息保护法之保护客体》,载《比较法研究》2015 年第 6 期。

[138]杨庚:《论生存权和发展权是首要的人权》,载《首都师范大学学报

(社会科学版)》1994年第4期。

[139]杨海坤、蔡翔:《行政行为概念的考证分析和重新建构》,载《山东大学学报(哲学社会科学版)》2013年第1期。

[140]杨伟东:《内部事务信息的确立、运用和发展兼论与过程性信息的界分》,载《中外法学》2021年第1期。

[141]杨寅、韩磊:《政府信息公开中的可分割性原则及其司法运用——对赵某不服不予信息公开案的法律分析》,载《行政法学研究》2010年第1期。

[142]姚岳绒:《论信息自决权作为一项基本权利在我国的证成》,载《政治与法律》2012年第4期。

[143]叶必丰:《具体行政行为框架下的政府信息公开——基于已有争议的观察》,载《中国法学》2009年第5期。

[144]叶常林:《公共企业:涵义、特征和功能》,载《中国行政管理》2005年第10期。

[145]于立深:《法定公共职能组织的资格、权能及其改革》,载《华东政法大学学报》2016年第6期。

[146]于立深:《审判中心视角下的行政诉讼制度构造》,载《法学论坛》2020年第3期。

[147]袁兵喜:《我国行政申诉制度的构建及完善》,载《河北法学》2010年第10期。

[148]曾哲、索肖娟:《类型化视域下行政诉讼模式新论》,载《福建行政学院学报》2019年第2期。

[149]张斌:《实施校务公开是高校思想政治工作的有效途径》,载《江苏高教》2003年第2期。

[150]张昊天:《论公共企业的信息公开主体资格》,载《交大法学》2016年第2期。

[151]章剑生:《论作为权利救济制度的行政复议》,载《法学》2021年第5期。

[152]张建伟:《刑事申诉的重新定位及其诉讼化难题》,载《吉林大学社会科学学报》2020年第4期。

[153]张晋藩:《综论中国法制的近代化》,载《政法论坛》2004 年第 1 期。

[154]张静、王欢:《政府信息发布的时效性研究——以手机媒体为载体》,载《重庆邮电大学学报(社会科学版)》2010 年第 1 期。

[155]张晓玲:《社会稳定与弱势群体权利保障研究》,载《政治学研究》2014 年第 5 期。

[156]张新宝:《从隐私到个人信息:利益再衡量的理论与制度安排》,载《中国法学》2015 年第 3 期。

[157]张雅林:《审视事业单位的概念误区》,载《中国行政管理》2003 年第 2 期。

[158]张艳芳:《论公共企业的法律规制——以利益相关者治理为选择》,载《改革与战略》2009 年第 2 期。

[159]赵宏:《德国行政民营化的制度发展与学理演进》,载《国家检察官学院学报》2016 年第 5 期。

[160]赵宏:《信息自决权在我国的保护现状及其立法趋势前瞻》,载《中国法律评论》2017 年第 1 期。

[161]赵宏:《从信息公开到信息保护:公法上信息权保护研究的风向流转与核心问题》,载《比较法研究》2017 年第 2 期。

[162]郑涛:《信息公开缠讼现象的政法逻辑》,载《法制与社会发展》2017 年第 5 期。

[163]周汉华:《起草〈政府信息公开条例〉(专家建议稿)的基本考虑》,载《法学研究》2002 年第 6 期。

[164]周佑勇:《行政法总则中基本原则体系的立法构建》,载《行政法学研究》2021 年第 1 期。

[165]朱广新:《民事行为能力制度的体系性解读》,载《中外法学》2017 年第 3 期。

[166]朱芒:《开放型政府的法律理念和实践(上)——日本信息公开制度》,载《环球法律评论》2002 年第 3 期。

[167]朱芒:《公共企事业单位应如何信息公开》,载《中国法学》2013 年第 2 期。

[168]朱晓峰等:《基于公平偏好的微政务信息公开质量激励效率演化研究》,载《情报科学》2018 年第 5 期。

[169]朱晓喆:《诉讼时效制度的价值基础与规范表达——〈民法总则〉第九章评释》,载《中外法学》2017 年第 3 期。

(二)英文论文

[1]Alex Mills, *Federalism in the European Union and the United States: Subsidiarity, Private Law and the Conflict of Laws*, University of Pennsylvania Journal of International Law, Vol. 32, No. 2(2010).

[2]Alexa Capeloto, *A Case For Placing Public-University Found-ations Under the Existing Oversight Regime of Freedom of Information Laws*, Communication Law and Policy, Vol. 20, No. 4(2015).

[3] Caponio J. F. & Geffner J., *Does Privatization Affect Access to Government Information*? Government Information Quarterly, Vol. 5, No. 2 (1988).

[4]Craig D. Feiser, *Privatization and the Freedom of Information Act: An Analysis of Public Access to Private Entities Under Federal Law*, Federal Communications Law Journal, Vol. 52, No. 1(1999).

[5] Daniel Berliner, *Transnational Advocacy and Domestic Law: International NGOs and the Design of Freedom of Information Laws*, Review of International Organizations, Vol. 11, No. 1(2016).

[6] David E. Pozen, *Freedom of Information beyond the Freedom of Information Act*, University of Pennsylvania Law Review, Vol. 165, No. 5 (2017).

[7] Fred H. Cate, D. Annete Fields & James K. McBain, *The Right to Privacy and the Public's Right to Know: The "Central Purpose" of the Freedom of Information Act*, Administrative Law Review, Vol. 46, No. 3(1994).

[8]Jack M. Beermann, *Administrative-Law-Like Obligations on Private [ized] Entities*, UCLA Law Review, Vol. 49, No. 6(2002).

[9] John M. Ackerman & Irma E. Sandoval-Ballesteros, *The Global Explosion of Freedom of Information Laws*, Administrative Law Review, Vol.

58,No. 1(2006).

[10]Jürgen G. Backhaus,*Subsidiarity and Ecologically Based Taxation:A European Constitutional Perspective*,Publice Choice,Vol. 90,No. 1(1997).

[11]Ken Endo,*The Principle of Subsidiarity:From Johannes Althusius to Jacques Delors*,Hokkaido Law Review,Vol. 43,No. 6(1994).

[12]Marie Veronica O'Connell,*A Control Test for Determining "Agency Record" Status under the Freedom of Information Act*,Columbia Law Review,Vol. 85,No. 3(1985).

[13]Michael Walzer,*The Moral Standing of States:A Response to Four Critics*,Philosophy and Public Affairs,Vol. 9,No. 3(1980).

[14] Nicole B. Cásarez, *Furthering the Accountability Principle in Privatized Federal Corrections:The Need for Access to Private Prison Records*, University of Michigan Journal of Law Reform,Vol. 28,No. 2(1995).

[15]Omer Tene,*Privacy Law's Midlife Crisis:A Critical Assessment of the Second Wave of Global Privacy Laws*,Ohio State Law Journal,Vol. 74,No. 6(2013).

[16]Terry A. Maroney,*A Field Evolves:Introduction to the Special Section on Law and Emotion*,Emotion Review,Vol. 8,No. 1(2016).

[17]Wald P. M. ,*The Freedom of Information Act:A Short Case Study in the Perils and Paybacks of Legislating Democratic Values*,Emory Law Journal,Vol. 33,No. 3(1984).

后　记

此书是在我的博士学位论文基础上修改与完善而来。转眼之间，已毕业近两年，虽然这两年间的成果不显，但我一直未曾停止在公共企事业单位信息公开领域的研究。对博士学位论文的完善，使我又回忆起了求学的经历，那段美好的时光值得细细品味并珍藏。

2021年10月，我的博士学位论文成稿之时，积攒了一年多的身心压力得以释放，虽然感觉有些地方处理得不够细腻，还需完善，但至少不必再像之前一样背负着巨大压力了。于我而言，博士学位论文的写作难度不小，毕竟我是从医学专业转入法学专业的。最早接触法学是在2011年年初的时候，当时我是华中科技大学同济医学院的一名大二学生，获知有个“七校联合办学”的项目，经过两年的学习可以获得第二学位。当时抱着多学一门专业对自己以后工作可能有利的想法，便报了武汉大学的法学，并成功入选。那两年的武汉正处于“满城挖”的建设中，地铁二号线尚未开通，每到周末便需在天还未亮时去挤从汉口到武昌的公交车，傍晚再返程。虽然身体上很累，但在学习法学的过程中，我彻底被这门学科吸引，尤其是老师们通过穿插各种经典案例使原本枯燥的理论知识更加生动。在准备第二学位毕业论文时，我受到祝捷教授、伍华军教授无私的帮助，他们严谨的治学态度深深地影响着我。从那时起，我就埋下了是否可以转到法学专业的念头。到本科毕业时，我获得了保研的资格，当时并不知晓保研可以跨专业，又害怕放弃保研而考不上，故而选择继续留在华科学医。直到后来才被药学院的同学告知，法学辅修班的两位药学专业同学保研去了人大法学院，这才意识到我与法学错过了。直到2016年年初时，我意识到不能再与法学错过了，与家人深入沟通之后，便着手准备考博。

犹记得2016年的下半年，我在同时备考东南大学法学博士入学考试与改革前的司法考试，因为医学专业型硕士的特殊性，还需上临床、做实验、写硕士毕业论文，以及准备来年的毕业考试与住院医师规范化培训结业考试。恰在此时，我的两位至亲之人同时住院，一位是癌症，一位是车祸。当时的我已接近崩溃的边缘，也曾想过是否放弃申博。回首再看，我想这一切似乎都是朱斯提提亚对我的考验，看我是否能够克服重重困难进入法学的殿堂。也幸亏多年的临床经验打磨了我的心性，使我坚持了下来，最终幸得拜入孟鸿志教授的门下。两位至亲之人也治疗成功，康复出院。

求学的道路是漫长的，却又是短暂的。从2017年入学，到2021年毕业，在漫长的四年半的时间里，我从一个学术小白，到开始写自己的第一篇论文，到第一次发表，再到最终完成了博士学位论文；从结束武汉异地恋的状态，到在南京结婚成家；从讨厌如此偏僻而又荒凉的校区，到离开时的恋恋不舍，一系列读博期间的场景历历在目。能够坚持下来，我要感谢我的导师孟鸿志教授、感谢南京这座城市以及东南大学，他们给予了我在这里学习、生活、恋爱、成家的机会，他们见证了我4年时间的变化与成长。

读博的日子是艰难的，却又是幸福的。从入学东南大学开始，便有三座“大山”压在了身上——三篇C刊论文的发表，想要毕业着实艰难。而且，在读博期间我走向了30岁，都说三十而立，而我的三十却并未立，甚至还要接受家人的资助。好在如此艰难的日子里，有很多关心与帮助我的老师、家人与朋友。首先，需要感谢的是孟老师。他在学业上给予了我精心的指导，因为一个题目、一句话的表述都会讨论很久，并从来不会直接否定我的想法与内容，而是从其他角度为我提出问题，让我自己能够思考并发现不足，将我从一个不懂科研的小白领进了法学研究的大门。同时，他在生活上也给予了我无微不至的关怀，甚至会经常拉着我们一起运动，使我们真正做到了快乐学习、快乐生活、快乐科研、快乐工作。其次,要感谢周佑勇教授、刘艳红教授以及法学院的诸多老师。在工科属性如此重的学校,周老师与刘老师作为"船长",将东南大学法学院这艘大船开进了全国知名行列,使其成为东南大学文科的一大王牌专业,让我们都以学院为荣。他们即使行政事务繁忙,也未曾疏忽对学生的指导,必会亲自为我们上几次课;即使不是自己的学生,只要去请教学问也必会细心回答。我能有机会在如此优秀的平台学习,并受他们的点拨,实属荣幸。他们的人格魅力与治学态度也一直深深地影响着我。再次,要感谢我的家人,包括我的父母、岳父母、爱人及其他亲人。我的家族充满了爱,我的岳父母家同样如此。他们给予了我全方位的照顾,不仅在物质上,还有精神上,所以,在读博期间我才能一直保持着乐观的心态。尤其是我的爱人,她从未给我任何压力,永远都是我的开心果,给予我无尽的包容,使我充满了正能量。最后,还要感谢我的同学好友们。张运昊与我同一年拜入孟门,我们成了无话不谈的好兄弟。他在学术上一直给予我很多帮助,每当我有问题找他时,必定能够得到满意的解答。翟冬是我师兄,他本科是土木专业,所以我俩在法学研究的思维方式上较为相似,也有很多共同话题。可惜在 2019 年我眼睛患病之后,再也无法与他们把酒言欢。侯嘉淳是我师弟,为人十分靠谱,但作为潮汕人,其"标准的"普通话总被我们调侃,认为他以后会因为口音而导致拿不到教师资格证。刘赢是我的室友,他虽然是机械学院车辆工程专业的,但我俩犹如老友一般一见如故,也幸得他的帮助,我得以在机械学院拥有了自己的办公桌,[1]并认识了我的好球友王法安、梁晋豪、卢彦博。还要感谢孟星宇、张彧、张亚楠、刘春、朱军、周乐军、李蕊、唐淑艳、杜小丽、陈辉、杨楠、王耀彬、王兵兵、周钟敏、赵帆、华子岩、曾亚梅、李轩、杨佳豪、周维栋、魏文松、任世

---

〔1〕 作为传统工科学校,在我读博时,法学院并无自己的大楼,仅两层办公室,部分老师甚至都无办公室,学生更无可能有自己的办公桌,多数情况下都是在图书馆学习。近日听闻,文科大楼即将建成启用,应该能够极大地改善办公条件。

航等博士同学与好友,他们无不在生活与学习上给予了我诸多帮助。

博士学位论文的写作是痛苦的,却又是快乐的。博士学位论文从选题开始,便经历了确定、否定、再确定的循环。在行政法如此宽泛的领域中,选择一个既感兴趣又有研究价值的主题,看似简单,实则很难。在论文的写作过程中同样如此,前期的写作如行云流水一般,然而过段时间再看,又觉得自己怎会写出这样的文章。因此,论文便是在不断地否定自己的过程中进行调整,同时还需要与国家的立法或政策变动抢时间,避免论文完成后不再适应新的立法或政策,失去研究价值。所以,博士学位论文的写作是痛苦的。然而,博士学位论文的写作又是快乐的。当你在现有的研究中找到漏洞,而自己的研究将填补此漏洞之时,那是快乐的;当你在苦思冥想几日甚至 1 个月,突然想明白了研究中较为困难部分的逻辑思路时,那是快乐的;当你的观点不容于大部分研究,突然找到一篇能够支撑你观点的论文时,那是快乐的;当你收到导师与评审老师对你论文的改进意见时,那是快乐的;当导师与答辩专家肯定你的论文时,那是快乐的。因此,要感谢孟老师与各位匿名评审专家,以及答辩委员会的刘旺洪教授、肖泽晟教授、龚向和教授、杨登峰教授、熊樟林教授给出的宝贵意见。

最后,还要感谢自己对这篇论文的付出。其实在最开始选择博士学位论文的选题时,我本没想写信息公开。在博士入学后,我知晓了宋华琳教授的求学经历,并阅读了他的大量文章,所以我一直将其作为我学习的对象,也萌生了将医学问题与法学问题进行交叉融合研究的想法。奈何自身资质平庸,始终无法彻底将医学与法学的问题融合,以至于写出来的东西总是呈现出“两张皮”的感觉。所以,当我准备了多个医事法方向的博士学位论文选题向导师汇报时,总能被孟老师点出我思考的不足之处。恰逢当年《政府信息公开条例》修订完成,导师也一直深耕于此领域,便放弃了医学与法学交叉研究的想法,选定了公共企事业单位信息公开作为研究方向。在抛弃医学问题转向纯粹的法学问题之后,总算慢慢形成了法学思维,并不断进步,最终耗时 1 年多完成学位论文，也收获了导师的肯定。

这一程走来，要感谢的人实在太多，无法一一言表，只能在此对所有帮助过我的长辈、老师、亲人、朋友聊表歉意并致以最诚挚的感谢，谢谢你们！

陆海波

2024 年 9 月 11 日于润泽湖畔